AF346822

LA
COMÉDIE EN FRANCE
AU XIXᵉ SIÈCLE

PAR

CH. LENIENT

PROFESSEUR A LA FACULTÉ DES LETTRES DE PARIS

TOME SECOND

PARIS
LIBRAIRIE HACHETTE ET Cⁱᵉ
79, BOULEVARD SAINT-GERMAIN, 79

1898

LA
COMÉDIE EN FRANCE
AU XIXE SIÈCLE

1411-98. — CORBEIL. Imprimerie ÉD. CRÉTÉ.

LA
COMÉDIE EN FRANCE
AU XIXe SIÈCLE

PAR

CH. LENIENT

PROFESSEUR A LA FACULTÉ DES LETTRES DE PARIS

TOME SECOND

PARIS

LIBRAIRIE HACHETTE ET Cie
79, BOULEVARD SAINT-GERMAIN, 79

1898

LA
COMÉDIE EN FRANCE

AU XIX' SIÈCLE

CHAPITRE XX

CASIMIR DELAVIGNE.

Son caractère et son talent : le poète du juste milieu. — Ses débuts. — *Les Comédiens.* — *L'École des Vieillards.* — *La Princesse Aurélie.*

I

En passant de Scribe à Casimir Delavigne, nous restons toujours dans la même famille et dans le même courant : nous y trouvons seulement un peu plus d'élévation littéraire et morale, avec moins de richesse et de fécondité dramatique. Les deux amis n'ont d'ailleurs jamais songé qu'on pût abaisser l'un ou l'autre en les comparant, ni établir entre eux, après leur mort, une rivalité qu'ils n'ont jamais connue pendant leur vie. Nous avons déjà parlé ailleurs de cette gloire honnête, pacifique et douce, que la faveur publique éleva, un moment, au niveau des renommées les plus retentissantes : et Dieu sait s'il y en eut dans ce xixᵉ siècle, l'âge du bruit et de la réclame, depuis Chateaubriand jusqu'à Victor Hugo. Comme son ami Scribe, Casimir Delavigne ne fut et ne voulut être qu'homme de lettres jusqu'au bout. Il n'aspira ni aux honneurs de la députation, ni à ceux de la pairie, auxquels parvenaient des écrivains qui n'avaient ni son talent ni sa popularité.

La politique cependant eut aussi sa part dans cette réputation si pure. L'opposition libérale avait adopté Casimir Delavigne, devenu son poète de prédilection : Lamartine et Victor Hugo appartenaient alors à la légitimité. Les *Messéniennes* avaient fait tressaillir toutes les âmes au lendemain de Waterloo : les *Vêpres Siciliennes* enlevaient la jeunesse des écoles, accompagnant l'auteur de ses bravos depuis le théâtre de l'Odéon jusqu'à sa demeure, rue d'Hauteville. Enfin, le succès éclatant de *l'École des Vieillards* avec Talma et Mlle Mars lui ouvrait les portes de l'Académie française, et plaçait sur sa tête la triple couronne de la poésie lyrique, tragique et comique.

Depuis, l'opinion s'est singulièrement refroidie et même glacée, à son égard. On a fait le silence et la nuit autour de cette gloire bourgeoise, qui paraissait bien terne et bien timide avec ses qualités moyennes de finesse, d'élégance, de réserve et de discrétion, à côté des flamboiements, des hyperboles et du vacarme de la nouvelle école, surtout quand celle-ci aura pour elle le grand chœur de la démocratie. Le théâtre, ce champ de victoire pour Casimir Delavigne, ne se rouvrira pour lui qu'à de rares intervalles. L'indifférence et l'oubli semblent avoir remplacé les ivresses passées chez ceux-là mêmes qui ont dû au poète tant de splendides et lucratives soirées. Nulle part, du

reste, les caprices du goût et de la mode ne sont plus
sujets à varier. Nous avons vu ce qu'est devenu pour
nous, sur la scène, l'*Antony* d'Alexandre Dumas, ce
terrible drame qui mettait en feu le parterre et les
loges. Qui sait ce que sera pour le public, dans un
demi-siècle, l'*Hernani* de Victor Hugo? Qu'importe,
après tout! L'œuvre n'en gardera pas moins toujours
sa valeur intrinsèque au point de vue littéraire :
vivante expression de l'art, des idées et des goûts contemporains. C'est à l'historien, au critique, de reviser
à distance les arrêts de l'opinion publique et de la
postérité ; à lui de faire la part des engouements, des
ingratitudes, et de rendre, selon sa conscience et sa
raison, à chacun la place et la part qui lui sont dues.

Tel est l'esprit dans lequel nous aborderons l'étude
du théâtre comique chez Casimir Delavigne. A-t-il,
comme Picard, ce don précieux du *vis comica* qui en-
fante le rire et la gaieté? comme son camarade Scribe,
le talent des imbroglios cousus et démêlés avec une
merveilleuse dextérité? — Non, mais il a plus qu'eux
le style et l'imagination poétiques. Joignez-y la finesse
de l'observation, une douce malice assaisonnée d'élégance et de bon goût : les qualités d'un demi-Térence,
ainsi que Térence lui-même était un demi-Ménandre.
L'esprit est la faculté qui domine en lui, avec une
pointe de sensibilité féminine et d'ironie moqueuse
qui effleure en riant. Poète racinien par la délicatesse, la forme gracieuse et correcte, le tempérament
tendre et impressionnable, Casimir Delavigne se rattache aussi à Delille, dont il a chanté et déploré la
mort en vers pompeux, qui nous surprennent aujour-
d'hui :

L'astre éclatant du jour a fini sa carrière.

Au théâtre, la comédie n'est pas sa véritable vocation. Le drame historique dans les tons moyens, alliant Racine à Shakespeare, poussant au delà de Ducis, et restant en deçà de Victor Hugo, par une sorte de compromis constitutionnel entre la raison et la fantaisie, tel est le genre où excellera surtout Casimir Delavigne. *Les Enfants d'Édouard* et *Louis XI* en seront la plus complète et la plus heureuse expression. *Les Vêpres Siciliennes*, malgré leur immense succès, qui tint en partie aux circonstances, était moins une œuvre de libéralisme littéraire que politique. Elles n'ajoutaient rien au *Pinto* de Lemercier, ni aux *Templiers* de Raynouard. Il fallut le coup hardi d'Alexandre Dumas dans *Henri III et sa Cour*, ses enluminures et ses feux de Bengale jetés sur l'histoire avec toute la défroque traditionnelle de l'époque, pour éveiller ce goût de la couleur locale, du brio dramatique, qui va devenir un des traits principaux de notre théâtre contemporain. Même dans la voie des réformes, Casimir Delavigne reste toujours un libéral modéré.

Pour l'invention et la conception dramatiques, qu'on lui a parfois contestées, il y arrive par la réflexion, la combinaison ingénieuse et le don d'assimilation : mais il est sur ce point fort au-dessous de Scribe et d'Alexandre Dumas. Il reprend l'avantage dans la mise en œuvre, par la finesse des détails, la délicatesse de l'expression. Tandis que ses deux confrères brûlent les planches, comme on dit, par la vivacité et la rapidité de l'action, il demeure écrivain de cabinet avant tout, limant, polissant son ouvrage, et prenant son temps. Scribe saisit l'occasion au vol. Delavigne la laisse passer, et arrive trop tard avec sa *Prin-*

cesse Aurélie, pièce de circonstance qui aurait réussi sans doute six mois plus tôt. Il fut plus heureux avec *les Comédiens*.

II

Les Comédiens[1] sont le premier essai de Casimir Delavigne dans le genre comique. Cette pièce d'à-propos est moins encore une comédie qu'une satire, une vengeance anodine et spirituelle de l'auteur contre le comité du Théâtre-Français qui avait refusé ses *Vêpres Siciliennes*, si bien accueillies par le directeur et le parterre de l'Odéon.

Composer sur un pareil sujet une œuvre en cinq actes et en vers, là où Molière s'était contenté d'écrire une bluette en prose comme la *Critique de l'École des Femmes* et l'*Impromptu de Versailles*, pouvait sembler une entreprise tant soit peu téméraire, que le succès justifia. A vrai dire, trois actes auraient amplement suffi. Mais l'auteur a voulu montrer du premier coup qu'il était capable de remplir le cadre complet d'une comédie, aussi bien qu'il l'avait fait déjà pour la tragédie, et de soutenir l'attention publique jusqu'au bout, sans avoir pour appui les passions politiques, ni la peinture d'un caractère prononcé, ni les portraits du grand monde, ni les travers de la société contemporaine, cet élément capital de la comédie, mais uniquement les mœurs et les ridicules d'une compagnie spéciale, connue seulement des journalistes et des auteurs. Qu'on ajoute à ces causes d'infériorité l'absence d'un plan bien arrêté, l'inconsistance d'une action faiblement nouée

1. 6 janvier 1820.

par quelques minces ressorts dramatiques. Sur ce canevas flottant se détachent çà et là de jolis vers mordants et spirituels, qui ramènent le rire prêt à s'éteindre. Le comique réside en somme dans les mots plus encore que dans les situations et les personnages. Granville nous parle de son oncle qui vient d'expirer entre les mains de trois médecins :

La Faculté du lieu le traita, Dieu sait comme !
Ils étaient trois docteurs, et pourtant...

PEMBROCK.

Le pauvre homme !
Que vouliez-vous qu'il fit contre trois ?

GRANVILLE.

Qu'il mourut [1].

Innocente parodie d'un vers sublime, qui a le tort de se trouver dans la bouche d'un neveu héritier. Le trait a été évidemment amené, préparé, et ne jaillit pas de verve. Néanmoins l'esprit est ce qui domine surtout chez Casimir Delavigne. Or, nous avons vu que l'esprit ne suffit pas au théâtre. Voltaire, l'homme le plus spirituel de France et d'Europe, n'a jamais réussi à faire d'autre comédie que *Nanine* et *l'Enfant prodigue*, très inférieures aux plus médiocres pièces de La Chaussée.

A défaut de la peinture sociale, la critique littéraire offrait encore au public d'alors un aliment propre à l'intéresser. Les amis de la gaieté française s'inquiétaient un peu de voir les brumes germaniques s'étendre sur notre théâtre avec l'influence de Goethe et

1. Acte I, sc. II.

de Schiller. Le succès des romans comme *Werther*, des drames comme *Misanthropie et Repentir* de Kotzebüe, semblaient annoncer l'invasion du genre lugubre et ennuyeux, auquel Diderot et Beaumarchais lui-même n'avaient pas toujours su échapper. L'Allemagne nous renvoyait à forte dose ce qu'elle nous avait jadis emprunté. C'est contre ce danger que proteste Granville, un partisan de la tradition française.

> Je trouve à vos auteurs un air de Germanie,
> On se perd dans les cieux, chacun vise au génie ;
> Pour ces penseurs profonds le rire est trop bourgeois,
> Et leur comique est gai comme l'*Esprit des lois* [1].

Bien qu'il s'interdise, ainsi qu'il a soin de le dire dans son prologue, toute personnalité blessante, l'auteur ne s'est pas fait faute de recueillir autour de lui certains traits dont il a formé, sinon des caractères, au moins des pastels et des croquis assez plaisants. Ses comédiens ont à coup sûr moins de relief et d'éclat que ceux de Scarron dans le *Roman comique* et de Le Sage dans *Gil Blas* : cependant ils ont aussi leur cachet contemporain, la prétention à la dignité, une certaine morgue parfois outrecuidante à l'égard des gens de lettres, dont ils croient faire le succès. S'ils n'aspirent point encore à jouer un rôle politique, ils réclament une considération et des égards qu'on leur a refusés trop souvent. Lorsque Granville, rencontrant son ancien camarade Belrose, lui dit :

> Te voilà donc acteur : c'est un métier fort triste.

Celui-ci lui répond :

> En nous parlant, vois-tu, le mot propre est *artiste*.

1. Acte 1, sc. vii.

GRANVILLE.

Artiste si tu veux ; si bien que ton appui
Peut m'impatroniser dans la troupe aujourd'hui.

BELROSE.

Tu te feras chasser avec ignominie :
La *troupe* ! Eh ! d'où viens-tu ? Dis donc la *compagnie* [1].

En s'attaquant ainsi, dès le début de sa carrière dramatique, aux acteurs, aux romantiques, aux femmes auteurs, Casimir Delavigne, malgré la douceur et la placidité de son caractère, éveillait contre lui des rancunes qui durèrent jusqu'après sa mort. Sans doute, nous sommes encore en 1820, à l'heure où le romantisme commence à poindre seulement, où Victor Hugo n'est encore qu'un enfant sublime, sans prétendre au rang de chef d'école : mais la lutte va s'engager le lendemain, et Casimir Delavigne a pris position dès ce jour.

Cette pièce des *Comédiens* est peut-être de toutes ses œuvres la plus personnelle et la plus hardie qu'il ait écrite. Lui-même, en effet, s'est mis en scène sous le pseudonyme de Victor, le jeune auteur dramatique entravé, arrêté, dégoûté par le mauvais vouloir des comédiens. Sans doute il s'est rappelé le jour où il rentrait chez lui désespéré, jetant au feu son manuscrit des *Vêpres Siciliennes*, que son frère, le bon Germain, ressaisissait bien vite et allait porter à Picard. Il a trouvé l'occasion, non seulement de protester, au nom des gens de lettres, contre le despotisme des comités, contre les lenteurs apportées à la lecture des manuscrits, qu'on ne se donne pas la peine

1. Acte I, sc. v.

d'ouvrir, et qu'un cahier de papier blanc peut remplacer ; mais il a exprimé aussi ses idées sur l'art, sur son objet, ses droits et ses devoirs. S'il paraît tranchant, absolu, inflexible dans sa dignité d'écrivain, il garde au fond l'esprit du juste milieu qui est son vrai diapason :

> Aimons les nouveautés en novateur prudent[1].

Granville, en terminant, se chargeait d'adresser à l'auteur un appel que le public couvrait de ses applaudissements :

> Poursuis, soutiens l'honneur de tes premiers essais ;
> Qu'en mer sous l'Équateur j'apprenne tes succès,
> Et qu'un jour, comme moi, courant la terre et l'onde,
> La gloire de ton nom fasse le tour du monde.

BELROSE.

> Bornons-nous à l'Europe, et, s'il en fait le tour,
> *Que dans un bon fauteuil il dorme à son retour*[2].

Casimir Delavigne justifia ce vœu en composant bientôt *l'École des Vieillards*. Rien n'y manqua : ni le chef-d'œuvre souhaité, ni le fauteuil qui en fut le prix.

III

L'École des Vieillards est restée le plus brillant triomphe de Casimir Delavigne dans la comédie : elle fut la production maîtresse et décisive qui classe désormais un auteur et le place à la tête de l'art contemporain. Le théâtre de la rue Richelieu, oubliant ses rigueurs passées et la petite vengeance des *Comé-*

1. Acte III, sc. xi.
2. Acte V, sc. xi.

diens, le reçut avec transport; l'Académie française, malgré l'opposition de la droite dynastique, ouvrit ses portes au poète libéral. Lamartine lui adressait de Saint-Point une harmonieuse épître, où il le proclamait l'héritier de Térence :

> Grâce aux vers enchanteurs que tout Paris répète,
> Ton nom a retenti jusque dans ma retraite;
> Et le soir, pour charmer les ennuis des hivers,
> Autour de mon foyer nous relisons ces vers
> Où brille en se jouant ta muse familière,
> Qu'eût enviés Térence et qu'eût signés Molière.

Alexandre Dumas, dans ses *Mémoires*, célèbre cette représentation comme un événement mémorable : « Semblable à Richelieu dans sa litière, Casimir Delavigne rentrait au Théâtre-Français, non plus par la porte, mais par la brèche. »

Pour comble de bonheur, les deux étoiles de notre première scène dramatique, Talma et Mlle Mars, briguèrent l'honneur de figurer dans cette pièce et d'y faire admirer leur talent. Après l'accueil enthousiaste du comité, Talma, saisissant l'auteur à la sortie, lui avait dit : « Monsieur Delavigne, c'est moi qui jouerai Danville; car Danville c'est moi. » Talma, en effet, courtisait alors une fort belle femme beaucoup plus jeune que lui, dont il était follement épris et jaloux. Orosmane allait endosser l'habit bourgeois, sans croire qu'il dérogeât dans la circonstance. Nouvel attrait pour le public. La paix de la Comédie-Française seule en souffrit un peu. Le caprice de Talma provoqua une de ces crises dont la petite république n'est pas exempte encore aujourd'hui, dans ce monde où l'on se dispute parfois les rôles comme ailleurs les portefeuilles. Damas, qui avait le privilège

des premiers rôles amoureux, donna sa démission.
Mais ce ne fut là qu'un nuage dans un ciel serein.

Le jeu de Talma fut, dit-on, une surprise et un ravissement nouveau pour ses nombreux admirateurs. L'auteur put, lui aussi, savourer largement sa gloire et ressentir des ivresses qu'on lui a fait payer chèrement plus tard. C'est l'heure du *Cid* pour Corneille, d'*Andromaque* pour Racine : une de ces heures qu'un écrivain a connues une fois dans sa vie, et qu'il ne retrouve plus, même avec d'autres succès.

Cette pièce de *l'École des Vieillards* continue et complète la série d'études psychologiques et morales dont le théâtre nous fournit l'exemple sous les titres variés de *l'École des Maris*, de *l'École des Femmes* dans Molière, de *l'École des Mères* dans La Chaussée, de *l'École des Pères* dans Étienne. Aristote nous a tracé dans sa *Rhétorique* un portrait de la vieillesse peu séduisant et peu flatteur[1]. Horace l'a reproduit dans son *Art poétique*, en rappelant le triste cortège des infirmités et des misères qui l'accompagnent. Régnier et Boileau n'ont fait que le répéter sans l'embellir. Heureusement Cicéron, pour nous consoler, a écrit le *De senectute*, et Victor Hugo *l'Art d'être grand-père*. Mais enfin les vieillards de comédie étaient voués à une risée traditionnelle, surtout les vieillards amoureux comme Harpagon, Arnolphe et Bartholo. Le mari ou le tuteur trompé se voit sacrifié d'avance à la gaieté du parterre. Or, grâce à Casimir Delavigne, la tradition va se trouver ici complètement changée. C'est ce qui fait l'originalité du rôle de Danville.

Un vieillard amoureux et jaloux, un mari sinon

1. Liv. II, chap. XIII.

trompé, au moins en passe de l'être, dont on ne rit plus : chose nouvelle au théâtre ! On fait mieux : on se range de son côté contre le séducteur, on l'estime, on l'aime, on partage ses indignations, ses colères et ses douleurs d'honnête homme blessé dans ses plus chères affections; on applaudit à la sanglante apostrophe, au superbe défi dont il écrase le noble larron de son honneur et de son bonheur, en l'appelant sur le terrain. On se passionne pour ce vieillard qui a gardé toute la chaleur d'âme, toute la verdeur de la jeunesse, avec des neiges sur la tête et le feu au cœur, sorte de volcan intérieur éclatant tout à coup. On comprend que Talma ait été superbe dans ce rôle qui touche parfois au sublime de la comédie.

Comment s'est opérée chez lui cette métamorphose du vieillard amoureux et du mari trompé en héros sympathique et intéressant? De la façon la plus naturelle et la plus simple. Il s'est bien gardé de faire de son Danville un barbon galantin, cherchant à singer la jeunesse comme le Lormeuil de *l'École des Pères* dans Étienne : il lui a laissé l'esprit de son âge, rappelant un peu les oncles indulgents de Térence, mêlant à la bonhomie un fond de tendresse, de tolérance généreuse, qui associe dans l'affection conjugale le père et l'amant, sans que l'un fasse trop tort à l'autre. Danville en use avec Hortense ainsi qu'Ariste avec Léonor dans *l'École des Maris*. Il pardonne volontiers à sa femme ses caprices, ses distractions, ses fantaisies coûteuses en toilettes, en ameublements, en réceptions, et ne commence à s'inquiéter et à se fâcher que le jour où il croit son amour et son honneur en péril.

On a reproché à Casimir Delavigne d'avoir assombri,

dramatisé, cet aimable personnage d'Ariste en le réduisant au rôle de Sganarelle. Cette critique est-elle justifiée? Non. Danville n'est pas un de ces vieillards défiants qui soupçonnent volontiers le mal parce qu'ils ont été souvent trompés, si l'on en croit Aristote. Au contraire, il s'efforce plutôt de tout voir en rose. Les réflexions sceptiques de son ami Bonnard sur les prétendues félicités du mariage; les doléances chagrines de son vieux serviteur Valentin, un ancien matelot du Havre transformé en valet de pied, et usant ses jambes au service de Madame, qui le fait courir d'un bout de Paris à l'autre pour sa vaste correspondance; les dépenses folles d'Hortense, 50000 francs engloutis en deux mois pour l'achat d'un carrosse, d'un mobilier, et pour les dîners donnés en l'absence du mari, n'ont pu détruire l'optimisme d'un homme décidé à se croire heureux.

Cependant le doute finit par entrer chez lui : certains indices lui ont donné à penser. Ce nom du jeune duc d'Elmar, l'opulent propriétaire de l'hôtel, sans cesse invoqué et cité comme un modèle de bon goût, comme un ami et un protecteur tout-puissant, sur lequel on compte auprès du ministre son oncle pour obtenir une recette générale, l'inquiète et l'agace. Au milieu des angoisses qui déchirent son cœur, Danville garde, sinon le sang-froid, au moins le sentiment de sa position, la conscience de son infériorité en face d'un rival qui a pour lui le prestige de la jeunesse, de l'élégance et d'un nom éclatant. L'Arnolphe de Molière, en se voyant aux prises avec un blondin tel qu'Horace, peint sous les couleurs les plus noires et raille ces muguets, ces damoiseaux aux grands cheveux et aux belles dents, pour en dégoûter Agnès :

il lui montre en même temps les griffes de Satan et les chaudières bouillantes destinées aux femmes infidèles. Danville emploie de tout autres moyens pour regagner et fléchir Hortense. C'est par la franchise, la sincérité attendrissante de ses aveux, le spectacle de ses souffrances, qu'il essaye de ressaisir cette âme de jeune femme, portant en elle toute la joie ou le désespoir de sa vie. Nous ne connaissons guère de scène plus touchante et plus vraie. Loin de chercher à rabaisser son rival, Danville lui laisse tous ses avantages. Quand Hortense lui demande pourquoi, si indulgent pour son ami Bonnard, il se montre si sévère pour le duc :

DANVILLE.

Ah ! c'est bien différent. L'un a mon âge, et l'autre....

HORTENSE.

Eh bien, donc, achevez !

DANVILLE.

Eh bien, il a le vôtre !

. . . .
Jeune, on sent qu'on doit plaire, on est sûr du succès ;
Mais vieux, mais amoureux au déclin de la vie, -
Possesseur d'un trésor que chacun nous envie,
On en devient avare, on le garde des yeux.

. . . .
Je me maudis, j'ai tort ; c'est faiblesse ou délire,
C'est ce qu'il vous plaira ; je souffre et je désire,
Non pas que votre amour, mais que votre amitié,
Qui connaît mon supplice, en ait quelque pitié [1].

Cette scène si belle, si difficile et si bien conduite, a été reprise par Victor Hugo dans *Hernani*, avec cette

____

1. Acte III. sc. II.

maëstria souveraine qui lui est propre, en un style
plus agité, plus tourmenté, plus lyrique peut-être,
mais non plus passionné, ni plus émouvant. C'est la
déclaration de Don Ruy Gomez à Dona Sol :

>   .... Écoute. On n'est pas maître
> De soi-même, amoureux comme je suis de toi,
> Et vieux. On est jaloux, on est méchant; pourquoi ?
> Parce que l'on est vieux. Parce que beauté, grâce,
> Jeunesse dans autrui, tout fait peur, tout menace.
> Parce qu'on est jaloux des autres, et honteux
> De soi. Dérision ! Que cet amour boiteux,
> Qui nous remet au cœur tant d'ivresse et de flamme,
> Ait oublié le corps en rajeunissant l'âme[1] !

Nous osons dire que Casimir Delavigne ne le cède
point ici à Victor Hugo, et qu'il garde pour lui le
mérite de l'invention.

Nulle part, du reste, ce poète, qu'on a si volontiers transformé en timide, en trembleur, arrêté
par la convenance et le bon sens, ces deux béquilles
dédaignées du génie, n'a risqué des situations plus
neuves ou plus téméraires. Une autre scène bien plus
scabreuse, en raison des exigences et des scrupules
du public d'alors, était celle de la rencontre entre
l'amant et le mari : le mari revenant du bal ministériel où il n'a pas retrouvé sa femme; l'amant blotti
dans le cabinet voisin. C'était là le cap des tempêtes
à doubler, avec la perspective d'un échec possible,
d'une bordée de sifflets accueillant cette hardiesse.
Talma enleva tout par son impétuosité.

Avant le duel à l'épée, qui doit venir, c'est le duel
à coups d'hémistiches, le vers heurtant le vers, et se
croisant comme deux lames d'acier.

1. Acte III, sc. I.

DANVILLE.

Sortez, c'est trop longtemps éviter ma présence.
Venez !

LE DUC.

Que voulez-vous ?

DANVILLE.

Punir votre insolence.

LE DUC.

Qui, vous ?

DANVILLE.

Moi.

LE DUC.

Mais, monsieur....

DANVILLE.

Quand ? Dans quel lieu ? Com-
[ment ?

LE DUC.

Que votre sang plus froid se calme un seul moment.

DANVILLE.

Ah ! ce peu que j'en ai, s'il est glacé par l'âge,
Bouillonne et rajeunit aussitôt qu'on l'outrage.

Et remettant à ce courtier des grâces ministérielles
cette nomination de receveur général qui semble le
prix de son déshonneur :

... Reprenez ce brevet,
Tenez, prenez-le donc, tenez, je le déchire.
Je ne vous dois plus rien, et je puis tout vous dire.

Le dialogue continue de la sorte, avec un admirable
crescendo où Danville s'élève bien au delà du Chrémès
antique, sans tomber dans la déclamation. En vain

le duc proteste contre une lutte inégale par la différence des âges :

Je serais ridicule, et vous seriez victime.

DANVILLE.

Le ridicule cesse où commence le crime,
Et vous le commettrez, c'est votre châtiment.
. . . .
Ou vainqueur ou vaincu, moi, ce combat m'honore,
Il vous flétrit vaincu, mais vainqueur, plus encore :
Votre honneur y mourra! Je sais trop qu'à Paris
Le monde est sans pitié pour le sort des maris.
Mais dès que leur sang coule, on ne rit plus, on blâme.
Vous ridicule! Non, non : vous serez infâme[1].

Il ne reste plus, dès lors, qu'à croiser le fer.

LE DUC.

Votre heure?

DANVILLE.

Au point du jour.

LE DUC.

Et votre arme ?

DANVILLE.

L'épée.

LE DUC.

Le lieu ?

DANVILLE.

J'irai vous prendre.

LE DUC.

Adieu, je vous attends.

DANVILLE.

Vous n'aurez pas l'ennui de m'attendre longtemps.

1. Acte IV, sc. VI.

II.   2

Dernier vers auquel Talma donnait, dit-on, un accent terrible, une de ces notes et de ces inflexions de voix restées dans la mémoire des spectateurs.

Quand le mari s'est élevé à cette hauteur et à cette dignité presque tragique, l'amant, ce privilégié ordinaire de la comédie et du roman, aura cette fois, par exception, le rôle ingrat. N'en faisant point un personnage comique, chose impossible ici, ne voulant pas non plus lui donner une passion échevelée et romanesque, semblable à celle d'Antony ou d'Hernani, qui eût fait double emploi avec Danville, l'auteur a dû se borner, pour le duc d'Elmar, au type insignifiant et effacé d'un de ces galants du monde, de ces conquérants de salon qui butinent sur le champ commun des amourettes et se posent en suppléants des maris sexagénaires, à côté des femmes jeunes encore, tenant le milieu entre les Sigisbées et les Dons Juans. En tout cas, il faut reconnaître que c'est là un personnage sacrifié, sur lequel s'abattent avec raison toutes les critiques.

Nous préférons de beaucoup l'ami Bonnard, un ancien camarade de collège, jovial et bon enfant, gardant un certain fond de naïveté primitive, mêlé au scepticisme du vieux garçon. Le colloque des deux amis ouvre la pièce comme celui d'Alceste et de Philinte dans *le Misanthrope*, mais sur un ton bien différent. C'est par une franche accolade que s'engage la conversation.

BONNARD.

Que j'éprouve de joie, et que cette embrassade,
A réchauffé le cœur de ton vieux camarade !

La camaraderie de collège a tenu dans la vie de

Casimir Delavigne une large place : c'est elle qui a consacré, et qui conserve encore aujourd'hui son buste dans la cour d'honneur du lycée Henri IV. Certains critiques ont trouvé que cette camaraderie avait trop pesé sur lui, qu'elle lui avait enlevé son libre essor ; qu'il s'était vu trop entouré, trop conseillé, et trop docile à suivre les avis. Quoi qu'il en soit, il y a rencontré de douces jouissances, de solides amitiés, qui ont leur prix en ce monde et qui valent bien un peu de gloire.

Malgré leur sympathie, Danville et Bonnard ont pris une voie opposée : l'un, celle du mariage, même en récidive ; l'autre, celle du célibat; et c'est sur ce point que s'engage entre eux la discussion. Tout entier à la joie de revoir sa jeune femme après deux mois d'absence, Danville expose à son ami les douceurs de la vie conjugale, le regain de printemps qu'il a ressenti lui-même dans cette seconde union :

> Quand cet astre à mes yeux luit dans la matinée,
> Il rend mon front serein pour toute la journée ;
> Je ne me souviens plus des outrages du temps :
> J'aime, je suis aimé, je renais, j'ai vingt ans [1].

Bonnard est un célibataire obstiné et convaincu, trop jaloux de son indépendance pour la risquer dans les hasards d'une alliance mal assortie, peu tenté d'y joindre les charges et les soucis de la paternité plus ou moins certaine, ayant son petit budget qu'il administre à sa façon, ses petites habitudes, ses heures régulières du lever et du coucher :

> Jamais le bon plaisir de madame Bonnard
> Pour danser jusqu'au jour ne me fait coucher tard.
> . . . .

[1]. Acte I, sc. I.

Je rentre quand je veux, je sors quand il me plait :
Je dispose de moi, je m'appartiens, je m'aime,
Et, sans rivalité, je jouis de moi-même.
Célibat! Célibat! Le lien conjugal
A ton indépendance offre-t-il rien d'égal?

Véritable action de grâces opposée à l'hymne du mariage entonné par Danville, et qui fait de cette première scène une sorte de jeu-parti ou d'églogue bourgeoise à deux voix.

Pourtant, si opiniâtre qu'ait été jusque-là sa foi au célibat, Bonnard la sent un moment ébranlée par le bonheur apparent de Danville et lui annonce sa conversion à l'heure même où l'infortuné mari vient de croiser le fer avec le duc, et rentre le cœur ulcéré de sa défaite, moins sûr que jamais de sa félicité conjugale. De là un nouveau coup de théâtre, une nouvelle volte-face qui ramène le rire suspendu depuis quelque temps. Au risque de se contredire, sans vouloir lui expliquer la chose, Danville, par conscience, par affection sincère pour son vieil ami, dans lequel il voit d'avance une victime innocente du mariage, cherche à l'en détourner et nous offre une plaisante contrepartie de la thèse soutenue par lui dans la première scène :

Et de te marier tu ferais la folie !

BONNARD.

Du ton que tu prends là je suis émerveillé,
N'est-ce pas toi, mon cher, qui me l'as conseillé?
. . . .

DANVILLE.

A ton âge !

BONNARD.

De grâce! es-tu moins vieux que moi?

DANVILLE.

Oh! moi, c'est autre chose, entends-tu bien; mais toi....

A toutes les réponses justificatives, à tous les arguments tirés de son prétendu bonheur, Danville oppose cet éternel refrain :

> Ah! moi, c'est autre chose,

sans lui expliquer pourquoi.

Le ci-devant apôtre du célibat, qui s'attendait à être complimenté, ne comprend rien aux objections de son ami et se formalise à son tour des doutes élevés sur sa future moitié, qu'il ne connaît pas encore :

> ... Ah çà! mais c'est étrange!
> Pourquoi voudrais-tu donc, quand la tienne est un ange,
> Que la mienne, mon cher, fût un démon? Pourquoi?

Danville, poussant plus avant l'explication, sans lui rien dire de positif, émet une hypothèse qui donne la chair de poule au pacifique Bonnard :

> Si tu surprends chez elle un amant, un complice,
> Enflammé d'un beau feu pour l'honneur de ton nom,
> Tu te battras.

BONNARD.

Du tout !

DANVILLE.

Tu te battras.

BONNARD.

> Eh! non.
> Tu peux pour ton honneur prendre ainsi fait et cause;
> Mais je dis à mon tour que moi, c'est autre chose.
> Je ne me battrai pas [1].

1. Acte V, sc. IV.

Cette perspective peu rassurante d'une rencontre désagréable l'amène à réfléchir. Sans détails plus précis, il a entrevu et flairé le péril auquel son ami vient d'échapper. Quand Danville, parlant de retourner au Havre avec sa femme, lui donne rendez-vous à son prochain voyage en compagnie de Mme Bonnard, le vieux célibataire, secouant la tête, lui répond en homme prudent :

> Où d'autres ont glissé je puis faire un faux pas,
> Et ton ami Bonnard ne se mariera pas [1].

Peut-être a-t-il raison. Ce n'est pas en fait de mariage qu'il est permis de dire : « Mieux vaut tard que jamais. »

Hortense, qui est la cause plus ou moins inconsciente ou volontaire de ces revirements et de ces complications, nous offre l'exemple de la mobilité et de la versatilité féminine, sous une forme complexe et souvent indécise. Mlle Mars déclarait ce rôle un des plus difficiles qu'elle eût rencontrés au théâtre, tout en le trouvant charmant. La raison qu'elle en donne, c'est qu'Hortense a vingt-cinq ans au premier acte et dix-huit au cinquième. Elle débute en grande coquette et finit en ingénue.

On lui reprocherait volontiers, dans cette première partie, d'étaler trop de brio, d'activité brouillonne, de légèreté moqueuse, et de montrer, comme la Célimène du *Misanthrope*, plus d'esprit que de cœur. Après avoir cajolé, ravi le brave et innocent Bonnard par sa voix de sirène, en lui rappelant ses beaux succès de collège, et ce fameux prix de vers latins

---

1. Acte V, sc. VII.

dont elle a entendu parler, elle se moque de lui dès
qu'il a le dos tourné et rit de l'émotion naïve éveillée
dans le cœur du bon vieillard :

> Dieu ! qu'il est amusant ! Mais c'est un vrai trésor,
> Il a ressuscité les mœurs du siècle d'or.
> Il dîne le matin, à l'antique il s'habille,
> Et j'ai cru voir marcher un portrait de famille [1].

Danville l'arrête au nom de son affection :

> Oh ! n'en ris pas : je l'aime.

Mais Hortense est jeune, spirituelle, habile à saisir
les ridicules, et ne résiste pas au plaisir de la médi-
sance. Pourtant, si semblable qu'elle soit à Célimène,
elle a un fonds d'honnêteté, de bon sens et de bon
cœur qui reparaît à la fin. C'est une fille d'Ève transportée de province à Paris, enivrée, affolée par les
séductions de la capitale, de ce monde où les succès,
les applaudissements l'attendent, où elle trouve partout des adorateurs et des louangeurs de son esprit
et de sa beauté. Aux instances du jeune duc, son
propriétaire et son voisin, s'ajoute la complicité d'une
grand'mère, vieille folle qui adore le plaisir et risque-
rait vingt fois la vertu de sa fille ou le bonheur de
son gendre pour avoir l'honneur de faire son reversi
ou son piquet avec M. le chevalier.

Entre ces deux voix qui la poussent vers le monde,
Hortense, avec ses dispositions natives, peut-elle
résister ? C'est à propos d'une soirée que va s'engager
la première lutte avec son mari, jusque-là si bon, si
indulgent pour tous ses caprices. Cette soirée du
ministère annoncée depuis longtemps, pour laquelle

1. Acte I, sc. v.

une merveilleuse toilette lui promet un triomphe, comment y renoncer? Le duc d'Elmar en a fait miroiter toutes les splendeurs à ses yeux.

Mais Danville, qui en sait trop déjà et qui en soupçonne encore davantage, déclare à sa femme son parti bien arrêté de ne pas l'accompagner au bal. Hortense, de sa voix la plus caressante, essaye de le fléchir. Il lui propose en échange une soirée avec Bonnard, qu'il attend à souper. Ce n'est pas tout à fait la même chose pour une jeune femme mondaine, s'apprêtant à revêtir ses plus beaux atours. Aussi Bonnard va-t-il devenir sa bête noire, et pour elle un prétexte de résistance. Peut-on la condamner au Bonnard à perpétuité? Trouvant son mari inflexible dans sa résolution, elle déclare qu'elle ira seule avec sa grand'mère à ce bal si désiré :

> Une fille est au mieux sous l'aile de sa mère ;
> Et j'irai, malgré vous, au bal du ministère,
> Et j'irai de bonne heure, et j'en reviendrai tard,
> Et je ne verrai pas votre monsieur Bonnard,
> Et vous ne pourrez pas m'enterrer toute vive
> Dans l'ennuyeux souper d'un si triste convive [1].

À cet acte de rébellion conjugale, Danville oppose pour la première fois son *veto* absolu: « Je vous le défends. »

La crise est à son comble. Après une explication dont nous avons déjà parlé, le bon naturel et la raison finissent par l'emporter dans le cœur d'Hortense. Elle a renoncé à la soirée, quand de nouvelles instances du jeune duc et de la grand'mère réussissent à

----

1. Acte II, sc. VII.

l'entraîner. Bientôt elle rentre saisie de remords, mais pour tomber dans un péril plus grand, en se trouvant au milieu de la nuit, dans son appartement, devant le séducteur qui l'a suivie, tandis que son mari la cherche vainement dans les salons ministériels. La scène de la déclaration nous révèle à la fois l'imprudence et l'honnêteté d'Hortense, qui a pu être légère, étourdie, mais sans prévoir le danger auquel elle s'exposait. Quand elle se voit au bord de l'abîme, elle recule d'effroi :

> O juste châtiment de ma folle conduite !
> Sortez !

crie-t-elle au duc avec un accent indigné.

LE DUC.

Ah ! pardonnez.

HORTENSE.

Jamais, jamais, sortez !

LE DUC.

Dites-moi. ..

HORTENSE.

Je vous dis que vous m'épouvantez[1] !

Hortense est justifiée à nos yeux par cette résistance très loyale et très sincère. Le sera-t-elle devant son mari, quand celui-ci aura surpris le duc caché dans son cabinet. Comment réparer l'effet de ce témoignage accablant ? En pareil cas, le dramaturge ou le romancier moderne ne manquerait pas de dire : « *Tue-la.* » Mais au temps de Casimir Delavigne, on était moins radical et moins expéditif, on laissait aux gens le temps

[1]. Acte IV, sc. III.

de se reconnaître, de s'expliquer et de se repentir.

La situation n'en est pas moins des plus embarrassantes et des plus tendues. L'auteur lui-même, après s'être jeté dans cette impasse, ne savait plus comment en sortir, lorsqu'il rencontra son ami Scribe, le grand débrouilleur d'imbroglios, l'homme aux dénouements imprévus, ayant toujours en poche sa petite clef ou son crochet pour ouvrir une issue dans les cas les plus désespérés. Celui-ci venait de terminer pour son propre compte une comédie-vaudeville en un acte, *Michel et Christine*, où le dénouement est amené par une lettre. En bon camarade, il offrit à Delavigne de partager avec lui ce truc dramatique, dont il n'était pas du reste le premier inventeur. Molière en avait déjà usé dans *le Misanthrope* et Voltaire dans *Zaïre*. L'honnête Casimir éprouvait quelques scrupules : « Sois tranquille, lui dit Scribe, qui connaissait son public : personne ne s'en apercevra. » Ce qu'il avait prévu arriva, et la scène obtint un succès complet. Cette lettre, qui devait être en apparence une preuve accusatrice saisie par le mari jaloux, devient pour Hortense la plus éclatante justification. La coquette a disparu pour ne laisser voir que l'honnête femme revenue des illusions et des ivresses du monde parisien et demandant elle-même à son mari de la ramener en province, où elle se sentira mieux à l'abri du danger :

> Danville, emmenez-moi, mon ami, mon époux,
> Je ne crains rien, je n'aime et n'aimerai que vous[1].

L'épreuve a été assez rude pour que tous en aient

____

1. Acte V, sc. v.

profité, à l'exception pourtant de Mme Sinclair, qui regrette toujours les grandes réunions et la partie du chevalier. Hortense se résigne à être heureuse loin de Paris, sans plus songer au duc, qui l'aura bientôt oubliée de son côté. Valentin est enchanté de retrouver son port du Havre ; Danville ne sera pas receveur général et se contentera d'administrer sa propre fortune ; l'ami Bonnard continuera de faire ses quatre repas, et se tiendra plus que jamais attaché à l'ancre du célibat. Cette pièce, qui semblait un moment tourner au mélodrame, revient en finissant au ton de la comédie avec un doux sourire. Tout s'arrange, à la grande satisfaction de la morale, des personnages et du public.

IV

Après le magnifique succès de *l'École des Vieillards*, Casimir Delavigne abordait un autre genre plus épineux, la comédie politique, avec *la Princesse Aurélie* (1828). L'auteur des *Vêpres Siciliennes* savait quel appoint et quel concours l'opinion libérale, dont il s'était fait l'interprète, pouvait apporter au théâtre. Dans un article élogieux sur *l'École des Vieillards*, Étienne, tout en vantant la magie du talent et du style chez le jeune poète, avait exprimé le regret qu'il n'eût pas abordé les vices et les scandales du temps; qu'il se fût borné à nous montrer de profil ce duc d'Elmar, neveu du ministre, usant du crédit de son oncle pour payer en faveurs et en places ses bonnes fortunes galantes. L'ancien auteur de *l'Intrigante*, le directeur du *Constitutionnel*, journal d'opposition, poussait la jeunesse et le théâtre à la guerre. Casimir Delavigne répondit à cet appel, mais en prenant son temps, si bien que sa pièce de circonstance arriva trop tard.

C'était l'heure où le ministère de Villèle, battu en brèche et luttant contre la tempête, voyait se liguer contre lui toutes les forces de l'opposition. Barthélemy, dans la primeur de son talent et de sa renommée alors intacts, venait de lancer son poème héroï-comique de la *Villéliade*, Béranger ses mordants couplets, P.-L. Courier ses pamphlets à l'emporte-pièce. La satire avait tout envahi. Casimir Delavigne songeait à l'introduire aussi sur le théâtre, mais adoucie, mitigée, par un demi-sourire à la Térence.

Quand la pièce parut, le ministère était tombé et remplacé par le cabinet libéral que présidait M. de Martignac : les coups dès lors n'arrivaient plus à leur adresse. L'opinion, satisfaite pour le moment, ne songeait plus à batailler contre les nouveaux ministres, qui avaient toutes les sympathies, et faisaient naître l'espoir d'un accord possible avec la royauté. La comédie tomba d'elle-même devant la tiédeur et l'indifférence publiques.

Nous nous arrêtons ici pour Casimir Delavigne, comme nous l'avons fait pour Scribe, à la période de la Restauration, renvoyant à une étude ultérieure l'examen des pièces composées sous la monarchie de Juillet. Il nous reste à payer une petite dette au théâtre de la Restauration, qui, dans le domaine de la comédie, compte encore quelques noms et quelques œuvres dignes de nous occuper.

CHAPITRE XXI

AUTEURS COMIQUES DE SECOND ORDRE
SOUS LA RESTAURATION.

*École de Picard. — Wafflard et Fulgence. — Un moment
d'imprudence. — Le Voyage à Dieppe.*

I

De tous les genres littéraires, le théâtre est celui
qui mène le plus vite à la renommée ou à l'oubli.
La Restauration a vu naître et s'éteindre un certain
nombre d'œuvres et de talents qui ont eu leur quart
d'heure d'éclat et de célébrité. Parmi les auteurs
comiques d'alors qui brillaient au second rang, il nous
faut citer deux noms inséparablement unis, qui se
rattachent à l'école de Picard par l'esprit et la gaieté :
ceux de Wafflard et Fulgence. Bien des gens se sont
plus d'une fois demandé quels étaient ces deux ju-
meaux dramatiques, reparaissant à certaines époques
sur l'affiche des théâtres comme une constellation
périodique à demi noyée dans les brumes d'un passé
confus et incertain. Peut-être n'est-il pas inutile de les
édifier un peu sur ce point. Dans ce travail commun,
Wafflard semble avoir été le producteur principal,
Fulgence n'ayant rien ou presque rien donné après
la mort de son ami. Tout au plus a-t-il joué le rôle
d'Aristarque, de conseiller intime ou d'auxiliaire pour

les relations au dehors avec les acteurs et les directeurs, l'un étant l'homme du monde, l'autre l'homme de cabinet.

Né en 1787, Waflard avait débuté sous l'Empire, à peu près à la même époque que Scribe, par un vaudeville, *Haydn, ou le Menuet du bœuf*, représenté en 1812. Plus tard étaient venus les *Caméléons*, pour lesquels Béranger avait composé un couplet; puis *la Promenade à Saint-Cloud*, autre vaudeville donné sur le théâtre de ce nom, en collaboration avec Moreau et Gabriel. Mais ses deux principaux succès appartiennent à l'Odéon, dont ils contribuaient, ainsi que les *Vêpres Siciliennes*, à relever la fortune chancelante. *Un Moment d'imprudence* et *le Voyage à Dieppe* sont deux comédies en trois actes d'une allure vive, spirituelle et amusante : la dernière surtout, restée au répertoire et reprise chaque année avec faveur.

Frappé d'une mort prématurée, Waflard n'a guère laissé de trace, comme homme ou comme écrivain, en dehors de cette œuvre qui ramène forcément son nom. La courte notice biographique que lui a consacrée Rochefort dans ses *Souvenirs d'un vaudevilliste* est médiocrement flatteuse, sinon pour le talent, du moins pour la personne. Il le peint sous les traits d'un petit homme maigre, chétif, ressemblant à l'Harpagon de Molière, et en ayant à quelques égards le caractère. « Waflard, ajoute-t-il, me paraissait trop laid pour un homme seul : il y aurait dû avoir partage avec un autre. Fulgence, son collaborateur habituel, était à la vérité une compensation; car c'était un homme magnifique, aussi poli, aussi distingué qu'il était de bonne compagnie. Comme les contrastes se donnent mutuellement de la valeur, Waflard l'avait choisi pour revoir, corriger son style ; car il n'était pas sûr de savoir parfaitement le français. » Il faut avouer pourtant qu'on ne s'en aperçoit guère ; sa prose est très franche, très naturelle, et du meilleur aloi. Ce nom de Waflard inspire à Rochefort certains doutes sur l'origine de l'auteur, qui pourrait bien être étranger, quoique né à Versailles. Néanmoins, il ne peut lui refuser, à défaut d'apparence extérieure, une imagination fertile et riante, l'art d'inventer des sujets simples, de raison et de bon sens, ce qui n'est point à dédaigner pour la comédie. « Il parlait peu, dit-il encore, et réfléchissait toujours. » Ce qui paraît indiquer un homme d'étude et d'observation, ne se répandant guère au dehors et gardant son esprit pour ses œuvres, au lieu de le jeter par les fenêtres avec son argent à l'instar de Théaulon. Peut-être est-ce là cette économie d'Harpagon que semble lui reprocher Rochefort.

Pénétré de cette idée, celui-ci prétend que le chagrin d'avoir été volé dans son logement de la rue Saint-Sulpice hâta la fin de ses jours. Sa mauvaise santé native, l'excès du travail et aussi de quelques plaisirs, joints à une maladie de poitrine, suffisent pour expliquer sa mort. Quoi qu'il en soit, elle fut, d'un avis unanime, regardée comme une perte sérieuse pour l'Odéon et pour le Théâtre-Français, où de nouveaux succès devaient l'attendre. Waflard s'éteignait à trente-sept ans, à l'âge où Molière et Le Sage commençaient seulement à se révéler. Sa renommée s'était si bien maintenue et conservait un tel prestige à l'Odéon, qu'un mauvais plaisant avait trouvé moyen d'entrer au théâtre gratis, en jetant au contrôle ce mot de passe : « Feu Waflard ! » La

légende est plus ou moins vraie, mais nous prouve en
tout cas la puissance de ce nom de Waflard, se sur-
vivant à lui-même dans la personne d'un revenant
imaginaire.

II

La première comédie donnée par lui à l'Odéon en
1819, *Un Moment d'imprudence*, sujet tiré d' « un des
trop nombreux écrits d'une femme célèbre », nous
dit la notice (sans doute Mme de Genlis), nous offre,
avec une intrigue très finement conduite, un piquant
tableau de la vie conjugale et des mœurs contemporaines : elle nous introduit même déjà dans ce
demi-monde qui a fini par envahir notre scène française. Au temps de Waflard, nous sommes encore au
début : d'autres se sont chargés de nous le montrer
à son apogée. Ici l'auteur se borne à indiquer les
périls que peuvent y rencontrer les honnêtes gens.
Une certaine fleur de délicatesse, de bon goût et de
bon sens couvre les situations les plus scabreuses. En
même temps la trame dramatique, finement ourdie,
révèle une grande dextérité de main dans l'art de
nouer et de dénouer, de la façon la plus naturelle
et la plus simple, les imbroglios les plus compliqués.
A mesure qu'on avance, le jeu, devenu plus serré et
plus pressant, laisse craindre une explosion qu'un mot
imprudent peut rendre tragique; mais l'action se termine à la satisfaction générale et sans sortir des
bornes de la comédie aimable et souriante.

De quoi s'agit-il, après tout? D'un moment d'imprudence, d'un simple coup de tête d'une jeune
femme qui s'est laissé attirer dans un monde où elle
court risque de se compromettre sans le savoir. Nou-

veau chapitre des *Liaisons dangereuses* à l'adresse des honnêtes femmes soucieuses de conserver leur réputation et leur repos. M. et Mme d'Harcourt nous offrent le modèle d'un couple jeune, riche, heureux, uni par une affection mutuelle comme on en voit peu dans les ménages de comédie, où le désaccord des époux est trop souvent l'élément principal de la pièce. Pourtant un petit nuage s'élève au début, une demi-brouille bientôt apaisée, mais d'où pourrait naître un grand orage, si la Providence, par la main d'un ami, ne venait l'écarter.

M. d'Harcourt est un galant homme aimable, sensé, spirituel, tournant joliment le vers, chérissant tendrement sa femme sans être jaloux, lui procurant tous les plaisirs qu'elle peut souhaiter, lui laissant pleine liberté sur le chapitre de la toilette et des dépenses, mais pourtant assez au courant du monde parisien pour vouloir la prémunir contre les pièges et les séductions où son inexpérience pourrait l'entraîner. Il oppose son *veto* conjugal à certaines relations qui lui semblent compromettantes.

Mme d'Harcourt est une jeune femme de province restée neuve, crédule, ingénue, même après quatre ans de mariage, heureuse de venir à Paris, où son mari espère obtenir un poste important au ministère; ne rêvant que bals, concerts, spectacles, fêtes et distractions de toute sorte; d'ailleurs adorant et admirant son mari, se faisant un scrupule de lui déplaire ou de le tromper; mais enfin fille d'Ève comme l'Hortense de *l'École des Vieillards*, capable de goûter au fruit défendu, sans en prévoir les conséquences.

Pour cela que faut-il? La présence du serpent sous les traits de Mme de Saint-Ange. C'est une vieille légende chrétienne, consacrée par les artistes du moyen âge, qui représente le premier tentateur avec un visage de jeune femme belle et riante. Mme de Saint-Ange, *alias* Mme de Mondésir, changeant de nom aussi aisément que de domicile, dépensière et besogneuse tout à la fois, coquette et intrigante de profession, n'est point une duègne insidieuse telle que la *male femme* du fabliau, ni une fausse dévote hypocrite telle que la *Macette* de Régnier. C'est une femme du monde, légère, étourdie, évaporée, en apparence du moins, au fond calculatrice habile, raillant l'innocente Mme d'Harcourt sur ses scrupules d'obéissance à l'égard de son mari, mêlant à ses cajoleries certaines maximes de morale aisée comme celles-ci :

> Mesdames saisissons les plaisirs lorsqu'ils s'offrent à nous; que la folie et la gaieté embellissent tous nos instants. N'imitons point ces prudes austères qui fuient le monde et les plaisirs les plus innocents. Aimons bien nos maris, soyons-leur soumises; soyons attachées à nos devoirs; mais après cela, profitons du printemps de notre vie : hélas! notre automne est souvent si triste et si pénible [1] !

Elle a fait de son salon un petit monde où l'on s'amuse, un rendez-vous pour les jolies femmes pas trop sévères, et pour les hommes de marque plus ou moins honorables; une sorte de *capharnaüm* où se rencontrent toutes les classes et toutes les conditions : la politique, l'armée, la magistrature, la finance, le théâtre, la presse, etc. Un brave général y coudoie un banquier véreux ou un journaliste mal famé; une danseuse de l'Opéra y trône à côté d'un ambassadeur.

[1]. Acte I, sc. IV.

Mauvais lieu de bonne compagnie, où l'on joue tour à tour la comédie et le lansquenet, où l'on chante, où l'on danse, où l'on se ruine gaiement. Il y a encore, dit-on, de ces salons-là. Les gens graves et les gens frivoles, las du monde où l'on s'ennuie, vont y faire l'école buissonnière par désœuvrement, par curiosité, quelquefois par calcul ou par ambition. Les hommes croient pouvoir s'y montrer sans déroger, mais se gardent bien d'y conduire leurs femmes. C'est ainsi que M. d'Harcourt se laisse entraîner par son ami Fréville chez Mme de Mondésir, avec l'espoir d'y rencontrer le colonel Valsain, proche parent du ministre, qui doit appuyer sa demande d'emploi. Il ne se doute pas que Mme de Mondésir est justement cette dame Saint-Ange qu'il connaît seulement par ouï-dire, et dont il a interdit à sa femme la fréquentation. Il est bien plus loin encore de supposer que Mme d'Harcourt elle-même s'est risquée étourdiment dans cet enfer; qu'elle est devenue sans le savoir un appât fait pour attirer le colonel Valsain, qui s'est pris pour elle d'une subite passion. Le mari complaisant improvise une pièce de vers galants que lui demande le colonel pour sa belle inconnue. La situation devient plus piquante encore lorsque Mme d'Harcourt, tout effrayée de cette étrange société où elle se sent égarée, se place sous la protection de Fréville pour en sortir au plus vite, et voit apparaître son mari. Une habile manœuvre de l'ami obligeant lui permet de se dérober derrière une psyché, et d'entendre la confidence de son mari racontant à Fréville qu'il vient de perdre dix louis avec une charmante brune, capable de lui faire oublier sa fidélité conjugale.

L'ami Fréville se trouve là fort à propos, employant

tout ce qu'il a de ruse, de sang-froid et de diplomatie, pour réparer l'imprudence de la femme, les maladresses du mari et les bévues du colonel. Ce rôle de l'ami-providence, que nous avons déjà signalé dans le *Duhautcours* de Picard, dans les *Deux Gendres* d'Étienne, et que nous reverrons plus tard dans *l'Honneur et l'Argent* de Ponsard, semble avoir remplacé dans la comédie moderne celui du valet sauveur, occupé à réparer les fautes de son maître comme le Mascarille de *l'Étourdi*. Il a des ressources, des à-propos, des subterfuges inouïs pour faire sortir les personnages d'une situation désespérée. Wallard est à cet égard déjà un digne émule de Scribe, un adroit calculateur conduisant une intrigue dramatique aussi habilement qu'une partie d'échecs.

Le colonel Valsain est un brave et loyal soldat, vieux garçon, ami de toutes les jolies femmes qu'il rencontre sur son chemin, habitué à fréquenter des beautés faciles, sans avoir en lui l'étoffe ni la rouerie d'un Lovelace. Empêtré dans une aventure galante où il ne comprend rien, il finit par s'en tirer à son honneur, et décide de quitter Paris pour s'épargner à lui-même et à l'honnête femme qu'il a failli compromettre les embarras d'une fausse situation. Mme Saint-Ange, de son côté, tourmentée par ses créanciers, a la bonne idée d'annoncer son prochain départ pour Londres, et garde un silence auquel elle est intéressée. Le mari, ainsi qu'il arrive toujours, est le dernier à savoir le mot de l'énigme que tout le monde connaît. Il est vrai qu'il a tenté aussi de tromper un peu sa femme, sans y réussir, en lui racontant l'emploi de sa soirée passée avec des militaires, et les dix louis perdus, dit-il, avec un gros major de cuirassiers, substi=

tué à la petite brune compromettante. « Et moi qui ai
cru jusqu'à présent tout ce qu'il me disait[1] ! » s'écrie
la jeune femme, heureuse au fond de le surprendre en
flagrant délit de mensonge, et lui demandant, non
sans malice, de vouloir bien rompre désormais toutes
relations avec ce gros major de cuirassiers.

Grâce à l'artifice de Fréville, qui met sur le compte
d'une parente imaginaire les imprudences de
Mme d'Harcourt, le colonel peut faire des excuses
publiques qui sont un éclatant hommage rendu à la
vertu de cette dernière. Pour compléter la pénitence,
les deux époux, chacun de leur côté, se promettent de
tout raconter l'un à sa femme, l'autre à son mari.
Fréville, en terminant, invite son ami à dîner avec sa
femme, et s'engage à lui faire connaître la parente à
laquelle il pardonnera sans doute *un moment d'imprudence*. L'honneur et la morale n'ont pas subi la moindre
atteinte, malgré les graves périls qu'ils ont pu courir
un instant, et la leçon ne manquera pas de profiter à
tous les deux.

III

Le *Voyage à Dieppe*, représenté en 1821, est resté le
plus grand et le plus durable succès de Wafflard et
Fulgence, la plus amusante odyssée qu'on ait vue
sur le théâtre depuis *la Diligence à Joigny* et avant *le
Voyage de M. Perrichon*. La pièce est d'un comique
sans fiel, moins délicat que celui d'*Un Moment d'imprudence*, mais d'une gaieté aussi désopilante dans son
genre que la joyeuse comédie de Labiche, sauf la
portée philosophique et morale, il est vrai. Le sujet

1. Acte III, sc. III.

est tiré d'une anecdote réelle comme *le Légataire universel* de Regnard, anecdote transportée sur la scène et agrémentée de toute espèce d'incidents par l'imagination de l'auteur, qui s'amuse d'abord pour amuser le public.

Nous avons parlé déjà des mystificateurs et de leur vogue au temps du Directoire, du Consulat et de l'Empire. Ce plaisir devint si fort à la mode que les lettres d'invitation à un dîner ou à une soirée portaient ce post-scriptum : « *Il y aura une mystification* », comme on met aujourd'hui : « *On dansera* », ou « *Il y aura une tombola* ». C'était le burlesque de Bruscambille et de Turlupin, revenant sous une autre forme. Les gens du plus haut parage ne dédaignaient pas d'y prendre part. L'impératrice Joséphine et la reine Hortense faisaient ainsi mille niches plaisantes à leurs invités de la Malmaison, en s'amusant à dévisser les lits qui s'affaissaient sous le poids des dormeurs, tandis qu'un vase leur versait de l'eau sur la tête. Junot, grand maréchal du palais, se servait des mystificateurs pour se débarrasser des visites et des sollicitations importunes : il les lançait en manière de moustiques chargés de piquer et d'écarter les fâcheux. On appelait et l'on payait un mystificateur comme on fait venir aujourd'hui un chanteur ou un acteur dans une soirée. Le comédien Dugazon lui même se prêtait à ce métier et venait chez le prince Eugène de Beauharnais pour divertir la société de ses lazzis et mystifier les nouveaux venus.

« Beaucoup de ces mystificateurs, dit Mme de Bawr, étaient des peintres dont le talent n'avait pu répondre à leur passion pour l'art, et qui, par suite, mouraient de faim. »

Ils s'étaient faits amuseurs publics pour vivre. Les charges d'atelier et les farces des rapins ont précédé depuis longtemps celles des fumistes. C'était précisément un peintre manqué, un rapin de vingtième année, Mussin, qui était devenu le grand maître de la mystification. Un jour, la princesse Dolgorowski voyait arriver chez elle tous les membres de l'Institut, invités à dîner par une lettre de ce mauvais plaisant. Ce fut lui aussi qui fit monter en berline le crédule Petétin, et le promena dans les faubourgs de Paris sous prétexte de lui montrer Orléans.

Cette farce en action inspira à Wafard et à Fulgence l'idée de leur *Voyage à Dieppe*. Picard n'avait-il pas dit déjà de cette ville, dans ses *Provinciaux à Paris* : « C'est un voyage que tous les bourgeois de Paris un peu aisés doivent faire une fois dans leur vie? » Cette phrase, placée comme épigraphe en tête de la pièce, nous indique assez que nous sommes encore au temps des diligences. L'ancien marchand, M. d'Herbelin, ne songe point à aller au delà de Dieppe, une fois en sa vie. Avec les chemins de fer, M. Perrichon franchira les Alpes, les Pyrénées, ira en Suisse, en Italie, en Espagne. Viennent les ballons, le sort d'Icare ne l'effrayera pas. En attendant, contentons-nous du *Voyage à Dieppe*. Cette fois encore, c'est un mystificateur sorti de l'atelier, un jeune peintre, Monbray, caractère vif et enjoué, n'ayant rien du bohème besogneux, mais aimant à se divertir, qui va devenir l'organisateur du voyage dans la comédie.

La scène se passe à Paris : le premier acte sur le boulevard de l'Hôpital, à côté du Jardin des plantes, et les deux derniers au Marais, rue Charlot, n° 17 : tel est l'étroit espace où va se dérouler cette odyssée comique. Le quartier du Jardin des plantes, nouvellement construit, avait alors, paraît-il, des restaurants en renom ; l'un entre autres portait cette enseigne : *Au Feu éternel !* Un titre engageant pour ceux qui voulaient se damner. Là s'est réunie une petite société de jeunes gens, anciens camarades de collège, aimables épicuriens, plus ou moins affiliés à toutes les académies chantantes et buvantes de la capitale et des départements, faites à l'imitation du *Caveau*, où trônaient alors les Désaugiers et les Goufflé. Parmi les convives, un artiste spirituel et amusant boute-en-train, Monbray ; un jeune homme riche et amoureux, tant soit peu sentimental, d'Hérigny ; un agent de change, Lambert, espèce de Turcaret moderne, qui, après avoir été un cancre et un imbécile au collège, s'imagine avoir acquis beaucoup d'esprit en amassant des écus : personnage repris plus tard par Scribe dans son *Mariage d'argent*. Au milieu des fumées du champagne, Monbray propose un divertissement à la mode et offre de parier vingt-cinq louis qu'avant vingt-quatre heures il aura préparé une bonne mystification, aux dépens de n'importe qui, fût-ce de son ami Lambert, qui se récrie et proteste contre ce rôle de plastron. Le défi est accepté.

Un heureux hasard vient justement livrer, en face du restaurant, une innocente victime aux sortilèges de Monbray : un bourgeois à duper, double bonne fortune pour un artiste. De nos jours, le bourgeois est devenu la bête noire de certaines réunions politiques où l'on voue sa personne et sa fortune à toutes les malédictions, en vertu de je ne sais quelle vendetta démocratique, comme si le bourgeois n'était pas lui-même un fils de la démocratie. Au temps passé, on se contentait d'en rire ou de lui jouer quelque tour plaisant.

M. d'Herbelin, l'Ulysse bourgeois, s'apprêtant à quitter la paisible rue Buffon pour aller voir l'Océan, est déjà un homme d'imagination presque autant que M. Perrichon. Pendant trente-six ans, il a roulé dans sa tête l'idée d'un voyage à Dieppe. Depuis deux hivers, ainsi que nous l'apprend la servante Félicité, on joue aux lotos dans la famille, et l'on met de côté toutes les pertes faites au jeu pour subvenir aux frais du voyage. L'idée de la *Cagnotte*, cette amusante farce du Palais-Royal, est peut-être encore sortie de là.

Maintenant, pourquoi M. d'Herbelin a-t-il choisi l'hiver pour faire cette excursion? La jeune Isaure, sa fille, qui a d'autres préoccupations depuis un certain bal de Sceaux, eût préféré le mois de mai, le mois des amoureux. Mais M. d'Herbelin veut contempler l'Océan dans toute sa fureur.

Or nous sommes à la fin de mars, et depuis huit jours dans l'équinoxe ; voilà le temps où les coups de vent, les tempêtes et les bourrasques soulèvent les flots, brisent les esquifs, démontent les vaisseaux....

FÉLICITÉ. — Oh ! mon Dieu, monsieur, vous me faites peur.

M. D'HERBELIN. — Et tu conviendras que ce spectacle terrible offre plus de beautés à l'œil d'un Parisien qu'une mer tranquille par un temps calme [1].

C'est l'époque du mascaret annoncé aujourd'hui par les journaux, et mis à la mode par les chemins de fer qui délivrent des *aller et retour*.

Le pacifique explorateur, dans son enthousiasme naïf, nous rappelle le peintre Vernet se faisant attacher au grand mât pour contempler la tempête dans toute

1. Acte I, sc. v.

son horreur. Aussi, prêt à tout et ne sachant ce qui peut advenir, avant de se mettre en route pour un voyage de quarante-six lieues, il est allé faire ses adieux à tous ses amis. Il recommande à Mme d'Herbelin de mettre dans son sac de nuit sa carte de Cassini, sa boussole, sa longue-vue et surtout son album.

> Quand on voyage, dit-il, il faut prendre des notes et mettre à profit les observations que l'on fait.

N'est-ce pas là déjà du Perrichon tout pur?

Mme d'Herbelin, comme la future Mme Perrichon, une bourgeoise qui aime ses aises, s'effraye un peu des ardeurs ambulantes de son mari. Quand celui-ci parle d'une traversée possible en paquebot, que lui propose l'ami Dumontel, de Dieppe au Havre : « Ah! mon Dieu! s'écrie-t-elle. Et pourquoi pas à l'Ile-de-France? » Une chose la contrarie surtout, c'est de passer une nuit en diligence avec des gens parfois très mal élevés. M. d'Herbelin lui fait honte de sa pusillanimité, en lui citant l'exemple du capitaine Cooke et des grands voyageurs, qui ont éprouvé de bien autres fatigues. D'ailleurs, un voyage à Dieppe a été le rêve de sa vie; divers obstacles l'ont empêché jusqu'alors de l'accomplir; mais cette fois il le tient, et ne veut pas mourir sans l'avoir fait.

Ce petit intérieur bourgeois est très finement et très spirituellement décrit, avec la servante Félicité, une fille sûre, qui va profiter de l'absence de ses maîtres pour faire venir son amoureux, Flamand. M. d'Herbelin est dans son genre un type précieux à exploiter. Aussi Monbray va-t-il mettre la main sur lui pour la mystification qu'il médite. L'oreille au guet, il a saisi la conversation engagée entre d'Her-

belin et Dumontel venant s'excuser de ne pouvoir
l'accompagner à Dieppe, et lui proposant la berline
d'un de ses amis, M. de Saint-Valery, jeune homme
fort obligeant qui offre de les emmener avec lui. La
proposition est acceptée.

Monbray, s'emparant du nom de Saint-Valery et
de la berline de son ami d'Hérigny, promène pendant
toute une nuit obscure et les stores fermés, d'Herbelin et sa famille, à travers les communes voisines
de Paris, Meudon, Sèvres, Neuilly, Ville-d'Avray,
Saint-Denis, Pontoise, Vincennes, et les ramène
avant le jour à Paris, rue Charlot, 17. Il a pris soin
de les loger dans un appartement donnant sur un
jardin. Au lever du jour, d'Herbelin, convaincu qu'il
est à Dieppe, prend l'air avec délices sur le balcon :

Quel air pur on respire ici ! Que cela semble bon ! Comme on
doit bien se porter ! Quelle différence avec l'air épais de la capitale [1] !

La difficulté est de prolonger l'illusion et de retenir
à la maison M. d'Herbelin, impatient de sortir pour
aller se promener sur la plage et jouir de la vue de
la mer, dont il respire déjà la brise matinale.

La situation se complique, s'aggrave et, grâce à
l'habileté de l'auteur, finit par remplir deux actes
avant le dénouement. Pour comble d'embarras, le
jeune d'Hérigny, le Mécène de la société, qui s'est
fait le complice de la mystification avec Lambert et sa
femme, reconnaît dans M. d'Herbelin le père de la
jeune fille qu'il a remarquée au bal de Sceaux et dont
il est tombé amoureux. Il se voit compromis et perdu

1. Acte II, sc. VI.

par cette espièglerie. En même temps, l'ami Dumontel,
venu pour négocier un traité chez M. d'Hérigny, est
tout étonné d'y rencontrer d'Herbelin et sa famille,
qu'il croyait à Dieppe. Bientôt mis au courant de
l'affaire, qu'on lui présente comme une intrigue amoureuse, il entre dans le complot et fait croire à d'Herbelin qu'il est venu le rejoindre sur les bords de la
mer. Son but est de rendre service à son ami en faci-
litant le mariage d'Isaure et d'Hérigny.

Mais voici que Félicité arrive à son tour, inquiète
sur le sort de ses maîtres, depuis que le cocher de
M. d'Hérigny a parlé à son bon ami Flamand d'un
voyage fabuleux fait en berline la nuit. Avertie à
temps et stylée par Dumontel, elle prend part aussi
à la comédie pour expliquer son voyage à Dieppe.

Cependant d'Herbelin réussit à s'échapper et revient pâle, furieux, après avoir constaté qu'il se trouve
en plein Marais, rue Charlot. Les gens auxquels il
a demandé le port lui ont répondu en lui parlant du
port aux vins.

J'étouffe de colère! Mais a-t-on jamais vu une fatalité semblable attachée à un homme? Quoi! c'est pour la cinquième
fois que j'entreprends ce voyage, et lorsque, enfin, je crois
l'avoir fait, je m'aperçois que, je suis encore à Paris. Je dési-
rais toujours voir la mer, et il est écrit là-haut que je ne pourrai jamais satisfaire ma curiosité [1].

A la fin, on lui a fait entendre raison ; d'Hérigny
s'excuse d'avoir inventé ce subterfuge avec son ami
Monbray pour conquérir plus sûrement la main
d'Isaure : M. d'Herbelin, revenu de sa colère, se
montre flatté d'acheter, même à ce prix, un gendre

1. Acte III, sc. xv.

qui apporte à sa fille 30 000 livres de rente avec son cœur. Néanmoins, c'est à Dieppe seulement, et pour de bon, cette fois, qu'il veut résoudre la question du mariage. Le domestique Dupré vient annoncer que les chevaux sont prêts. M. et Mme Lambert, qui attendent en bas déguisés en Chinois, deviennent à leur tour les héros et les victimes d'une seconde mystification. La pièce commence et finit par un éclat de rire.

Elle ne présente à coup sûr rien de très profond, ni de très creusé, rien qui ait la portée philosophique du *Voyage de M. Perrichon*. Le grain d'amour qui s'y trouve mêlé est une concession faite à l'usage. Tout le comique naît des incidents habilement combinés, de l'ignorance naïve de d'Herbelin et de la belle humeur de Monbray, le grand moteur de l'entreprise. Une anecdote facétieuse a suffi pour fournir un thème à la comédie. La fécondité et la dextérité des moyens employés pour alimenter ce sujet si simple attestent chez l'auteur un véritable talent dramatique.

Après son *Voyage à Dieppe*, Wafflard donnait à l'Odéon deux nouvelles comédies : *les Deux Ménages* avec Picard, *le Célibataire et l'Homme marié* (1822). Une autre pièce posthume, *l'Écolier d'Oxford* (1824) n'ajouta rien à sa réputation. Il reste avant tout l'auteur du *Voyage à Dieppe*.

CHAPITRE XXII

AUTEURS COMIQUES DE SECOND ORDRE
SOUS LA RESTAURATION (*Suite*).

Mazères : *Le Jeune Mari* (1825). — *Les Trois Quartiers* (1827). —
Empis : *L'Agiotage* (1826). — *La Mère et la Fille* (1830). —
Casimir Bonjour : *L'Éducation, ou les Deux Cousines* (1823).

Si Wailard et Fulgence nous ont offert l'exemple
d'une étroite fraternité littéraire associant autour d'une
œuvre commune deux noms inséparables, une conformité analogue et différente cependant rapproche
deux talents homogènes qui brillent un moment au
second rang parmi les auteurs comiques de la Restauration. Nous voulons parler de Mazères et d'Empis.
Tous deux nés à la fin du siècle précédent, l'un en
1795, l'autre en 1796, bien qu'ils aient vécu jusqu'au
temps du second Empire, appartiennent à la période
de la Restauration par la nature comme par la date
de leurs productions et de leurs plus brillants succès.
Tous deux collaborateurs de Picard et de Scribe à
leurs débuts, pris entre deux courants littéraires, se
trouvent de bonne heure éclipsés par l'école nouvelle, démodés et sacrifiés : on l'est bien vite dans
les époques de révolution. Ils n'en ont pas moins eu
leurs jours de triomphe et d'ivresse; ils ont vu, eux
aussi, la salle éclater en bravos; ils ont caressé leurs
rêves de gloire, leurs ambitions académiques, plus

ou moins déçues ou réalisées. C'est de leurs succès seuls que nous parlerons ici, laissant à l'oubli les chutes, inutiles ou douloureuses à rappeler. Nous commencerons par Mazères.

Fils d'un riche colon de Saint-Domingue qui dut souffrir de nos désastres, esprit fin, délicat, distingué, mais tant soit peu irrésolu : tour à tour militaire comme Dupaty, homme de lettres comme tant d'autres, préfet comme Chéron [1], revenant à la littérature après les déceptions de la politique, Mazères n'a pas dans sa vie cette unité, cette fixité de vocation que nous avons signalées chez son maître Picard. Élevé au lycée Napoléon [2], où le souvenir et l'exemple de Scribe et de Casimir Delavigne devaient enfanter une longue suite de poètes dramatiques tels qu'Émile Augier, Sardou, Jules Barbier, Edmond Cottinet, etc., il sentit s'éveiller en lui la passion du théâtre. Sorti de Saint-Cyr et devenu lieutenant, il donnait sa démission pour se livrer tout entier à ses goûts littéraires, et débutait par le vaudeville, ce premier pas de tout écolier dans la carrière dramatique, à défaut de la tragédie faite au collège.

Bientôt les conseils et l'amitié de Picard lui venaient en aide pour donner ensemble à l'Odéon *l'Enfant trouvé* (1824), comédie en trois actes, en prose, et peu après une autre comédie dans ce cadre consacré des trois actes, *Héritage et Mariage*, ayant plus d'un trait commun avec *le Vieux Célibataire* de Collin d'Harleville. Andrieux, félicitant l'auteur de cette pièce, lui disait : « Vous m'avez rappelé mon pauvre Collin : ce n'est pas de la grande comédie, mais la petite n'est

1. L'auteur du *Tartufe de mœurs*.
2. Depuis collège Henri IV.

pas à dédaigner. » Après cette double épreuve, Picard, avec le désintéressement d'un vieux maître rassasié de succès pour son propre compte, voulut laisser à son jeune disciple tout l'honneur d'une pièce nouvelle dont il avait conçu l'idée. La bienveillance du baron Taylor ouvrit à Mazères les portes du Théâtre-Français, pour y faire jouer *le Jeune Mari*, la meilleure de ses œuvres, la seule qui soit restée au répertoire.

I

Le Jeune Mari, représenté le 8 novembre 1826, fut une fête pour le public et pour l'auteur. Cette pièce, à soixante ans de distance, peut encore subir aujourd'hui l'épreuve de la scène, et même de la lecture. Sans être très originale par la pensée ni par le style, elle offre un mélange d'enjouement comique et de bon goût littéraire, de réalité prise sur le fait et de fantaisie tempérée, qui lui assigne un rang honorable parmi les produits de la comédie moyenne, entre le Théâtre-Français et le Gymnase au temps de la Restauration. Le sujet avait sa nouveauté relative, malgré certaine parenté, dont l'auteur convient lui-même, avec *le Chevalier à la mode* de Dancourt.

Jusqu'alors, la comédie nous a représenté surtout de vieux maris et de vieux tuteurs défendant contre les entreprises des galants une jeune fille ou une jeune femme dont ils sont follement épris. Ici les rôles changent. C'est une femme plus que mûre par l'âge, sinon par la raison, qui s'est procuré à prix d'argent le luxe imprudent d'un jeune mari. Mme Duperrier, veuve d'un président à la Cour, a réalisé ce que Mme Patin n'a fait que rêver autrefois. Elle a ren-

contré un jeune officier criblé de dettes, le chevalier
de Beaufort, et s'est faite sa libératrice pour l'enchaî-
ner. En retour, elle réclame une affection sans bornes;
elle couve d'un œil jaloux ce trésor dont elle connaît
le prix, sachant ce qu'il lui coûte, et voit dans toutes
les femmes, dans sa nièce Clara, dans sa cousine
Mme Delby, des rivales dont elle se défie. Exigeante,
impérieuse, véritable Agrippine bourgeoise, revendi-
quant pour elle le gouvernement et la haute police
de la maison, ouvrant les lettres de son mari sans lui
laisser voir les siennes, elle a des débordements de
tendresse plus insupportables encore que tous ses reproches. Elle roucoule comme une colombe et devient,
par moments, aigre comme une pie-grièche. Femme
pratique et positive en même temps que sentimentale
et poétique, intéressée quand elle obéit à ses instincts,
prodigue quand elle suit sa folle passion, bonne et
méchante tour à tour, elle songe à marier sa nièce
avec son beau-frère M. Duperrier, espérant terminer
par là un procès de famille et se débarrasser d'une
jeune parente dangereuse pour son mari.

Si Mme Patin a pu inspirer l'idée de la vieille femme
amoureuse et jalouse, le Chevalier à la mode de Dancourt se retrouve en partie dans Oscar. Cependant
l'auteur nous apprend que c'est là un souvenir personnel, un type d'officier qu'il a connu jadis lui-même
au régiment. Oscar est un de ces viveurs étourdis et
libertins sans grand scrupule ni grand souci de leur
dignité, s'inquiétant peu de la gloire d'un nom illustre
qu'ils avilissent et compromettent, souvent aux prises
avec leurs créanciers, et que leurs dettes forcent
quelquefois à quitter l'armée, sans bruit, sans éclat,
pour sauver l'honneur de l'uniforme. Un mariage

d'argent est dans ce cas le dernier refuge qui remplace pour eux l'hôtel des Invalides. C'est ainsi que de Beaufort a vendu son nom et sa personne à une riche bourgeoise qui pourrait être sa mère, et qui va devenir à la fois sa dupe et son tyran. En croyant s'affranchir, il s'est mis aux pieds un boulet... de 100 000 livres de rentes, il est vrai, mais qui n'en est pas moins un boulet. Docile et résigné en apparence au début, il joue la comédie de l'amour, sans la moindre conviction, avec sa chère Herminie, un nom tendre et romanesque s'il en fût jamais. Comme un collégien cherchant à faire l'école buissonnière, il a recours aux finesses, aux supercheries, afin de s'évader. Il donne rendez-vous à son ami Surville pour déjeuner chez Tortoni : mais l'inévitable Herminie est là qui le réclame pour aller faire des emplettes, sans qu'il puisse échapper à cette étreinte conjugale, plus dure encore que la discipline du régiment. Nous le verrons à la fin se lasser et se fâcher : mais il faut attendre un éclat et l'influence d'un verre de champagne libérateur.

Tout l'intérêt, tout le comique de la pièce repose sur l'antithèse de la vieille femme et du jeune mari. Il y a là des situations et des scènes parfois très divertissantes. Nous citerons d'abord celle de la confession, où Oscar avoue à sa tendre moitié une dernière dette dont il n'a osé parler jusque-là. Ce *mea culpa* sentimental, enveloppé de cajoleries, débute par un roucoulement amoureux auquel succède un cri de fureur quand Herminie apprend que le créancier dont il s'agit est une créancière. Et, chose plus grave qu'elle ignore, c'est que cette créancière est une danseuse de l'Opéra, à laquelle Oscar a signé des lettres de change.

Nous sommes encore au temps de la contrainte par corps. Après une vive altercation entre les deux époux, et un conflit de pouvoirs dans les ordres donnés aux domestiques, Oscar est arrêté par quatre recors qui le mènent droit à Sainte-Pélagie. Mme de Beaufort, affolée à cette nouvelle, arrive les mains bourrées de billets de banque pour délivrer son bien-aimé. Celui-ci, de son côté, a pris goût à la prison, qu'il préfère aux galères conjugales. Il a noyé son chagrin dans les flots du champagne, avec de joyeux convives détenus comme lui, et refuse de sortir quand Surville lui annonce que son écrou est levé.

Oscar apparaît tout guilleret, tout émerillonné et à demi ivre, racontant le dîner fin, superfin, auquel il vient de prendre part à Sainte-Pélagie, sous la présidence d'un riche capitaliste qui finit ses cinq ans pour son plaisir. Il en rapporte de nouveaux principes que lui ont inculqués ses bons amis, des gens de loi experts sur la question matrimoniale. En vertu d'un certain article 1538 qu'il ignorait, il sait maintenant qu'il est le chef de la communauté, qu'il a le droit d'administrer la fortune de sa femme. Aussi, pour en user, veut-il donner des dîners et inviter tous les mauvais sujets de sa connaissance : « Ce sera, s'écrie-t-il, un repas de corps. » Par-dessus le marché, il déclare son intention de faire la cour à la nièce et à la cousine de sa femme, dût celle-ci en crever de jalousie. Mme de Beaufort étouffe de colère et laisse échapper cette exclamation :

« Ah! combien je regrette mon premier mari! » A quoi Oscar répond : « Vous ne le regrettez pas tant que moi! » Mot que l'auteur a recueilli, nous dit-il, de la bouche d'un convive naïf chez le comte de Torreno.

et qu'il a transporté dans sa pièce après la première représentation.

Dans cette amusante scène d'ivresse, Oscar fait la leçon aux jeunes gens qui seraient tentés de l'imiter :

> Eh bien ! jeunes gens à la mode, suivez donc mon exemple.... Sacrifiez votre jeunesse.... Vous en serez récompensés. Voyez comme je suis heureux[1] !

II

Le Jeune Mari était une œuvre de genre et de fantaisie exprimant, sous une forme risible et sérieuse à la fois, un cas particulier et rare de la vie conjugale, une suite aux *Quinze Joies du mariage*, sans application directe au temps présent. *Les Trois Quartiers*, faits en commun avec Picard, étaient une œuvre de circonstance, répondant à certaines préoccupations du jour : de là le succès et aussi le péril, tout au moins pour l'avenir.

Malgré les principes d'égalité consacrés par le Code civil et reconnus par la Charte de 1814, la distinction des classes semblait vouloir rentrer dans la société nouvelle née de la Révolution. Le retour des émigrés et le triomphe de la monarchie légitime avaient réveillé bien des prétentions et des préjugés et, du même coup, provoqué bien des rivalités et bien des haines. Les *trois quartiers* de la rue Saint-Denis, de la Chaussée-d'Antin et du faubourg Saint-Germain, ne représentent pas seulement trois divisions topographiques, mais trois fractions de la société française

---

1. Acte III, sc. VII.

qui s'observent, se jalousent et se froissent mutuellement. La morgue aristocratique, l'opulence financière
et l'économie bourgeoise sont en présence. On ne parle
pas encore d'un quatrième quartier, le faubourg
Saint-Antoine, qui fera son apparition plus tard avec
la démocratie ouvrière, en attendant que Belleville
nous envoie un nouvel élément. Il y avait là déjà une
source de discordes intérieures, dont la royauté devait
un jour payer les frais. Les rancunes de la Chaussée-
d'Antin contre le faubourg Saint-Germain auront leur
part dans la révolution de 1830.

« J'étais frappé, nous dit l'auteur dans sa préface,
de l'esprit de lutte qui divisait alors la société en deux
grands partis, l'un repoussant de ses dédains l'opulence roturière, l'autre renvoyant d'injustes mépris
à l'illustration héréditaire ; tous deux coupables d'orgueil, oublieux des leçons du passé, méconnaissants
du présent, imprévoyants de l'avenir, et quelquefois
je me laissais aller ou j'hésitais à la pensée de mettre
aux prises toutes ces prétentions contraires. »

Ce fut à la suite d'une conversation avec le duc de
Fitz-James, un des libéraux et des clairvoyants du
parti royaliste, qu'il conçut l'idée de sa pièce. « Vous
ne voyez donc pas, mon ami, lui disait le duc, que la
monarchie est en train de se perdre ! » Et il l'engageait
en même temps à user de la comédie pour éclairer
l'opinion publique. « Moi, que je fasse de la politique
au théâtre ! répliquait Mazères ! — Pourquoi pas !
Lancez-nous à la tête de dures vérités, de piquantes
épigrammes, qu'à coup sûr nous méritons bien, car
nous nous conduisons comme des fous, tous tant que
nous sommes, et, je le répète, nous marchons à notre
ruine. »

Ce n'était rien moins qu'une œuvre de censure publique et de sauvetage que le vieux royaliste avisé demandait au jeune écrivain. Mazères, talent aimable mais indécis et un peu mou, aurait-il assez de force et de foi dans la comédie pour tenter l'entreprise? Il vint trouver Picard et lui exposa le premier échafaudage de la pièce telle qu'il l'avait conçue.

L'union récente d'un général de haute maison avec une riche héritière de la finance, par l'entremise d'un aigrefin ami de tout le monde, lui avait fourni l'idée de rapprocher ainsi le faubourg Saint-Germain et la Chaussée-d'Antin. Le mariage, ce fonds éternel de la comédie, était le trait d'union naturel pour opérer ce ralliement. Le banquier Martigny, la marquise d'Olmar, le vicomte et colonel Delbois, l'entremetteur Després, existaient déjà dans sa tête et avaient pris corps à ses yeux. Picard, avec ce flair de limier dramatique qui saisit une piste, eut bientôt entrevu ce qu'on pourrait tirer d'un pareil sujet. Séance tenante, pour l'alimenter et l'égayer, il proposait d'y joindre le ménage marchand de la rue Saint-Denis, M. et Mme Bertrand, leur fille et le commis Gustave; enfin, le personnage de Desrosiers, l'épouseur ambulant, dont les prétentions matrimoniales vont s'élevant toujours avec ses coups de fortune et ses héritages successifs, et qui finit par n'épouser personne. Ce débarqué de Colombie, *qui a vu Bolivar*, eut sa large part dans le succès. Picard y obtint son dernier triomphe avec l'élève qu'il regardait comme son héritier.

Un heureux chassé-croisé s'établit entre la Chaussée-d'Antin et le faubourg Saint-Germain, s'étendant même jusqu'à la rue Saint-Denis. Delbois, le gentil-

homme libéral, annonce, en terminant, le règne de la concorde et de la paix :

Cette union sera durable.... Plus d'orgueil,... plus de haines,... plus de rivalités ;... ne sommes-nous pas tous de la même famille [1]?

Le vœu du bon duc de Fitz-James était réalisé, du moins sur le théâtre. Mais le médecin n'était pas certain de l'efficacité du remède et, quelques années plus tard, constatait l'impuissance de la comédie à guérir les vices de la société. « Pour moi, écrit-il avec l'accent chagrin qui rappelle trop l'homme désabusé, j'aime de passion la comédie, elle m'amuse ; j'en fais, mais je n'y crois pas. » Dernier cri d'un auteur dépité contre un genre qui n'a pu le mener même à l'Académie.

III

Empis, formé comme Mazères à l'école de Picard, partagé, lui aussi, entre l'administration et la littérature, a trouvé moyen de les mener de front jusqu'au bout. Tour à tour secrétaire des bibliothèques royales jusqu'en 1824, vérificateur des services de la liste civile, chef de division au ministère de la maison du Roi, il débutait au théâtre par des livrets d'opéra avec Mennechet et Coursol. Plus tard, il devenait administrateur de la Comédie-Française et y laissait les traces les plus honorables de son passage. En 1847, étant déjà un des vétérans de l'art dramatique, plus heureux que son ami Mazères, il venait rempla-

1. Acte III, sc. xvi.

cer à l'Académie une autre étoile éclipsée, de Jouy, l'auteur de *Sylla*, l'ancien *Hermite de la Chaussée-d'Antin*.

Les plus grands succès d'Empis au théâtre ont été le fruit de la collaboration : *l'Agiotage* avec Picard (1826), *la Mère et la Fille* avec Mazères (1827). De ces deux pièces, la première semble avoir été en grande partie greffée sur une comédie antérieure de Picard dont nous avons déjà parlé. Duhautcours reparaît ici sous les traits de Durosai. A-t-il beaucoup gagné à cette résurrection ? Nous n'oserions l'affirmer. Déjà, en comparant *Duhautcours* au *Turcaret* de Le Sage, nous avons montré combien il lui était inférieur et pour la vigueur des traits et pour l'entrain comique. Cette fois, il ne s'agit plus seulement de peindre un caractère, mais un état général, une grande maladie contemporaine, la fièvre de l'agio, la soif de l'argent, déjà si vive à l'époque du Directoire, et que le gouvernement paternel, moral et religieux de la Restauration avait l'air d'entretenir, en maintenant, dans un but fiscal, la scandaleuse institution de la loterie patronnée par l'État. Un autre élément d'excitation est venu s'y joindre, l'attrait des jeux de Bourse, où tout le monde se porte avec fureur. Cette passion s'étend à toutes les classes et à tous les âges. Justine, la femme de chambre, nourrit un numéro à la loterie ; Joseph, le valet, spécule sur la baisse et la hausse de la rente ; Laurent, le clerc de l'étude, joue à la roulette.

Chose plus grave, s'il en est ainsi des serviteurs, les maîtres ne font guère autrement. C'est d'eux que l'exemple est venu. Saint-Clair, un jeune avocat de talent et d'avenir, trouve la route du barreau trop longue pour arriver à la fortune et s'est laissé entraîner

à la Bourse par un aventurier, homme d'affaires véreux caché sous un faux nom, le ci-devant Duhautcours, qu'il en est venu à tutoyer comme un camarade intime. Le goût du luxe, de la dépense, amène chez lui, avec l'appétit de l'argent, le dédain du travail patient et régulier. Il néglige sa femme autant que son cabinet.

Enfin, pour comble de folie, M. Dormeuil lui-même, le père de Saint-Clair, un ancien avoué, un homme grave et respectable d'apparence, confit en dévotion et en bons principes, membre du bureau de bienfaisance, déclamant contre le relâchement des mœurs, le faste et l'amour des richesses. joue, sous cape, sans en rien dire, par l'entremise d'un ancien petit clerc, son filleul, qu'il a placé chez l'agent de change Forlis, pour le tenir au courant des opérations. Par un hasard providentiel, le même mouvement de hausse qui a ruiné le fils fait gagner au père un million. Mais on apprendra bientôt que le banquier Forlis a tout emporté : la débàcle sera complète sur toute la ligne.

Au milieu de cette société dévorée par la passion du lucre à tout prix, deux âmes restées pures sauvent heureusement l'honneur et les traditions de la famille bourgeoise. C'est d'abord Amélie, la femme de Saint-Clair, refusant d'accepter le bénéfice d'une séparation pour sauver sa dot et décidée à partager le naufrage de son mari, si coupable et ingrat qu'il ait été un moment à son égard. Puis, l'oncle Marcel, l'intègre négociant de Lyon, le libérateur et le réparateur suprême, une doublure. lui aussi. de l'ami Franval, qui a tiré jadis Durville des pièges de Duhautcours. Marcel a retrouvé la piste de l'ancien fripon. C'est lui qui lance à sa poursuite Joseph et Laurent, pour l'arrêter au moment où il s'apprêtait à passer en Belgique, cette porte ouverte aux filous et aux fugitifs de tous les temps. Malheureusement, le portrait de l'honnête homme n'est, pas plus que celui du coquin, assez vigoureusement tracé.

Cette pièce de *l'Agiotage*, malgré le succès qu'elle obtint, n'est point demeurée au théâtre, et n'y a guère laissé plus de trace que celle de *Duhautcours*. Elle avait été devancée de longue date par des œuvres analogues ou portant le même titre : *les Agioteurs* de Dancourt en 1710, *l'Agiotage* d'Armand Charlemagne en 1795. Elle a été suivie d'autres productions plus ou moins identiques : *l'Argent, ou les Mœurs du siècle*, par Casimir Bonjour, dans cette même année 1826. Plus tard viendront *le Mercadet* de Balzac, *la Bourse* de Ponsard, *les Effrontés* d'Émile Augier.

IV

Si *l'Agiotage* nous a paru, malgré plus d'un trait heureux et spirituel, une composition inférieure aux *Trois Quartiers*, *la Mère et la Fille* nous semble, au contraire, une des pièces les plus dramatiques, les plus fortement nouées et les plus originales de cette époque intermédiaire qui va de l'ancienne à la nouvelle école. C'est la comédie larmoyante ou le drame bourgeois ressuscité ou transformé, sans emphase et sans fausse déclamation, avec un heureux mélange des genres dont La Chaussée a fait trop souvent mauvais usage. Le pathétique domine, mais sans en exclure la gaieté, qui éclate entre deux scènes émouvantes. Aussi comprend-on l'enthousiasme sincère avec lequel Alexandre Dumas parle de cette œuvre en y signalant une conquête et un pas fait en avant. Empis et Mazères, dénoncés depuis comme des rétrogrades et des timides, faisaient preuve d'audace en risquant à cette époque, sur la scène, ce double amour de la mère et de la fille, bien autrement hardi que celui de *la Mère coquette* de Quinault. La grande difficulté était de faire accepter du public français, et surtout du public d'alors, moins aguerri que celui de notre temps, une situation des plus scabreuses et des plus délicates. La mère et la fille deviennent rivales sans le savoir, également aimées du même homme qu'elles voient tous les jours, et qui reste honnête au fond, malgré cette double passion. Ce cas était périlleux : à force de tact, de mesure, de hardiesse et de prudence combinés, les auteurs parvinrent à en triompher. Il fallait d'abord reprendre ce personnage de *la Mère coupable* qui avait si peu réussi à Beaumarchais, lui conquérir nos sympathies, notre pitié, même notre estime en dépit de sa faute, la peindre si malheureuse, si torturée par le remords qu'elle se trouvât en quelque sorte régénérée par la douleur et l'expiation. D'un autre côté, il fallait laisser à la jeune fille son amour innocent et pur, son ignorance absolue d'un secret dont la découverte eût tout compromis, et ne pas la mettre en rivalité ouverte avec sa mère, sous peine de revenir à *la Mère coquette* de Quinault, aux scènes risibles de Mme Patin disputant à sa nièce le Chevalier ; ou bien d'arriver à une situation impossible et insoutenable, enfin à un effet tout différent de celui qu'on voulait produire.

Grâce aux personnages plus ou moins plaisants, de l'ancien notaire Verdier, une vipère médisante, du fermier Girard, un naïf, et du notaire Godard; le second mari de Mme Verdier, la pièce reste encore dans les limites de la comédie, tout en étant fortement teintée de couleurs mélodramatiques. Ici, Empis et Mazères ont un peu oublié la tradition joviale de Picard. Ils entrent dans la voie de la comédie-drame, telle qu'on s'est mis à la pratiquer de nos jours. On peut dire qu'à cet égard la comédie de *la Mère et la Fille* a sa date et sa place dans l'histoire du théâtre contemporain. Elle a fourni plus d'une scène, d'une situation ou d'une idée à d'autres œuvres venues depuis.

Après ce beau succès remporté au milieu des préoccupations et des ardeurs d'une révolution récente (le 11 octobre 1830), Empis et Mazères, toujours unis, présentaient quelques jours plus tard, au Théâtre-Français, une seconde pièce dont le titre avait le tort de rappeler tant soit peu celui de la précédente. *La Dame et la Demoiselle*, autre antithèse d'une jeune femme mariée et d'une vieille fille, fut loin de rencontrer le même accueil. Un contretemps fâcheux était venu entraver la mise en scène d'un impromptu de circonstance: *Un Changement de Ministère*, reçu au Théâtre-Français en 1829, et représenté en 1831. Il arriva trop tard, ainsi que *la Princesse Aurélie* de Casimir Delavigne, quand le flot de la Révolution venait de balayer non seulement les ministres, mais la royauté elle-même. Une nouvelle tentative malheureuse dans *l'Ingénue à la Cour* acheva de dégoûter Mazères, qui passa dans l'administration. Empis, de son côté, stimulé par le succès d'Alexandre Dumas dans *Henri III et sa Cour*, de Casimir Delavigne dans *les Enfants d'Édouard* et dans *Louis XI*, renonçait à la

comédie de mœurs, pour s'adonner au drame historique en s'inspirant de Shakespeare. L'élève de Picard se transformait sous l'influence du milieu ambiant.

Les Six Femmes de Henri VIII sont, aux yeux de certains juges, la meilleure œuvre d'Empis, non pourtant sous le rapport scénique, car les proportions en sont trop vastes, de même que celles du *Cromwell* de Victor Hugo : l'action dramatique fait défaut : c'est surtout une belle étude de caractères, une analyse délicate et fine des passions humaines, un tableau d'histoire intéressant comme *les Scènes de la Ligue* chez Vitet, faites pour la lecture plus que pour la représentation. Mais à partir de ce moment, Empis, qui demeurait toujours un écrivain distingué, était perdu pour la comédie contemporaine. Le dernier service qu'il rendit au Théâtre-Français fut son habile administration et la prospérité qu'il y amena avec lui.

V

Parmi les auteurs oubliés, nous citerons encore Casimir Bonjour, un Apollon de province dans sa jeunesse, ancien élève de l'École normale supérieure, professeur de rhétorique comme Luce de Lancival, applaudi à ses débuts sur la scène du Théâtre-Français et resté, comme Mazères, à la porte de l'Académie, faute d'une voix. Casimir Bonjour est un disciple attardé de Destouches et de Gresset, un successeur de Collin d'Harleville et d'Andrieux, qu'il n'égale point. Entre ses contemporains, on peut dire qu'il est, à titre de poète comique, un reflet assez pâle de Casimir Delavigne. Or le reflet d'une lune, si brillante qu'elle soit, ne peut être très éclatant. Il est demeuré ainsi dans les pénombres de la Restauration et de la Monarchie] de Juillet, estimé, apprécié pour son caractère et son talent moyen, sans parvenir jamais à la gloire ni à la popularité.

Cependant, son entrée dans la carrière dramatique donnait quelques espérances. *La Mère rivale*, comédie en trois actes et en vers, reçue au Théâtre-Français en 1821, y obtint tout d'abord un succès d'estime que Scribe lui-même n'avait pas trouvé à ses débuts. Deux ans plus tard, une autre comédie en cinq actes, *l'Éducation, ou les Deux Cousines*, devait rester son meilleur essai avec *le Bachelier de Ségovie*, qui vint tardivement couronner, en 1844, cette carrière laborieuse, trop peu récompensée par les faveurs du public et de la fortune.

La pièce des *Deux Cousines* fut un petit événement littéraire sous la Restauration. L'œuvre a un but moral comme toutes celles de Casimir Bonjour, fidèle à la vieille devise du *Castigat ridendo mores*, et plus croyant en cela que ne l'était Mazères. A l'heure où la société nouvelle achève de se constituer, où les vieilles traditions bourgeoises de travail et d'économie sont aux prises avec le goût du luxe et de la dépense, la grave question de *l'éducation des filles*, ce sujet si débattu depuis Fénelon et repris de nos jours avec tant de faveur, se trouva porté sur le théâtre. En opposant l'éducation fastueuse de Laure dans un grand pensionnat de Paris à l'éducation modeste de Claire, restée à la maison dans le magasin de son oncle, l'auteur a nettement indiqué ses préférences. Il est d'avis que l'éducation des filles ne doit pas ressembler à celle des garçons : pour ceux-ci, il admet le collège,

mais ne s'en soucie guère pour les filles, en partant de ce principe que :

> L'homme fait son état, la femme le reçoit.

Et continuant sa mercuriale en vers moraux et satiriques :

> Chacun veut aujourd'hui briller,... voilà le mal.
> Ce vice est parmi nous devenu général,
> Il est de tous les rangs. Le marchand le plus mince
> Élève ses enfants comme des fils de prince ;
> Sa fille, qu'en tous lieux il se plaît à vanter,
> N'entend rien au ménage et ne sait pas compter.
> En revanche, elle fait des vers, de la musique,
> Et l'on trouve un piano dans l'arrière-boutique [1].

Malheureusement, les bons sentiments et les sages pensées ne suffisent pas pour faire vivre une œuvre. Toute cette pièce est écrite en prose rimée, sans éclat, sans couleur, sans ombre de poésie : et c'est la meilleure comédie de Casimir Bonjour.

Aussi, renonçant à chercher les nébuleuses et les étoiles filantes de l'art comique dans le ciel de la Restauration, avons-nous hâte de revenir aux planètes d'un ordre supérieur, avec Scribe, Casimir Delavigne, Alexandre Dumas, et toute la pléiade lumineuse que nous trouverons bientôt sous la Monarchie de Juillet.

---

1. Acte III, sc. x.

CHAPITRE XXIII

LA MONARCHIE DE JUILLET.

Histoire et théâtre. — Division des partis. — Pièces de circonstance : la politique et le vaudeville. — L'agitation sur le théâtre et l'émeute dans la rue. — *M. Cagnard.* — Scribe : *Le Foyer du Gymnase.*

I

Nous avons suivi jusqu'ici la marche de la comédie sous le Consulat, sous l'Empire, sous la Restauration : nous arrivons aujourd'hui à une nouvelle période, celle de la Monarchie de Juillet, qui clôt la première moitié du xixe siècle. Cette période n'est, à coup sûr, ni la moins riche, ni la moins brillante par le nombre et la valeur des œuvres et des hommes qu'elle a produits. Nous y verrons des talents, déjà consacrés par la renommée, achever et compléter par de nouveaux succès leur glorieuse carrière ; d'autres se révéler et s'épanouir dans tout l'éclat de leur maturité ; d'autres, enfin, poindre à l'horizon et préparer pour la fin du siècle cette seconde pléiade dramatique qui compte déjà plus d'un nom fameux.

Mais avant d'aborder la question du théâtre, il nous faut dire un mot de l'état politique et social qui s'y rattache. La révolution de 1830 est un fait capital dont nous devons tenir compte pour expliquer l'évolution qui s'opère alors sur la scène française,

les dispositions des auteurs et du public, les sentiments et les idées qui vont avoir cours ou se trouver aux prises. Victor Hugo dit, à un autre point de vue, dans la préface de *Marion Delorme* : « Il serait facile de démontrer que cette grande secousse d'affranchissement et d'émancipation n'a pas été nuisible à l'art, mais qu'elle lui a été utile ; qu'elle ne lui a pas été utile, mais qu'elle lui a été nécessaire.... Un jour, Juillet 1830 ne sera pas moins une date littéraire qu'une date politique. »

Républicains, bonapartistes et libéraux constitutionnels, unis dans un effort commun pour renverser les Bourbons de la branche aînée, cessent de s'entendre le lendemain de la victoire. La bourgeoisie, déjà en possession de la fortune par le travail et l'économie, par l'achat et la vente des biens nationaux, par les spéculations financières, s'empare du pouvoir, en portant sur le trône un roi fait à son image. Avec elle, nous entrons dans ce que Louis Blanc appelle *l'ère des intérêts matériels* [1]. Véritable héritière de 89, elle dispose et bénéficie de la terre et du capital, des grandes entreprises industrielles, des canaux et, plus tard, des chemins de fer, de toutes les sources de la production et de la richesse. En face de cette société positive, bien repue et bien assise, formant le parti des satisfaits, se dresse le parti des mécontents : les révolutionnaires enthousiastes, les utopistes généreux ou naïfs qui rêvent un idéal de société plus ou moins romanesque et chimérique à la suite de Saint-Simon et de Fourier ; les fidèles et les opiniâtres du parti militaire qui n'ont pas cessé de croire à l'étoile des

---

1. *Histoire de Dix ans*, introduction.

II.   5

Napoléon ; les légitimistes, qui comptent toujours sur un retour possible et sur un miracle d'en haut. Au-dessous, une démocratie frémissante et fière de sa victoire des trois journées, retrouvant le lendemain les déceptions et les misères que chaque révolution nouvelle doit faire disparaître ; toujours prompte à se laisser aller aux illusions et aux entraînements. De là les émeutes qui viendront ensanglanter les rues de Paris et de Lyon.

Toutes ces agitations se reproduisent sur le théâtre, d'où partent tour à tour l'excitation et l'apaisement, les paroles imprudentes et les sages conseils. Le *lion populaire* déchaîné a montré ce qu'il pouvait : on le caresse, on lui parle de sa victoire, de son courage, de son désintéressement, voire de sa sagesse : on essaye de lui faire entendre raison, de le mettre en garde contre les meneurs qui feraient volontiers de l'émeute un état permanent. La fièvre insurrectionnelle devient un mal endémique dans les premières années du gouvernement de Juillet. Ce pouvoir sorti des barricades n'ose d'abord trop sévir contre ceux qui proposent de les relever. Louis-Philippe, qui s'est défait tout doucement de La Fayette et de Laffitte, deux conseillers gênants, n'en bat pas moins la mesure en accompagnant la *Marseillaise* sur le balcon des Tuileries, le jour de sa fête : grande ou petite comédie politique qui s'ajoute à celle du théâtre.

Le vaudeville multiforme et multicolore s'applique à tous les événements du jour. Les pièces de circonstance abondent, œuvres éphémères dont les titres mêmes sont oubliés, mais où nous retrouvons des noms déjà connus ou qui vont l'être bientôt parmi les plus féconds pourvoyeurs de la scène française :

Étienne Arago, Brazier, Duvert, Dumersan, Mélesville, Dumanoir, Bayard, Carmouche, Scribe, toujours
là. On dirait un enrôlement général des volontaires
de l'esprit, dans cette propagande par le couplet.
Avant d'arriver aux œuvres capitales et de longue
haleine, il nous faut jeter un coup d'œil rapide sur ces
à-propos, ces revues, ces pièces à l'*improvisade*, comme
on disait autrefois, nées des événements contemporains [1].

La Révolution n'était pas terminée que MM. Étienne
Arago et Duvert la transportaient sur le théâtre,
en la faisant revivre aux yeux de ceux qui venaient
d'y prendre part dans la pièce intitulée *les 27, 28
et 29 Juillet*. L'histoire toute chaude de la veille
était mise en action. Les couplets crépitaient à l'instar
de la fusillade et poursuivaient, dans sa fuite, l'infortuné Charles X, en lui faisant un crime de sa passion
innocente pour la chasse :

> C'est par le gibier qu'on commence,
> C'est par le peuple qu'on finit.

Franchement, Charles X a-t-il jamais songé à
giboyer contre son peuple, ainsi qu'on l'a dit
de Charles IX ? Il est permis d'en douter. Plus
faible que méchant, il n'avait ni l'étoffe ni l'instinct
d'un tyran : mais les haines politiques sont implacables.

Fontan, l'auteur du *Mouton enragé*, diatribe violente
dont nous avons déjà parlé, revenait à la charge
contre le monarque tombé, dans ces vers d'un
vaudeville intitulé *le Voyage de la Liberté* :

1. Voir *l'Histoire par le théâtre*, de M. Th. Muret, t. II.

> Puisqu'il le veut, puisque sa main flétrie
> D'un vil ministre a signé les projets,
> Qu'il parte donc! Il n'a plus de patrie
> Ce roi couvert du sang de ses sujets.

Victor Hugo, plus généreux, saluait le départ du vieux Roi proscrit en disant avec un sentiment de pitié respectueuse :

> Rends, drapeau de Fleurus, les honneurs militaires
> A l'oriflamme qui s'en va.

Mais la chasse aux vaincus n'a rien qui nous intéresse beaucoup; nous préférons les traits mordants lancés au nom de la pudeur et de la conscience publique contre les exploiteurs de la Révolution.

Ce sont eux que d'Épagny mettait en scène dans une comédie représentée à l'Odéon le 11 septembre 1830, et intitulée *les Hommes du lendemain*. Le vicomte, qui s'est tenu prudemment à distance de la fusillade, se rallie bien vite à l'ordre nouveau, et vient pour réclamer sa part de la curée :

> Je suis un des premiers à prendre la cocarde,
> Je vous prends à témoin : vous la voyez sur moi.

Le monde se divise en deux parts : les naïfs et les habiles. Les naïfs comme le brave ouvrier patriote blessé la veille aux barricades, et qui s'en va tout droit à l'hôpital, son seul refuge ; les habiles comme Marinet, le sous-chef de bureau, qui s'empare du fusil de l'ouvrier et se laisse acclamer par la foule sous l'apparence d'un héros.

Un collaborateur de Scribe, Bayard, reprenait, dans *la Foire aux places*, un sujet déjà traité, avec *le Solliciteur*, au lendemain de la rentrée des Bourbons.

Le chœur des affamés, assiégeant la porte du ministère, exprime bien les appétits qu'éveille toute révolution :

> Qu'on nous place !
> Et que justice se fasse !
> Qu'on nous place
> Tous en masse !
> Que les placés
> Soient chassés !

N'est-ce pas un peu la même chose sous tous les
régimes ? Les épurations tant réclamées ne sont que
des transpositions : l'État n'y gagne rien.

Aux traits malins du vaudeville, Bayard ajoutait la
caricature aristophanesque, en personnifiant un journal
légitimiste du temps, *la Quotidienne*, sous les traits
d'une vieille douairière avec un bonnet à barbes, une
cocarde blanche, un éventail, des lunettes et des
béquilles.

Cependant le peuple, impatienté de ne pas voir arriver les réformes promises ou espérées, commençait
à murmurer. Sa fureur s'était tournée d'abord contre
les machines, qui faisaient concurrence au travail
manuel ; les boulangers protestaient contre le pétrin
mécanique, les cochers de place contre les omnibus.
La gêne et le chômage, effets naturels des troubles
publics, étaient attribués à l'organisation sociale, à la
concurrence industrielle, aux nouveaux moyens de
production plus rapides et plus expéditifs. Les ouvriers
ne voyaient pas qu'en se révoltant contre ces conquêtes
de la science moderne ils devenaient les complices de
l'obscurantisme. Le vaudeville essaya de leur faire
entendre, sur ce point, des paroles de sagesse et de
conciliation. *La Coalition*, par Mélesville et Carmouche,
représentée le 22 octobre 1830 aux Variétés, était

une petite leçon à l'adresse de la classe ouvrière et une dénonciation des sourdes menées ourdies par la réaction. Le père Martel est le type du vieil ouvrier entêté et borné attendant que la Révolution soit *finie*, c'est-à-dire qu'elle ait porté tous ses fruits, pour se remettre au travail. Un Jésuite partisan de l'ancien régime, le traître Judas, paraît être le meneur occulte qui attise le feu de la sédition. Il se voit démasqué et signalé à la haine publique. Le couplet final est un appel au patriotisme des ouvriers :

> Vous êtes tous enfants d'la Liberté,
> Ne déchirez pas votre mère.

Toutes les questions du jour sont ainsi débattues sur le théâtre, même celle de la garde nationale, qui donnait lieu à plus d'un mécontentement dans les ménages parisiens. *La Ligue des Femmes, ou le Bal et la Faction*, vaudeville de MM. Saintine, Duvert et Saint-Laurent, mettait aux prises les exigences et les réclamations féminines avec les devoirs et les absences nécessaires de la milice bourgeoise, un service dont les maris abusaient parfois pour se soustraire à la surveillance conjugale. La pièce est moins encore une satire qu'une glorification du garde national, recommandé au respect de tous, comme s'il craignait déjà la caricature, se souvenant de *M. Pigeon* et prévoyant *M. Mayeux* :

> Ne raillez pas la garde citoyenne,
> Non, pas d'outrage à son noble laurier !
> De ses travaux, au moins, qu'il vous souvienne :
> Honneur ! honneur aux soldats du foyer !

Ces appels à la conciliation, à l'entente cordiale et fraternelle, ne sont malheureusement pas les seuls

qui retentissent sur le théâtre et dans la société. Celle-ci va se trouver prise entre un double courant : le parti du mouvement et le parti de la résistance. Dans le premier figurent les républicains, les bonapartistes, les légitimistes mettant en commun leurs mécontentements, leurs espérances et leurs regrets ; dans le second, les libéraux de gouvernement, les doctrinaires et les partisans nombreux de tout régime qui garantit l'ordre et la sécurité.

Les pièces républicaines et révolutionnaires sont généralement empreintes d'un caractère plus grave, plus sombre, tenant au drame plutôt qu'au vaudeville. Chez des hommes ardents, convaincus, on comprend que la haine ou l'admiration tienne plus de place que le rire. La passion anticléricale est un trait dominant et commun à tous les libéraux d'alors, en mémoire de l'influence néfaste exercée par la Congrégation sous le gouvernement de Charles X. Le théâtre s'est fait l'écho de ces préventions traditionnelles contre les héritiers de Tartufe et de Faux-Semblant. *La Contre-Lettre, ou le Jésuite*, drame en deux actes mêlé de couplets, donné au théâtre des Nouveautés le 23 août 1830 par MM. Paul Duport et Édouard Ménais, nous offre un type d'abbé mielleux et doucereux, dont Bouffé sut faire une création originale. L'abbé Serinet est un fripon qui escamote saintement un héritage au profit de la Congrégation :

> Nous avons des millionnaires,
> Et nous pourrons pendant longtemps
> Payer des petits séminaires
> Et des petits rassemblements.

Un autre drame plus sombre encore, *l'Incendiaire, ou la Cure et l'Archevêché*, représenté le 4 mars 1831.

expliquait, par les intrigues de sacristie, les incendies qui avaient désolé la basse Normandie quelques mois auparavant. Laissant de côté le *Robespierre* d'Anicet Bourgeois et Francis, aussi faux moralement qu'historiquement, et les autres mélodrames tirés de la Révolution française, nous citerons, moins pour sa valeur littéraire que comme indice de l'esprit du temps, le *Voyage de la Liberté*, par Fontan et Desnoyers. Les républicains de 1830 ont encore cette fièvre de propagande et d'apostolat généreux qui a fait du peuple français, non pas seulement *le soldat de Dieu*, selon l'expression de Joseph de Maistre, mais aussi bien souvent le Don Quichotte mal récompensé des services qu'il a rendus.

Deux personnages sont en présence et en concurrence dans leur métier d'apôtre. L'un, M. Pattu[1], le magistrat réactionnaire, cherchant de tous côtés des ennemis à la Révolution, voyageant avec son parapluie et sa longue redingote ; l'autre, Jacques Perrin, composé hybride d'ouvrier penseur et d'étudiant en médecine, paraissant d'abord en blouse et le fusil à la main, puis venant s'asseoir, à la brasserie de Bruxelles, avec les étudiants belges, qu'il échauffe de son esprit révolutionnaire, et portant jusqu'à Varsovie, avec sa trousse de chirurgien, ses couplets patriotiques en faveur de la Pologne, une vieille sœur dont on déplore l'infortune.

Dans un autre vaudeville du 4 juillet 1831, intitulé *la Croix et le Charivari*, le chapitre des décorations rappelait déjà certains scandales, et sans doute aussi l'abus des *titres* par trop *exceptionnels*. Le ministre Casimir-Perier y est assez vivement attaqué et le

---

1. M. Cottu, dit-on, magistrat connu pour réactionnaire fougueux.

général Lobau transformé en général Lancelot pour son aspersion de la place Vendôme.

L'émeute, qui allait devenir un des fléaux du nouveau règne, trouve cependant des apologistes pour la glorifier, tout au moins dans le passé. Une revue satirique, *la Caricature*, jouée à la Porte-Saint-Martin, nous la montre personnifiée sous les traits d'une jolie actrice, avec petit jupon court, gilet à la Robespierre, un bonnet de Folie et une marotte. Elle raconte ses exploits et les services rendus par elle à la Liberté :

> Un beau jour à la Courtille
> D'un broc de vin je sortis,
> Et fis prendre la Bastille
> Par le peuple de Paris.
> Plus tard, en quatre-vingt-treize,
> Je conduisis nos soldats
> En chantant la *Marseillaise*;
> La gloire suivait mes pas.

Le Fossé des Tuileries, par Dumanoir, Mollien et Lhéris, autre revue donnée le 10 décembre 1831, était une petite satire contre la cour, à propos d'un fossé creusé autour du Palais, pour séparer du jardin public le jardin privé du Roi, au grand mécontentement des Parisiens et des amis de l'art, qui se plaignaient de voir ainsi mutiler l'œuvre de Le Nôtre. De cette pièce du Fossé, il n'est guère resté que le souvenir d'un personnage illustré un moment par la caricature, M. Mayeux, le bourgeois bossu et rageur, un de ces types éphémères dont s'amuse une génération et qu'on oublie après, comme M. Guillaume au temps de Henri IV et M. Prud'homme de nos jours.

En fait de manifestations républicaines, faut-il rappeler cette farce lugubre intitulée *Une révolution d'autrefois*, comédie en trois actes de MM. Félix Pyat et

Théodose Burette, représentée à l'Odéon le 1er mars 1832? C'est une page d'histoire romaine travestie et accommodée aux passions du jour. Cette *Révolution d'autrefois* nous montre tout simplement la chute de Caligula et l'avènement de Claude, une brute féroce remplacée par un imbécile. A coup sûr, il fallait toutes les illusions et les complaisances de l'esprit de parti pour voir le moindre rapport entre Caligula et Charles X, Claude et Louis-Philippe. La prétendue comédie eut du moins les honneurs d'un scandale et d'un vacarme tel que l'autorité crut devoir l'interdire. Elle n'a jamais cherché à revoir le jour depuis.

Les pièces bonapartistes sont généralement moins agressives, et s'en tiennent le plus souvent à l'admiration. Elles consacrent et affermissent la légende napoléonienne. Cependant, il faut reconnaître que l'apothéose du grand homme devient presque une impiété dans un vaudeville joué au théâtre de la Gaîté le 17 novembre 1830, et intitulé *Napoléon en Paradis*. Les combattants de Juillet, malgré l'opposition de saint Pierre, le portier du ciel, ont trouvé moyen d'escalader le Paradis, où ils distribuent aux anges des cocardes tricolores. Napoléon arrive entouré d'une auréole lumineuse : mais on hésite à l'admettre. Le vieux soldat Marengo, tant soit peu voltairien, s'écrie :

> En le laissant libre en ce lieu,
> On craindrait qu'un jour de goguette,
> Le Caporal dise au bon Dieu :
> « Ote-toi d'là que j'm'y mette ».

C'est le fanatisme des *Vieux de la Vieille* dans Théophile Gautier :

> Au pied de la colonne ils viennent
> Comme à l'autel de leur seul Dieu.

L'histoire de Napoléon se répète ainsi tout du long découpée en tranches dramatiques, éparpillées sur tous les théâtres de la capitale.

Devant ce déluge de souvenirs bonapartistes, les amis de la nouvelle dynastie avaient essayé d'invoquer d'autres titres en faveur de Louis-Philippe. Le roi bourgeois, avec sa physionomie paterne, pâlissait singulièrement, il faut l'avouer, en face de cette majestueuse figure épique. Au *Napoléon à Berlin*, MM. de Villeneuve, Masson et de Leuven opposaient, sur le même théâtre des Variétés, *le Moulin de Jemmapes*: on y chantait les vers suivants à la gloire du jeune duc de Chartres :

> Quoique prince, il sut mériter
> Des Français un' couronn' civique,
> Vu q' dans un temps de République,
> C'était la seul' qu'on pût porter.

Une seconde revue des mêmes auteurs, donnée au Gymnase, *le Collège de Reichenau*, rappelait un des épisodes les plus modestes et les plus honorables de la vie du souverain : le temps où le jeune duc proscrit, sans ressources, réduit à vivre de son travail sur la terre étrangère, entrait, sous le nom de M. Philippe, comme professeur dans un collège suisse. Il y avait là une leçon de géographie avec un aparté sentimental fait pour attendrir les cœurs :

> La France est là... Salut, ô noble Empire,
> Malgré ses maux, le proscrit t'aimera.
>   *(Bas, à Léopold.)*
> A son nom seul, tout bas mon cœur soupire ;
> Sans être ému, je ne saurais leur dire :
> La France est là.

Le Gentilhomme de la Chambre, ou Dix jours après.

par Théodore Sauvage et Ozaneaux, est encore une pièce monarchique au fond, bien que démocratique en apparence, faite pour rallier au nouveau roi les libéraux défiants. M. de Courbignac est un confrère d'Epiménide qui s'est endormi le 27 juillet par l'effet d'une forte potion opiacée destinée à calmer sa goutte. La Révolution s'est faite pendant son sommeil. Il se rassure en apprenant que la France garde toujours un roi :

> La Fayette l'a dit tout haut :
> Oui, d'Orléans est le roi qu'il nous faut.
> C'est la meilleure République[1].

Six mois plus tard, il est vrai, La Fayette était congédié. Peut-être avait-il changé d'avis.

II

Parmi ces pièces de circonstance plus ou moins insignifiantes et dépourvues trop souvent de mérite littéraire, il en est une qui se distingue par la finesse des observations et le ton vraiment comique : c'est *M. Cagnard, ou les Conspirateurs*, vaudeville représenté aux Variétés le 5 février 1831. Les auteurs, Brazier et Dumersan, deux noms déjà connus au théâtre, se contentent d'avoir de l'esprit en se moquant un peu de tous les partis. M. Cagnard est le type du bourgeois trembleur et indécis, toujours prêt à se ranger du côté du plus fort, n'ayant d'ailleurs par lui-même ni opinion, ni conviction arrêtée. Le ménage de son associé, M. Delaune, gros marchand

1. Ce mot a été désavoué depuis par La Fayette et ses amis.

de rubans, n'est guère fait pour le fixer et le rassurer. M. Delaune, esprit autoritaire, regrette le gouvernement légitime des Bourbons, et, bien que la Révolution, en lui faisant vendre beaucoup de cocardes tricolores, ait contribué à l'enrichir, il la déteste. Sa femme est une bonapartiste enragée, toujours dans l'admiration du grand homme. Le neveu de M. Delaune, Prosper, officier de la garde nationale, est un libéral, partisan du régime nouveau, attaché à la Charte et à l'ordre comme à la liberté. Enfin, pour que toutes les couleurs soient représentées dans la maison, le portier-savetier Manique, ci-devant Torquatus et jacobin, est un chaud partisan de l'ancienne République, un fanatique admirateur de Robespierre, regrettant qu'on n'ait pas laissé à ce dernier le temps de mener à bonne fin ses idées. Le dialogue engagé par lui à ce sujet avec M. et Mme Delaune nous offre un assez piquant exemple des controverses qui divisaient et divisent encore bien des esprits sur ces hommes si contestés de la Révolution.

Mme Delaune. — Votre Robespierre, c'était un monstre! un scélérat!

M. Delaune. — C'était un misérable!

Manique. — C'est pourtant lui qui a décrété l'*Être suprême*.

Delaune. — C'est fort heureux!

Manique. — Et l'immortalité de l'âme, qui est-ce qui l'a décrétée? Vous ne l'auriez peut-être pas aujourd'hui, l'immortalité de l'âme, sans M. de Robespierre.

Delaune. — C'était par politique.

Manique. — C'est comme on a dit bien des horreurs de M. Joseph Lebon. Eh bien! moi, je l'ai vu chez le père Duchesne, qu'était M. Hébert, un jeune homme charmant. Dans son journal, il jurait comme un renégat. Eh bien! chez lui, il ne chantait que des romances : « *Baisez, petits oiseaux! — O ma tendre Muselle! — Il pleut, il pleut, bergère!* »

Cependant l'alarme règne dans la maison, où chacun

prend à tâche d'inquiéter son voisin par les nouvelles les plus troublantes. Mme Delaune a entendu dire que les boulangers refusaient de faire du pain ; M. Delaune, que la Banque a suspendu ses payements ; M. Cagnard, le plus poltron de tous, s'effraye du monde qu'il voit dans les rues et du moindre rassemblement, d'une cloche qui sonne et qu'il prend pour le tocsin, du tambour qui bat une marche, et où il croit reconnaître la générale. Les bruits de complots ourdis par une princesse qu'on voyait souvent jadis au théâtre de *Madame* et qui est cachée, dit-on, dans le faubourg Saint-Germain ; la prochaine apparition du fils de Napoléon, qui doit sortir le 20 mars de la colonne Vendôme, où il est enfermé, font tressaillir M. Cagnard, et ne manqueront pas de trouver, alors comme toujours, plus d'un auditeur crédule. M. Cagnard a peur de tout le monde, même du concierge qui lui annonce le prochain avènement de la République.

La pièce se termine par une mystification analogue à celle du *Voyage à Dieppe*. Une jeune femme, Juliette, mariée secrètement à Prosper, joue le même rôle que Toinette dans *le Malade imaginaire*. Elle vient tour à tour, déguisée en *Fils de l'Homme*, proposer à M. Cagnard l'ambassade de Saint-Pétersbourg : ce qui suffit pour faire de lui un fervent napoléonien. Puis elle reparaît en dame voilée, avec des cheveux blonds faciles à reconnaître pour ceux d'une princesse mêlée aux intrigues de la politique, lui promettant l'ambassade de Londres : ce qui fait de Cagnard un légitimiste non moins zélé. Au même instant, un grand coup frappé à la porte et la vue d'un certain nombre d'uniformes de la garde nationale glacent d'effroi toute

la famille, qui croit à une perquisition militaire et peut-
être à une arrestation. Tout s'explique. C'est le neveu
Prosper qui vient souhaiter la fête à son oncle avec des
camarades inoffensifs, guerriers bourgeois comme lui.

Cette farce, d'un franc et vrai comique, obtint un
très légitime succès. Elle avait du reste la bonne fortune d'être interprétée par des acteurs excellents.
Odry, le futur Bilboquet des *Saltimbanques*, jouait le
rôle de M. Cagnard, et Vernet avait fait de Manique,
le savetier démocrate et bancroche, une caricature
incomparable, d'une saisissante réalité.

L'innocente gaieté des auteurs, des acteurs et du
public n'ôtait rien au péril de la situation. Ainsi qu'il
arrive souvent en France, on jouait avec le feu et
l'on riait de l'incendie qui s'allumait tout à l'entour.
Les mêmes gazettes de février 1831 annonçaient à la
fois le triomphe de *M. Cagnard* au théâtre, le sac de
Saint-Germain-l'Auxerrois et le pillage de l'archevêché pendant les jours gras.

Le socialisme, cet épouvantail de l'avenir, borné
alors aux prédications mystiques de Ménilmontant et
aux manifestations inoffensives des disciples de Saint-
Simon, fournissait à MM. Ferdinand Langlé et Vanderburch un sujet de farce dans *Louis de Bronze et le
Saint-Simonien*, parodie du *Louis XI* de Casimir Delavigne. Les auteurs tournaient en ridicule ces rêves
d'un Eldorado social, que Cabet devait un jour tenter
de réaliser dans son *Icarie* : promesses trompeuses
d'un âge d'or qui rappelle, dans son innocence, l'*Ile
des plaisirs* de Fénelon :

... Frères, n'en doutez pas

Oui, quand le monde entier, de Paris jusqu'en Chine,
O divin Saint-Simon, sera dans ta doctrine,

> L'âge d'or doit renaître avec tout son éclat,
> Les fleuves rouleront du thé, du chocolat ;
> Les moutons tout rôtis bondiront dans la plaine,
> Et les brochets au bleu nageront dans la Seine.
>
> . . . .
>
> Il coulera du vin, il pleuvra des poulets,
> Et du ciel les canards tomberont aux navets.

La charge est bouffonne, outrée, comme l'est naturellement une parodie, mais elle fait ressortir d'un côté l'inanité de ces rêves, de l'autre ce fonds de matérialisme épicurien qui s'adresse avant tout aux appétits et qui est le principe même du socialisme moderne.

Une maladie plus redoutable que le saint-simonisme, le choléra, qui, par la soudaineté foudroyante de ses attaques, troublait un moment la raison publique, devint à son tour un sujet de vaudeville. Quatre joyeux auteurs, MM. de Leuven, Masson, de Rochefort et de Villeneuve, s'unissaient pour le chansonner en donnant aux Nouveautés *les Pilules dramatiques, ou le Choléra Morbus.* C'est au milieu des angoisses et des terreurs répandues par le fléau qu'éclate cette amusante bouffonnerie de *Mme Gibout et de Mme Pochet,* préparant leur *thé* problématique.

Tandis que les théâtres secondaires, depuis l'Ambigu et les Variétés jusqu'à Bobino, donnaient une ou plusieurs pièces de circonstance, le Théâtre-Français lui-même, bien qu'arrivant un peu tard, retenu par des scrupules de dignité et de convenance, finissait par emboîter le pas et tentait de répondre aux besoins comme aux passions du jour. Moins vif et moins alerte que le Vaudeville, il lui faut plus de temps et d'espace pour se mouvoir : c'est la différence du torpilleur et du cuirassé. N'ayant plus la voix

puissante de Talma pour le soutenir, il appelait vainement à son aide le *Charles IX* de M.-J. Chénier, le
Junius Brutus d'Andrieux, une *Charlotte Corday* et
un *Camille Desmoulins*, deux drames historiques
mort-nés; une comédie intitulée *les Intrigants, ou la
Congrégation*, qui n'obtint qu'un mince succès. Il
voyait tomber *le Roi s'amuse* de Victor Hugo, devant
une opposition redoutable du public, appuyée bientôt
des rigueurs de l'autorité, malgré la faveur démocratique sur laquelle on avait cru d'abord pouvoir
compter. La fortune semblait avoir déserté la Comédie-Française, et ne devait lui revenir qu'avec *les
Enfants d'Édouard*, de Casimir Delavigne, et le *Bertrand et Raton*, de Scribe.

Ici nous retrouvons ce nom inévitable de Scribe, qui
se présente à l'entrée de toutes les avenues du
théâtre, qu'il s'agisse de vaudevilles, de comédies, de
drames ou d'opéras. Encore lui, toujours lui, ou seul
ou associé à des noms divers, même après cette
laborieuse et longue période de la Restauration où il
est devenu le roi du Gymnase. Va-t-il enfin se reposer,
abdiquer, laisser la place à la jeune génération qui
s'élève et mène grand bruit ? Non, il songe à se
renouveler, à se transformer, à monter plus haut ; nous
allons assister à sa troisième métamorphose. Cependant, avant de porter au Théâtre-Français une grande
comédie politique en cinq actes, il a fait comme les
camarades, il a payé son tribut de vaudevilliste à
la révolution de 1830, au peuple de Paris et à la
dynastie nouvelle.

Le lendemain de la Révolution, le Gymnase reprenait son nom primitif et cessait d'être le théâtre de
Madame. Dépouillé de ce haut patronage, n'allait-il

pas se voir frappé de la défaveur qui s'attachait à la monarchie déchue, malgré les idées libérales dont Scribe s'était fait le champion ? Sans oublier les services rendus par une illustre protectrice (et nous en avons eu la preuve *de visu* dans une lettre autographe de la duchesse de Berry [1]), l'auteur, toujours habile à prendre le vent et soucieux avant tout du succès de son théâtre, crut devoir rassurer et captiver l'opinion publique, en s'associant aux triomphateurs du jour. Le vaudeville, du reste, n'avait guère fait autre chose à toutes les époques et sous tous les régimes.

La Révolution victorieuse entra donc au Gymnase, mais sous une forme modérée et tempérée qui convenait aux mœurs et à l'esprit de la maison. La salle venait d'être remise à neuf : les travaux avaient été interrompus un moment par les événements de Juillet. Sans perdre de temps, le 17 août 1830, Scribe donnait en commun avec Bayard et Mélesville, pour l'ouverture de la nouvelle salle, *le Foyer du Gymnase*, prologue mêlé de couplets, encore dans le vieux genre consacré des vaudevilles. Le peuple étant le roi et le vainqueur du jour, les auteurs adressaient aux combattants de la classe ouvrière cet éloge flatteur :

> Ils ont quitté le marteau pour le glaive.
> Grâce à ce peuple citoyen,
> Des libertés l'édifice s'achève,
> Et celui-là, désormais, tiendra bien.
> Toujours debout, quoi qu'on puisse entreprendre,
> De tout péril il sera préservé ;
> Car cette fois ceux qui l'ont élevé
> Se chargeront de le défendre.

1. Cette lettre nous a été communiquée par M. Léon Biollay, beau-fils de M. Scribe.

Ils l'oublieront un peu en 1848 : mais l'oubli viendra peut-être des deux côtés.

Le nouveau roi a sa part aussi dans les compliments :

> Il a marché dans les rangs de la France,
>   Et nous combattions près de lui [1].
> Ses huit enfants, notre chère espérance,
>   Près de nos enfants ont grandi [2],
> Et de l'État seront un jour l'appui.

Toutes les lunes de miel se ressemblent et sont pleines d'illusions. Scribe les partage et les entretient, d'accord avec cette bourgeoisie dont il s'est fait l'interprète et le moraliste indulgent. Il allait bientôt quitter son cher Gymnase, mais après en avoir assuré l'avenir par une série de pièces nouvelles dans le ton du jour, en lui laissant ses meilleurs lieutenants qu'il continue à guider par ses conseils : les Bayard, les Mélesville, les Dupin, les Carmouche. etc. Il y reviendra encore plus tard, dans les jours difficiles, avec un dévouement auquel Théophile Gautier lui-même rend justice. Pour le moment, ses regards se tournaient d'un autre côté. Tandis que le duc d'Orléans, devenu roi, passait du Palais-Royal aux Tuileries, Scribe songeait, lui aussi, à émigrer du boulevard Bonne-Nouvelle à la rue Richelieu. C'est là que nous le retrouverons en possession d'une nouvelle salle et d'un nouveau public dont il se défiait un peu depuis *le Mariage d'argent*, mais qu'il allait reconquérir cette fois, et pour longtemps.

1. À Valmy et à Jemmapes.
2. Ses fils, élevés au collège Henri IV.

CHAPITRE XXIV

EUGÈNE SCRIBE.

Scribe et le gouvernement de Juillet. — Nouvelle évolution de son talent. — La comédie politique en France. — *Bertrand et Raton* (1833). — *L'Ambitieux* (1834). — *La Camaraderie* (1836). — *La Calomnie* (1840).

I

Avec la royauté de 1830 et le régime conservateur et bourgeois qu'elle représente, Scribe arrivait à l'apogée de sa fortune et de sa renommée, sans rien devoir qu'à lui-même et à son talent, ayant conquis tout ce que peut donner la faveur publique en bravos et en argent. Aussi son théâtre est-il la plus vivante et la plus complète expression de l'époque contemporaine, par ses bons comme par ses mauvais côtés, par son amour du bien-être, par son quiétisme indifférent, par son libéralisme platonique mêlé de prudence et d'égoïsme, par une certaine étroitesse de vues qui l'empêche de prévoir l'avenir et d'y pourvoir. Sous la Restauration, Scribe, sans être un homme de parti, tout en ayant un couplet aimable pour Louis XVIII, tout en s'attirant par une comédie de cour la bienveillance de *Madame*, appartient, par ses sympathies et par l'esprit général de son théâtre, à la nuance libérale. Le lendemain de la révolution de Juillet, heureux de saluer dans la branche cadette l'idéal du gouvernement constitutionnel qu'il pouvait souhaiter, en face des conspirations républicaines ou bonapartistes qui menacent de troubler la paix publique, il se range du côté de la résistance, et apporte au parti conservateur le précieux concours de son influence dramatique, de son bon sens positif, de son scepticisme railleur et de sa morale accommodante, celle d'un sage du *juste milieu*.

Sentant l'ambition littéraire croître en lui avec sa fortune, l'auteur de *Michel et Christine* aspire à de plus hautes destinées, et rêve des conceptions plus élevées. Il se trouve à l'étroit dans ce petit théâtre du Gymnase, dont il est devenu le véritable roi, et songe à entrer dans la maison de Molière, dont on le proclame déjà l'héritier. De là au seuil de l'Académie française, le chemin était tout tracé. Le succès de *Valérie*, une pièce en trois actes que Mlle Mars avait rehaussée, comme tant d'autres, par son incomparable prestige, lui avait ouvert déjà les portes du Théâtre-Français. Le froid accueil fait au *Mariage d'argent* avait un peu ralenti son ardeur ou ses espérances de ce côté, et l'avait ramené au Gymnase, où il remportait avec Rougemont l'éclatant triomphe d'*Avant, Pendant et Après*. Néanmoins, le fantôme de la haute comédie l'obsédait. Pour ces œuvres maîtresses qu'il méditait, il allait renoncer à la collaboration, qui tient une si large place au début et à la fin de sa carrière. Cette fois, il s'enfermait seul dans son cabinet, voulant tenter l'épreuve de ses forces personnelles, abandonnant le travail en commun qui était pour lui un stimulant et un appel aux inventions prime-sautières de son esprit, si prompt à s'assimiler et à féconder les idées d'autrui.

Ce fut par une comédie politique, *Bertrand et*

Raton, qu'il débuta dans cette nouvelle évolution de son génie dramatique. La comédie politique en France n'était apparue qu'à de rares et lointains intervalles, sous forme d'à-propos, de revues, de vaudevilles, sans arriver jamais à la dignité d'un genre littéraire proprement dit[1]. Aristophane n'avait pas trouvé chez nous d'imitateurs ou d'héritiers dignes de lui. Aussi les théâtres inférieurs étaient-ils restés presque seuls en possession de ce qu'on appelle « les pièces de circonstance ». Le vaudeville avait gardé le privilège de dire son mot sur tout en se contentant d'égratigner les travers, les ridicules, les partis et les puissances du temps, sans creuser ni fouiller profondément. Pour s'implanter parmi nous, la comédie politique avait eu toujours à lutter contre les défiances du pouvoir ou contre les susceptibilités d'un public aussi peu disposé à se voir contrarié dans ses sympathies ou ses aversions. En général, chaque parti vainqueur use volontiers du théâtre pour écraser ses adversaires, mais ne supporte guère les leçons ou les critiques qu'on prétend lui adresser. Rappelons quelles tempêtes souleva, de nos jours, la représentation de *Rabagas*. La plupart des pièces de circonstance ont été, chez nous, l'occasion de rixes et de troubles passionnés. Après la révolution de Juillet, les agitations de la rue et des clubs se reproduisent sur la scène en vaudevilles et en drames, qui s'allument et s'éteignent comme des feux de paille, sans laisser de traces. Scribe vise à mieux. Mais, en homme prudent, il attend que les premières effervescences soient calmées, que l'opinion publique ait eu le temps

---

1. Voir à ce sujet *la Comédie en France au xviiiᵉ siècle*, chap. xxx.

de se rasseoir, de revenir sur ces folies d'un moment,
avant de lancer sa bravade. Il choisit l'heure propice.
C'est au lendemain des émeutes de Paris et de Lyon,
quand la bourgeoisie a pu entrevoir le péril, qu'il se
décide à l'égayer de ce qui l'a fait trembler un instant, en donnant *Bertrand et Raton, ou l'Art de con-
spirer* : un art qui conservait encore ses fanatiques,
ses exploiteurs et ses badauds.

II

Ce thème dramatique, tiré d'une fable de La Fontaine, avait été déjà traité par Picard quelques années auparavant. Scribe, qui ne s'était pas gêné
pour emprunter à son prédécesseur le plan de sa
trilogie d'*Avant*, *Pendant et Après*, n'hésita pas davantage cette fois. Procédé commun, d'ailleurs, aux auteurs de notre époque et à ceux du temps passé. La
pièce de Scribe éveillait encore d'autres souvenirs que
ceux de La Fontaine et de Picard : elle rappelait :
1° le *Pinto* de Lemercier, qui avait été jadis un événement au théâtre, et qui restait le modèle des conspirateurs ; 2° le *Struensée* d'Alexandre Duval, repris depuis
par un poète allemand, Charles Beer, et agrémenté de
la musique de son frère Meyerbeer ; 3° le *Bourgeois
gentilhomme* de Molière, qui fournit en partie le personnage de Raton Burkenstaff et celui de sa femme
Marthe, une sœur cadette de Mme Jourdain. De tous
ces éléments réunis, Scribe a su tirer une œuvre qui
a sa date dans l'histoire littéraire et politique, quoi
qu'en ait pu dire l'esprit de parti ligué contre elle
dès sa naissance, impuissant cependant à en arrêter
l'irrésistible succès. Sans doute, on pourrait souhaiter

un peu plus de profondeur et d'élévation, moins de brio et plus de pensée, moins de vaudeville et plus de haute comédie. Parmi ces conspirateurs pour rire, songeant à faire leurs affaires plutôt que celles du pays, on regrette de ne point rencontrer une bonne âme généreuse, candide et pure, se sacrifiant pour une idée, même chimérique, comme il en existait alors dans le parti républicain ou saint-simonien. Sous ce rapport, on peut dire que l'auteur a manqué de justice envers ses adversaires, et c'est surtout ce qu'on lui a reproché. Négligeant de prendre la question par les hauts côtés, il a dû amoindrir, rabaisser les mobiles et les personnages de la conspiration : il a voulu surtout faire rire de ce qui effrayait et troublait l'esprit de bien des gens, enlever à l'émeute son prestige, en jetant le doute sur la sincérité et le désintéressement de ses apôtres et de ses héros.

Scribe, transportant l'action en Danemark, a évité les crudités d'un rapprochement trop direct avec des contemporains en vue, bien que l'allusion soit facile à saisir. D'un autre côté, craignant de se trouver aux prises avec l'histoire, il a omis de mettre en scène Struensée et la reine Mathilde, dont il est beaucoup parlé sans qu'on les aperçoive. C'étaient là deux caractères dramatiques qui auraient exigé une forte étude et dont la passion sérieuse eût été un obstacle pour le comique de l'ensemble.

Cette pièce, avec son scepticisme indifférent, son persiflage ironique, tombait comme une douche glaciale sur les convictions ardentes, sur les enthousiasmes naïfs, prompts à s'enflammer au premier coup de tocsin ou de tambour. Elle avait le tort ou le mérite, aux yeux de certaines gens, de rappeler un peu trop le procédé du maréchal Lobau, convoquant les pompiers pour éteindre, sous un innocent déluge d'eau, l'échauffourée de la place Vendôme. Les hommes de cœur et de foi, prêts à se faire tuer pour une idée, auraient préféré la mitraille à ce baptême ridicule, qui semblait réduire l'émeute aux proportions d'une farce. Elle n'est pas autre chose dans la comédie de Scribe. Aussi blessa-t-elle les amours-propres plus encore que les opinions de ceux qu'elle attaquait.

Pour les principes politiques, il n'en est guère question. L'auteur incline-t-il vers la Monarchie ou vers la République ? Il ne le dit point, et s'en soucie médiocrement, bien qu'il serve au fond les intérêts de la dynastie nouvelle et du régime conservateur. Entre les deux partis qui se trouvent en présence, celui du mouvement et celui de la résistance, il tient évidemment pour ce dernier. Mais il se garde bien de prêcher, d'affirmer quoi que ce soit. Comme son héros principal, Bertrand de Rantzau, il se contente de rire intérieurement et de faire rire aux dépens des factions qu'il met en scène. Cette indifférence gouailleuse du Démocrite bourgeois gardant son sang-froid et son bon sens au milieu de l'embrasement, de la panique ou du délire général, tirant de l'émeute elle-même une recette lucrative en la parodiant, devait irriter profondément les convictions sincères.

Si la politique n'est qu'une illusion et une duperie, à quoi servent l'éloquence, le courage, le dévouement d'un Armand Carrel, d'un Godefroy Cavaignac, d'un Lagrange, s'exposant à l'exil, à la prison, à la mort, pour la défense d'une noble cause ? A quoi bon remuer les pavés, interrompre la marche des affaires, exposer les ouvriers au chômage, entraîner les gens naïfs sur les barricades, si tous ces rêveurs, ces héros et ces martyrs devaient être rangés dans la classe des charlatans ou des badauds ? Un journaliste républicain, qui devait mourir ministre de Napoléon III, Hippolyte Fortoul, fit entendre à ce sujet une protestation indignée. Scribe n'avait voulu offenser ni blesser personne, mais donner une petite leçon de sagesse au public en l'amusant.

Le comte Bertrand de Rantzau, membre du conseil sous Struensée, est le principal moteur, le Méphistophélès de l'action : avec ses allures de grand seigneur sceptique et railleur, se moquant des passions qu'il exploite à son profit, jouant l'indifférence et l'inaction tout en conduisant les marionnettes humaines dont il tient les fils dans la coulisse ; spéculant sur la sottise et la vanité des uns, sur la jeunesse et la candeur des autres, s'élevant au-dessus des préjugés de race, pactisant avec la Révolution qu'il fait la complice de ses vues ambitieuses ; dupant la cour qu'il a l'air de servir, les ministres ses collègues qui le redoutent et le détestent ; restant à la fin maître du champ de bataille, sans avoir en apparence livré de combat. Il n'a sans doute, comme conspirateur, ni l'élan, ni la verve, ni l'essor patriotique de Pinto risquant résolument sa tête ; mais il a le don de la froideur et de la réticence calculée, des insinuations habiles, des coups de main furtifs, l'art de s'effacer sans cesser d'agir ou de faire agir les autres. On a cru reconnaître en lui Talleyrand, ce grand maître de la fourberie et de la duplicité politiques, qui fut successivement évêque excommunié, collaborateur du Concordat, prince de Bénévent, négociateur de la France au Congrès de Vienne, agent officiel ou secret

de la République, de l'Empire et de la Restauration,
qu'il sut tour à tour servir et tromper.

Ce Bertrand de Rantzau est un des rares caractères
que Scribe ait pris la peine de dessiner et de creuser
à fond. Le langage qu'il lui prête est plus étudié, plus
cherché, plus ciselé, que ne l'est d'ordinaire son style,
généralement assez négligé. Il éclate en traits, en saillies, en apophtegmes politiques incisifs et mordants.
Samson, l'acteur du Théâtre-Français, si habile dans
l'art de souligner les mots, excellait dans ce rôle plein
d'intentions. Le vieux renard diplomate crible de ses
épigrammes le jeune et présomptueux politicien baron de Gœlher, qui aspire à le remplacer. Il décon-
certe par son mutisme calculé l'ambiguïté maladroite du colonel Koller, indécis de savoir à qui
vendre son épée. Peut-être le coup d'adresse par lequel il enferme dans sa propre cave le naïf Raton,
pour faire croire à son enlèvement par ordre du
pouvoir, est-il plus digne d'un Scapin que d'un véritable homme d'État et plus voisin de la farce que de
la haute comédie : mais le tour est si bien joué, si
plaisant, qu'on le lui pardonne. On éclate de rire
quand il reparait tenant la clef du caveau et disant :
« C'est un trésor qu'un homme pareil, et les trésors... il faut les mettre sous clef[1]. » Il s'amuse et
nous amuse de cette innocente supercherie, qui ne
fait courir au marchand aucun danger et le dérobe
pour un moment aux périls et aux ivresses du triomphe. Son dernier mot au jeune Éric, venant déclarer
ingénument qu'il n'a jamais conspiré, au moment
même où la conspiration réussit, est un trait malin

1. Acte II. sc. XI.

à l'adresse de tous les temps. Imposant silence à l'honnête et candide jeune homme, il l'arrête en lui disant : « C'est bien ! c'est bien ! Voilà de ces choses qu'on ne dit jamais... après[1]. » Après, en effet, c'est-à-dire au lendemain de la victoire, tout le monde veut avoir été du complot pour en recueillir les fruits. Bertrand a supplanté ses rivaux, dupé ses ennemis comme ses amis, et reste maître de la situation. Il se résigne à devenir premier ministre et accepte, non sans peine, malgré son âge, la présidence du conseil d'où l'on prétendait l'évincer.

Son compère, ou plutôt sa dupe, Raton Burkenstaff, est le type de la bouffissure bourgeoise, l'héritier de M. Jourdain, à une époque où la faveur populaire a remplacé la faveur royale. Déjà, au temps de la Fronde, le conseiller Broussel en avait offert le plaisant modèle : mais le jeu était devenu dangereux depuis l'avènement de la royauté absolue, jusqu'au jour où le grand mouvement de 89 vint mettre le pouvoir aux mains du tiers état. La révolution de 1830 ravivait ces ambitions moyennes dont Burkenstaff est la naïve et comique expression. Fier de la fortune acquise par son travail et son économie, avec les cinq cents ouvriers de sa manufacture, avec son prestige commercial, convaincu de son importance et de son mérite, il s'est dit qu'il était une puissance et a senti l'ambition lui monter au cœur. Une voix tentatrice, comme celle des sorcières de Macbeth, a murmuré à son oreille : « Burkenstaff, tu seras bourgmestre de Copenhague ! »

1. Acte V, sc. x.

Au début, il venait au Palais tout simplement pour solliciter le titre de fournisseur de la cour, une réclame destinée à grossir l'honneur et les affaires de sa maison. Mais l'accueil bienveillant de la Reine mère, les égards et la considération dont il se voit entouré, les compliments ironiques et flatteurs de Rantzau, ont porté plus haut ses convoitises. Quand la multitude soulevée crie dans les rues : « Vive Burkenstaff! » sa pauvre tête n'y tient plus, et cède aux ivresses de la popularité. Pourquoi ne deviendrait-il pas, lui aussi, homme d'État, quand un petit médecin tel que Struensée, un bourgeois comme lui, est bien devenu premier ministre? En vain la voix de sa femme, une voix honnête et sensée, le rappelle à la modestie, à la sagesse; il l'accuse de le méconnaître, d'humilier et de déprécier le commerce dans sa personne. L'admiration enthousiaste de son commis Jean, venant se joindre aux conseils perfides du comte, achève de l'exalter. Le brave marchand s'imagine être l'auteur et l'inspirateur de projets mystérieux, si bien ourdis qu'il en ignore le premier mot et demande qu'on le renseigne un peu sur ce qu'il doit dire et faire. Il ne s'aperçoit pas qu'il est un instrument aveugle aux mains de Rantzau. A la fin, pourtant, après avoir vidé sa caisse pour solder les frais de l'insurrection et les bravos de la populace en l'honneur du Roi et de la chute du ministère; après avoir vu sa maison envahie, saccagée, pillée par les insurgés ses amis et par les soldats défenseurs de l'ordre public; après avoir tremblé pour les jours de son fils arrêté, jugé, condamné à mort et gravement blessé, il finit par reconnaître qu'il a tiré pour un autre les marrons du feu. De toutes ses belles espé-

rances de grandeur, que lui reste-t-il? Le titre de
fournisseur de la cour.

> Tu dois être content, lui dit sa femme, c'est ce que tu dé-
> sirais.
>
> RATON (*dépité*. — Je l'étais déjà par le fait, excepté que je
> fournissais les deux reines (la reine mère et la reine Mathilde),
> et qu'en en renvoyant une je perds la moitié de ma clientèle [1].

Toute la morale de la pièce est là. Raton, comme
le Corbeau de la fable, se retire

> honteux et confus,
> *Jurant*, mais un peu tard, qu'on ne l'y prendrait plus.

III

Scribe, malgré l'éclatant succès de *Bertrand et Raton*,
n'était qu'à moitié satisfait de son œuvre. Lui-même
avouait dans l'intimité qu'il n'était guère allé au delà
d'un grand vaudeville en cinq actes, sans atteindre encore les cimes de la haute comédie telle qu'il la rêvait.
Revenant donc à l'assaut avec une nouvelle ardeur, il
reprenait un titre et un sujet déjà connus, où Destouches avait échoué avant lui, en composant *l'Ambitieux*, une comédie de caractère comme *le Misanthrope*,
le Joueur, *le Glorieux*. Cette fois, il osait se mesurer
avec les grands maîtres de l'art, sans risquer cependant l'emploi du vers, un instrument délicat qu'il laisse
à son ami Casimir Delavigne et dont il use seulement
dans le couplet et l'opéra, où la musique couvre les
infirmités du style et de la rime. C'est encore à la
société contemporaine qu'il s'adresse, tout en transportant la scène dans un autre siècle et dans un autre
pays. Les allusions sont faciles à saisir et n'exigent

1. Acte V, sc. x.

pas du public un grand travail d'imagination. Dans
Bertrand et Raton, il s'attaquait à l'émeute, ce fléau
des premières années qui suivirent 1830, aux instiga-
teurs des troubles, aux constructeurs de barricades,
aux entrepreneurs et aux dupes des révolutions.
Dans *l'Ambitieux*, il visait une autre manie du temps,
fruit naturel du régime parlementaire, la chasse aux
portefeuilles, que la France allait connaître avec les
Thiers, les Guizot, les de Broglie, les Molé, et dont la
République elle-même n'est pas exempte, l'art de
renverser les ministères s'étant perfectionné et étant
devenu le premier article de foi politique pour certaines gens.

Scribe avait emprunté le sujet de sa pièce à l'histoire
d'Angleterre, en se reportant à une époque qui offrait
plus d'une analogie avec le gouvernement de Juillet
succédant aux Bourbons comme la maison d'Orange,
puis de Hanovre, avait succédé aux Stuarts.

La soif ou le regret du pouvoir perdu est une maladie chronique dont n'arrivent pas aisément à se
défaire les ministres mis en disponibilité. D'illustres
exemples l'attestent en France, de même qu'à l'étranger, si l'on en juge par les retours agressifs des gens
qui ont reçu leur congé et ne peuvent se résigner à
l'accepter. Sous ce rapport, la comédie de Scribe
aurait encore aujourd'hui son à-propos et son mérite
d'actualité.

Néanmoins, le sens et l'exactitude historiques ne
sont pas précisément chez lui des qualités dominantes.
Bien qu'il ait fait de bonnes études à Sainte-Barbe, il
ne se flatte pas d'être un grand clerc, ni très scrupuleux à cet égard. Il use de l'histoire comme d'un
roman, sans chercher à l'approfondir, y mêlant même

parfois des anachronismes et des inadvertances dont
il semble peu se soucier dans ses pièces, et même
dans son discours de réception à l'Académie.

L'Ambitieux tel que l'a fait la société moderne, cet
accapareur d'honneurs et de pouvoir, cet affamé de
gloire et de popularité, était un type nouveau à mettre
sur la scène, un sujet d'étude et d'observation digne
d'exercer le talent d'un peintre de mœurs, de caractères et de portraits. Mais, disons-le aussi, l'ambition,
à moins d'être frivole et ridicule, associée au talent et
parfois au génie, est une passion plus tragique encore
que comique. Corneille, avec son verre grossissant, en
la plaçant dans le cœur d'Auguste et de Cléopâtre,
lui a donné des proportions grandioses et quelquefois
sublimes ; il nous l'a montrée avec ses horreurs, ses
remords, ses dégoûts et ses faiblesses, dans les admi-
rables scènes de *Rodogune* et de *Cinna*. Scribe l'a
vue d'un autre œil, par ses petits côtés. Le véritable
Robert Walpole, l'habile et patient ministre qui,
d'accord avec Fleury, sut maintenir durant près d'un
quart de siècle la paix de l'Europe et imposer au roi
comme à la nation frémissante le joug de sa modération, apparaît singulièrement amoindri et rapetissé
dans la comédie. Cet ambitieux dégoûté du portefeuille
et ne pouvant s'en séparer, ni surtout le voir passer
aux mains d'un autre, a moins encore la passion de
son œuvre qu'une étroite et mesquine jalousie contre
ses successeurs, quels qu'ils soient.

Ce rôle de Walpole n'est en somme ni plaisant ni
touchant, et ne provoque ni le rire ni la sympathie.
Que n'a-t-il au moins la maligne indifférence, le scepticisme moqueur et les pointes acérées d'un Bertrand
de Rantzau ? A quoi bon avoir été toute sa vie un

fin politique pour venir étaler ainsi, devant des novices et des apprentis, les misères de son ambition ?

Froidement accueillie par le public dont elle trompait l'attente, la pièce ne réussit pas mieux à la lecture qu'à la représentation, et fournit aux envieux et aux ennemis de l'auteur l'occasion de lui contester encore une fois l'accès de la haute comédie. Scribe leur répondit bientôt par une nouvelle attaque plus vive et plus hardie à l'adresse du temps présent, en donnant *la Camaraderie*.

IV

L'empire des coteries, joint au charlatanisme de la réclame, était devenu un des moyens d'action les plus redoutables et les plus accrédités alors. Le *Cénacle*, ce foyer de l'École romantique où s'allumaient tant d'ambitions et de talents sous la chaude inspiration du maître, semblait à l'origine une société d'admiration mutuelle faite pour dominer et diriger l'opinion. La naïveté s'y mêlait aux ardeurs de la jeunesse et aux calculs de l'amour-propre. Théophile Gautier, qui fut un des coryphées de la sainte cabale et qui en devint plus tard le peintre et l'historien, nous a raconté, dans ses *Jeune France*, les mystères de cette franc-maçonnerie artistique et littéraire, les admirations et les enthousiasmes pour des œuvres et des personnages maintenant oubliés [1]; les conjurations farouches et les anathèmes lancés contre les *Philistins* ou bourgeois.

Scribe, l'auteur choyé et chéri de la bourgeoisie,

---

[1] Petrus Borel, Philothée O' Neddy, et autres astres disparus.

trouvait peu de sympathie près de la nouvelle École
qu'il agaçait et irritait par sa vogue obstinée, ses
succès faciles et son accaparement de tous les théâtres
à la fois. Si peu soucieux qu'il fût des atteintes de la
critique, dont les bravos du public et la recette du soir
le consolaient, il n'était pas fâché non plus de montrer
qu'il avait bec et ongles pour se défendre et renvoyer
aux autres les traits malins qu'on lui lançait. L'important était de mettre les rieurs de son côté : il y réussit
au delà de son attente. *La Camaraderie, ou la Courte
Échelle*, représentée le 19 janvier 1836, faillit renouveler dans le monde des Lettres les tempêtes de la
Guerre des calicots.

Entre toutes les comédies de Scribe, celle-ci est une
des plus vives, des plus gaies et des plus lestement
tournées, malgré les complications qui menacent de
rompre à chaque instant les fils d'une intrigue bientôt
renouée. L'auteur s'amuse à embrouiller l'écheveau
dramatique pour le débrouiller de nouveau avec une
prodigieuse dextérité. A chaque instant, tout semble
perdu par la maladresse des hommes, et tout est sauvé
par une fine main de femme ou par la complicité du
hasard, un allié sur lequel l'auteur a toujours beaucoup compté. Nulle part il n'a dépensé plus d'esprit :
la pièce est un feu roulant d'épigrammes tombant
comme une grêle sur les choses du temps, sur le
journalisme, sur la littérature, sur la Chambre des
pairs et des députés, sur les ministres, sur les politiciens, sur les faiseurs, vivant d'intrigues ou de charlatanisme. Scribe s'en est donné à cœur joie, sans trop
s'inquiéter des ennemis qu'il rencontrait sur son
chemin.

La scène s'ouvre chez M. de Montlucar, un grand

seigneur du faubourg Saint-Germain, qui s'est fait homme de lettres et penseur comme on devient franc-maçon, pour s'assurer des amis et des compères, se voir prôné dans les journaux et doté du brevet de génie, qu'on s'accorde mutuellement. Ses plus fervents admirateurs avouent bien qu'ils ne l'ont jamais lu ni compris. Mais M. de Montlucar a choisi une spécialité nouvelle alors, l'économie politique, où il est permis de divaguer, et qui doit le conduire à l'Académie des sciences morales. Ses amis assurent que Montesquieu lui-même, pour la sublimité et la profondeur, est auprès de lui un garçon de bureau. M. de Montlucar accepte l'éloge, tout en le trouvant un peu outré. Du reste, payant de la même monnaie les camarades, il ne parle d'eux qu'avec un point d'exclamation : de son ami Dutillet le libraire, le génie de la librairie ; de son ami Desrousseaux le peintre, le génie du paysage. Zoé, sa femme, une fine langue qui a son franc parler, s'étonne de voir que tous les amis de son mari sont des génies.

Oui, madame, reprend Montlucar : on n'a plus que de cela maintenant,... tous génies....

Zoé. — C'est fâcheux ! car si on avait un peu d'esprit, cela ne ferait pas de mal.

M. de Montlucar. — Eh ! madame, est-ce qu'on a le temps ? C'était bon autrefois,... dans un siècle de niaiseries et de futilités,... au temps de Voltaire ou de Marivaux : mais ce n'est pas dans un siècle aussi grave et aussi occupé que le nôtre... qu'on irait s'amuser à faire de l'esprit.... C'est bon pour les sots.... Mais nous autres [1] !...

Outre ses ambitions littéraires, M. de Montlucar nourrit encore des espérances politiques, et aspire

[1] Acte I, sc. I.

secrètement à la députation. Ses opinions légitimistes lui interdisent certaines démarches ostensibles auprès des amis du ministère ; mais il consentirait à se laisser porter malgré lui, et demande qu'on lui fasse violence pour être obligé de céder. Ce double jeu qui vous permet d'être à la fois candidat de l'opposition et du gouvernement est un détail de mœurs politiques qui a son prix, et que Scribe a finement relevé.

Auprès du grand seigneur ambitieux, gardant toujours au fond ses préjugés et ses prétentions aristocratiques, tout en s'alliant à la bourgeoisie, nous trouvons le docteur Bernardet, le génie de la médecine, dit Monthucar, qui se garde bien néanmoins de se faire soigner par lui, selon la maligne observation de Zoé. Mme de Miremont, plus confiante sans doute en la science du docteur, lui abandonne la santé de son mari. Il est vrai que Bernardet est un homme précieux, un agent dévoué, habile organisateur de cabales, prêt à prendre tous les masques et à parler tous les langages ; un de ces tripoteurs industrieux tels que le corps médical en a possédé quelquefois, songeant à ses propres affaires en ayant l'air de travailler pour les amis, poursuivant deux lièvres à la fois : une chaire à la Faculté de médecine qu'il finira par attraper, et la main d'une riche héritière qui lui échappe.

C'est lui le factotum universel, l'ami de la maison Chevet, un établissement si utile d'où sortent toutes les bonnes maladies ; lui qui se charge d'ordonner le splendide déjeuner offert par le poète Oscar Rigaut à la Société de la *Courte Échelle*. Comme le nomenclateur antique, il prend soin de nous présenter les

convives à leur arrivée. D'abord Dutillet, le grand
éditeur, le libraire républicain alliant la politique au
commerce, et conduisant ses amis à l'immortalité, en
leur montrant le chemin : « Inventeur des papiers
satinés, des marges de 8 pouces et des affiches de
15 pieds carrés. » Puis Desrousseaux, le grand peintre,
l'*inventeur* du paysage romantique. « Génie créateur,
il ne s'est point abaissé comme les autres à imiter la
nature : il en a inventé une qui n'existait pas, et que
vous ne retrouverez nulle part. » Puis Saint-Estève,
le grand poète ! le grand romancier ! « qui s'est placé
dans la littérature comme l'obélisque avec sa masse
écrasante et ses hiéroglyphes ».

Un autre personnage considérable dont la présence
eût ajouté un nouveau lustre au festin, M. le comte de
Miremont, pair de France, empêché par les devoirs de
sa charge qui l'appellent à la Chambre haute, et surtout par les conseils de sa femme qui tient à l'écarter,
vient présenter ses excuses. Le vieux sénateur de 1804,
devenu pair de France sous la Restauration aussi
bien que sous la Monarchie de Juillet, est un de ces
comparses politiques que les divers régimes se trans-
mettent avec le mobilier des ministères, et que leur
stabilité silencieuse préserve du choc des révolutions.
Quand l'orage gronde à la Chambre contre les ministres, quand une discussion épineuse se prépare,
une indisposition subite vient fort à propos le retenir
au lit et lui éviter l'embarras d'un vote compromet-
tant. Grâce à cette sage réserve, il a vu les honneurs
et les places s'accumuler sur sa tête : il en compte
huit pour le moment. Aussi la seule nouvelle de sa
maladie éveille-t-elle les ambitions des compétiteurs
affamés et vaut-elle au ministère une majorité de

trente-cinq voix. L'innocent et placide époux de Césarine, tenant le milieu entre le vieil Argan et le George Dandin de Molière, est un instrument docile aux mains de sa femme, dont il suit toutes les volontés, en croyant se décider lui-même. Il n'en sera pas moins, sans le savoir, le véritable auteur du dénouement.

À défaut du comte de Miremont, M. de Montlucar apporte son précieux concours à cette phalange dont Bernardet vante la merveilleuse puissance :

> Seul, pour s'élever on ne peut rien ; mais montés sur les épaules les uns des autres, le dernier, si petit qu'il soit, est un grand homme.
>
> Oscar. — Il y a même avantage à être le dernier.... C'est celui qui arrive [1].

Et celui-là sera précisément cet Oscar Rigaut, un bon garçon, pas fort, de l'aveu de tous, ancien cancre au lycée Charlemagne, qui, sans étude et sans talent, se trouve en passe de devenir un personnage, ayant pris rang à la tête de la jeune phalange. Fils d'un riche marchand de bois de Villeneuve-sur-Yonne, il dépense gaiement les rentes paternelles en festins, en parties de plaisir, pour se conquérir des amis et des titres à la considération. Mauvais avocat, dégoûté du barreau, il s'est fait poète de circonstance, donnant dans le genre lugubre : il vient de publier un recueil intitulé *le Catafalque*, qui contraste avec sa mine de gros garçon réjoui. Membre de deux sociétés littéraires, officier de la garde nationale et maître des requêtes, désigné pour la croix de la Légion d'honneur, grâce à l'appui de sa cousine, la toute-puissante Césarine devenue comtesse de Miremont, il voit son éloge

1. Acte II, sc. VI.

répété dans tous les journaux, et se laisse doucement bercer et porter par la fortune, qui le traite en enfant gâté, et par les amis, auxquels son mérite ne saurait faire ombrage. Il met du reste tant de naïveté, de bonhomie dans ses aveux, qu'on lui pardonne volontiers un bonheur si peu justifié. La chose lui paraît si simple et si facile qu'il propose à son ami Edmond de Varennes de l'embrigader, lui aussi, dans ce bataillon du succès. « Avec qui? » demande Edmond. — « Avec les nôtres, répond Oscar : ceux qui comme moi sont à la tête de la jeune phalange, car ils sont aussi à la tête : nous y sommes tous : nous sommes une douzaine d'amis intimes qui nous portons, qui nous soutenons, qui nous admirons : une société par admiration mutuelle : l'un met sa fortune, l'autre son génie, l'autre ne met rien ; tout cela se compense, et tout le monde arrive, l'un portant l'autre [1]. »

Mais cet Edmond auquel Oscar révèle les mystères de la camaraderie n'est guère fait pour les comprendre. Homme d'un mérite réel, ancien prix d'honneur à Charlemagne, travailleur opiniâtre et consciencieux, il a des timidités, des scrupules, des fiertés, une sorte de sauvagerie qui l'écartent d'un monde où règnent l'intrigue et le charlatanisme. Révolté des obstacles et des hostilités déloyales qu'il rencontre au début de sa carrière, sans en deviner la cause véritable, le ressentiment d'une femme blessée dans son orgueil, il s'indigne de voir un journal payé pour le diffamer, travestir par un mensonge impudent le résultat de sa dernière plaidoirie, et faire de son succès un échec, en lui opposant le même Oscar Rigaut, son ancien

1. Acte I, sc. VIII.

camarade, dont il connaît l'ignorance et l'incapacité.
Cependant l'accueil enthousiaste qu'il trouve en arrivant au Cénacle, les éloges hyperboliques dont on
l'accable comme un autre Cicéron, les offres de services qu'il reçoit à charge de revanche, ont pu le
tromper un moment. Mais la singulière profession de
foi du docteur Bernardet mariant l'Empire et la
Royauté avec la République, sans souci des principes
ni des convictions, et donnant pour base à l'union ce
qu'il y a de plus respectable au monde selon lui, l'intérêt, l'a bientôt désenchanté. Sa vertu s'effarouche
et sa conscience d'honnête homme proteste contre de
pareilles doctrines.

Quand Bernardet lui tend la main et lui demande
de prêter serment pour gage de son adhésion :

Jamais ! s'écrie-t-il ; j'ignorais ce que je viens de voir et
d'entendre. J'ignorais que pour être de vos amis la première
condition fût de mettre son opinion et sa conscience au service
de vos intérêts…. Moi, je ne donne point de pareils gages, et
n'accorde à personne le droit de m'en demander [1].

Et s'échauffant sur ce beau thème, le jeune avocat
débite une tirade éloquente fort applaudie du public,
mais peu goûtée de la phalange qui crie à la trahi
son.

Remis enfin de cet esclandre, les amis songent à
désigner un candidat pour les prochaines élections
de Saint-Denis. Après une première épreuve où chacun
s'est donné sa voix, Oscar, grâce à sa nullité reconnue,
est désigné d'un commun accord. Tous s'engagent à
le soutenir en se disant, avec Dutillet le démocrate :
« Un peu plus tôt, un peu plus tard, nous y arriverons

1. Acte II, sc. VII.

tous : l'essentiel est de poser un premier échelon et qu'il soit solide [1]. » La théorie de la courte échelle pour entrer à la Chambre est déjà un procédé connu.

Tandis qu'Oscar triomphe en récitant devant les électeurs un discours fabriqué par Saint-Estève, le pauvre Edmond s'en va plus découragé, plus désolé que jamais, renonçant à cette candidature pour laquelle Oscar lui avait promis, la veille, le concours de la phalange. Avec tout son talent, ce serait un garçon perdu, un homme à la mer, si les femmes ne se mettaient en tête de le sauver.

L'élément féminin joue un grand rôle dans cette comédie. Au premier rang figure Césarine (un nom qui promet), forte tête, impérieuse, hautaine et résolue, une Agrippine au petit pied, alliant les finesses de la diplomatie au ressort énergique de la volonté. La petite sous-maîtresse de pension, qui a jadis eu pour élèves Agathe et Zoé, après avoir conquis le cœur et la main du vieux comte de Miremont, a pris sa revanche sur la riche famille des Rigaut, ses parents, qu'elle protège du haut de sa grandeur, et sur le monde, où elle est devenue une puissance par son salon, son journal, sa revue, ses relations et ses intrigues.

Pourtant cette femme si maîtresse d'elle-même et des autres a un point faible, une passion secrète que l'œil clairvoyant de Zoé a deviné. Il est dans le monde un homme qui l'a vue jadis à la pension où était sa sœur, qui l'a méconnue, dédaignée, et peut-être méprisée. Sa haine contre le jeune Edmond de Varennes, les attaques dont elle l'a fait cribler dans ses journaux, les

1. Acte II, sc. VIII.

préventions qu'elle a tenté d'éveiller chez son mari, l'ancien ami et l'obligé du père d'Edmond, n'étaient au fond que le contre-coup d'un amour non satisfait. Aussi quand Zoé, s'emparant de la lettre désespérée qu'Edmond adressait à Agathe, laisse croire à Césarine qu'il s'agit d'elle-même dans ce cri d'un amour étouffé et contenu sous une froideur et une aversion apparentes, la passion l'emporte. Tout d'un coup, Césarine change ses batteries, abandonne le malheureux Oscar qu'elle rend aisément suspect à son mari en éveillant sa jalousie, et charge Bernardet d'assurer le succès d'Edmond. Trop tard, elle apprend de la bouche même du loyal jeune homme que la lettre n'était point pour elle, mais pour Agathe sa belle-fille, devenue sa rivale dans un amour qu'elle ne peut avouer.

Agathe est une bonne âme, honnête et droite, qui s'est, dès l'enfance, prise d'une tendre affection pour ce brave Edmond dont elle aimait la franchise et le désintéressement. Cet amour partagé courait grand risque de rester enseveli sous la réserve et la timidité d'Edmond, si un demi-aveu ne venait rendre l'espoir à l'amant découragé, en lui apprenant que le comte de Miremont ne serait pas éloigné de donner sa fille à un député. C'est le mot de Chimène :

> Sors vainqueur d'un combat dont Chimène est le prix !

affaibli, amoindri, dans les tons moyens d'une passion discrète et tempérée. Mais Rodrigue a compris, et va se lancer dans l'arène électorale, ignorant encore les misères du métier de candidat. Sa modestie s'effraye bien un peu de cette audace. « Une pareille ambition demande de si grands talents ! »

s'écrie-t-il avec la naïveté d'un homme plein d'illusions, habitué à voir et à juger les choses de loin : *Major è longinquo reverentia.* Zoé le rassure en lui disant : « Vous n'avez donc jamais été à la Chambre? » petite malice innocente applicable à tous les temps.

Néanmoins, après la rupture éclatante et l'explosion indignée d'Edmond devant le Cénacle, tout serait perdu encore une fois, sans l'intervention de Zoé, l'amie de pension et la confidente d'Agathe, la bonne fée maligne qui va renverser de fond en comble l'édifice de l'altière et toute-puissante Césarine, en l'employant elle-même à cette destruction. Étouffant, comprimant une légère pointe de passion qu'elle a jadis ressentie pour cet Edmond, objet de trois amours féminins à la fois, elle va prouver que la camaraderie des femmes l'emporte sur celle des hommes, par la franchise, la loyauté, le dévouement. Flattant Césarine dans son orgueil, elle s'extasie sur le génie de celle dont elle s'honore de suivre encore les leçons, et qui devient sa dupe et sa victime, dans cette lutte où l'astuce féminine dépasse tout le savoir des politiciens de profession. Tandis que le docteur Bernardet perd la tête au milieu de ces volte-faces imprévues : que M. de Monthucar continue à ne rien comprendre, en homme profond qu'il est ; que Dutillet pousse à la roue, sans trop savoir où il va ; qu'Oscar Rigaut se réveille de ses rêves de grandeur, tout abasourdi de se trouver par terre ; Zoé poursuit son œuvre, répare de son mieux les imprudences et les maladresses d'Edmond, que sa franchise compromet encore une fois auprès de Césarine. Heureusement, il n'est plus temps de changer le sort et les dispositions de la bataille. La phalange, désorientée par les ordres et les contre-ordres de Césarine, ne sait plus où elle en est. On s'accuse de trahison après la scène d'union indissoluble. On en vient aux paroles aigres, aux injures, aux menaces et presque aux coups, lorsque M. de Miremont, le prétendu malade ou moribond, apparaît comme un revenant, jetant le holà ! et annonçant à tous le succès du fils de son ami, Edmond de Varennes. Césarine se mord les lèvres en recevant les remerciements de celui qu'elle a fait député malgré elle, et Zoé d'un air ironique lui dit en passant :

Ce n'est qu'une première leçon.... Je ferai peut-être mieux à la seconde [1].

Quant à l'honnête et candide Edmond, il croit ne devoir qu'à son mérite un triomphe acheté et préparé par l'intrigue :

Je vois maintenant qu'on peut parvenir sans coteries, sans honteuses manœuvres.
— Pauvre jeune homme !

reprend Zoé, cent fois plus forte et mieux instruite sur la matière que le futur député.

Oscar, toujours naïf et bon enfant, sans en vouloir à son remplaçant, ajoute la réflexion suivante en s'adressant à Zoé :

Eh bien ! vous le voyez par lui qui refusait notre secours.... On arrive quand on a des camarades.
Zoé. — Oui, monsieur... Mais on reste... quand on a du talent.

Ce complément est-il absolument nécessaire ? Certaines gens se permettent d'en douter.

1. Acte V, sc. XII.

V

En s'attaquant aux coteries politiques et littéraires, Scribe a recueilli plus d'une vive riposte, plus d'une censure amère et souvent injuste, où l'on ne respecte pas plus sa personne que son talent. Si cuirassé qu'il soit contre les attaques et les coups d'épingle de la critique, se contentant d'en appeler au peuple, c'est-à-dire au parterre, le seul juge qu'il reconnaisse, ses instincts d'honnête homme se révoltent contre l'abus de la diffamation, ce fléau d'un monde où règne la publicité la plus effrénée, où l'on ose tout dire, tout imprimer, même et surtout ce qui n'est pas. Il s'indigne de voir les personnages les plus honorables, les plus intègres, les plus dévoués à leur pays, exposés aux coups du premier coquin venu, d'un misérable folliculaire dont la plume vénale, trempée dans la boue, peut salir la réputation la plus pure, et trouve trop souvent pour complices la sottise et la malignité publiques. Il prend corps à corps ce monstre redoutable que Beaumarchais avait déjà livré au mépris des honnêtes gens sous les traits de Basile : *la Calomnie*, tel est le titre hardi qu'il ose donner à sa comédie nouvelle. Ce titre avait inspiré déjà, un demi-siècle auparavant, à Marie-Joseph Chénier une éloquente épître en réponse à ceux qui l'accusaient d'avoir livré son frère aux bourreaux. Le monstre, vaincu et terrassé sous cette foudroyante riposte, ne s'en était pas moins relevé le lendemain. Il avait déjà, comme il a encore aujourd'hui, pour l'alimenter, ce *fonds des reptiles* que certains gouvernements ne craignent point d'entretenir pour la honte de la presse européenne, et dont la tribune française elle-même n'a pas toujours su se préserver. Scribe, avec une vaillance qui l'honore, va droit à ce nid de vipères qu'il foule aux pieds en jetant pour défi ces paroles de Raymond placées sous forme d'épigraphe en tête de la pièce :

Courage !... Poursuivons ma route !... J'ai donc en chemin marché sur quelque reptile, puisqu'il siffle et qu'il mord[1].

D'un côté, un ministre honnête homme, esprit ferme et noble cœur, Raymond, que son mérite seul a fait monter de la plus humble condition au faîte du pouvoir. Couvert de sa droiture et de sa probité comme d'une cotte de mailles qu'il oppose aux attaques de ses ennemis, censuré par les mécontents, qui l'accusent de tout sacrifier à sa famille, par sa famille, qui lui reproche de ne rien faire pour elle, il répond par le mépris aux misérables qui, après l'avoir calomnié dans sa vie publique, l'ont blessé dans les affections les plus chères de sa vie privée, dans sa piété filiale pour un vieux père qu'il honore, qu'il aime de tout son cœur, et qu'on l'accuse d'avoir renié et abandonné.

D'autre part, une jeune fille pure et innocente, Cécile, la pupille de Raymond, enveloppée, elle aussi, sans le savoir, d'un cercle infernal de mauvais bruits ; victime d'une étourderie du vicomte de Saint-André, qui, sans la connaître ni l'avoir jamais vue, n'a pas craint de la compromettre pour sauver l'honneur d'une femme mariée, la propre sœur du ministre. Telles sont les deux victimes sur lesquelles va s'abattre la calomnie.

1. Acte II, sc. I.

Maintenant, il faut bien en convenir, cette partie si vivement engagée au début, cette bataille si vaillamment ouverte trompe un peu notre attente. Scribe n'a pas tiré du sujet tout ce qu'il contenait et tout ce qu'il semblait nous promettre. Habile arrangeur plus encore que profond penseur et moraliste, il n'a retrouvé ni le fouet de Juvénal, ni l'âpreté mordante de Beaumarchais. A cette pièce de *la Calomnie*, que manque-t-il tout d'abord? Un Basile ou l'équivalent. Ce fantôme de la calomnie, invisible, impalpable, impersonnel, s'évapore en mille petits chuchotements sans prendre un corps, une figure accentuée comme celle de l'Imposteur dans Molière ou du Maître à chanter dans Beaumarchais : « La Calomnie, dit Raymond, est partout, et le calomniateur nulle part[1]. » N'est-ce pas là précisément un défaut sur le théâtre? Les diffamateurs sont des jaloux, des imbéciles, des bavards ou des badauds, plutôt que des scélérats ou des coquins de profession.

Le châtiment attendu et mérité n'arrive point. Peut-être Scribe n'a-t-il pas voulu assombrir ici la note comique. Peut-être s'est-il flatté de ne pas tomber dans le lieu commun du vice puni et de la vertu récompensée. Il a mieux aimé nous montrer la Calomnie bête suivant son cours éternel avec la sottise et la malice humaines. Dans le *Don Juan* aussi bien que dans le *Tartufe* de Molière, la justice de Dieu et du Roi paraît à la fin pour amener le dénouement : la conscience publique est satisfaite et rassurée. Elle ne l'est point chez Scribe, attentif ordinairement à ménager les préjugés du parterre. Faut-il attribuer à

1. Acte IV, sc. IV.

cette absence de conclusion et de sanction morale le demi-succès d'une œuvre où l'auteur avait mis tout son talent et plus de passion latente et personnelle qu'il n'en apporte d'habitude à son théâtre ? Faut-il supposer aussi que les ardeurs politiques du temps furent un obstacle comme pour *l'Ambitieux* et *les Indépendants*; que le personnage si cordial et si franc de Raymond dut souffrir de la défaveur attachée alors à un ministre honnête homme, grand orateur, savant illustre, mais arrogant, dédaigneux, mettant son honneur à braver et à mépriser l'impopularité [1] ?

Cette année 1840, où parut *la Calomnie*, est une des plus fécondes dans la vie de Scribe : coup sur coup, il donne au Gymnase *la Grand'mère, ou les Trois amours*, au Théâtre-Français deux nouvelles pièces, *Japhet, ou la Recherche d'un Père*, en société avec Vanderburch, et *le Verre d'eau*, un grand succès dont le mérite est à lui seul.

1. Guizot.

CHAPITRE XXV

SCRIBE (*Suite et fin*).

Le Verre d'eau, ou les Effets et les Causes (1840). — *Une Chaîne* (1841).
Le Puff (1848).

I

Le Verre d'eau, comme l'indique le sous-titre,
les Effets et les Causes, est le développement d'une
théorie que nous avons déjà signalée chez Scribe,
grand partisan du hasard dans les choses humaines.
Du reste, il n'en est point l'inventeur. Nous l'avons
rencontrée chez Picard, appliquée aux accidents de la
vie privée, dans *les Ricochets* et *les Marionnettes*. Avant
lui Voltaire, reprenant le mot de Pascal sur le grain
de sable dans la vessie de Cromwell, et s'inspirant des
paradoxes sceptiques de Bayle, en faisait sortir toute
une philosophie de l'histoire, qu'il développait dans
son *Essai sur les Mœurs* et dans son *Dictionnaire philosophique*. C'est là que Scribe l'a puisée pour nous
expliquer, par la chute d'un verre d'eau, celle d'un
ministère. Au chapitre XXII du *Siècle de Louis XIV*,
Voltaire, après avoir rappelé les rapports intimes qui
unissaient la duchesse de Marlborough et la reine
Anne, puis la fatigue et le dégoût dont celle-ci fut
saisie, ajoute :

« Il fallait une favorite à la reine Anne ; elle se
tourna du côté de Milady Masham, sa dame d'atour.

Les jalousies de la duchesse éclatèrent. Quelques paires de gants d'une façon singulière qu'elle refusa à la Reine, une jatte d'eau qu'elle laissa tomber en sa présence, par une méprise affectée, sur la robe de Mme Masham, changèrent la face de l'Europe. »

Tel est le fond sur lequel Scribe s'est mis à broder une comédie historique. Tout le premier acte est une leçon d'histoire sur l'état de l'Europe à cette époque, sur les revers de la France, sur la position humiliante faite au marquis de Torcy, l'ambassadeur de celui qu'on appelle encore le Grand Roi, attendant vainement une audience de la reine Anne pour présenter ses propositions de paix. Cette dissertation explicative faite par Bolingbroke a pour auditeur le jeune lieutenant Masham et Miss Abigail, la jolie bijoutière de Londres, dont le fin politique prétend faire ses confidents et ses complices auprès de la Reine. En réalité, la leçon s'adresse plutôt encore au parterre. Scribe, ayant plus foi dans la patience que dans le savoir de son public bourgeois, qu'il a le droit de croire peu au courant de l'histoire d'Angleterre et ne connaissant de Marlborough que la fameuse chanson, éprouve le besoin de l'initier aux affaires de ce monde supérieur où il l'introduit.

Bien que nous soyons ici dans le domaine historique, la vérité et même la vraisemblance ne sont pas le premier souci de l'auteur. On peut se demander, par exemple, comment le sceptique et malin Bolingbroke, le rieur, le railleur, entretient naïvement de ses réflexions politiques et philosophiques sur la Triple-Alliance, sur la force brutale et matérielle, sur les succès remportés à coups de canon, deux amoureux qui songent à tout autre chose et que leur âge, leur éducation, leur passion même, doivent rendre insensibles à toutes ces belles considérations. Essayez donc de parler de l'équilibre européen à Rodrigue et à Chimène, à Roméo et à Juliette, voire même à Marianne et à Valère : vous verrez s'ils vous écouteront. Franchement, est-ce bien Bolingbroke, un homme sérieux, que nous entendons s'adressant à Miss Abigail, une simple fille de magasin, toute cousine qu'elle est de Lord Churchill, et lui expliquant son système des grands effets produits par les petites causes ? Le professeur nous semble aussi ingénu que ses élèves.

Cette longue instruction préliminaire se termine enfin par une rencontre et une partie d'escrime oratoire, où l'action s'engage entre Bolingbroke et la duchesse de Marlborough : deux fortes parties luttant de malice et d'esprit dans un duel qui rappelle celui de Célimène et d'Arsinoë. De part et d'autre on démasque ses batteries pour tenir en respect l'adversaire : Bolingbroke a son journal *l'Examinateur*, une redoutable machine de guerre, où l'on pourra lire le lendemain l'histoire de Miss Abigail Churchill, cousine du duc de Marlborough : la duchesse, non moins prévoyante, tient en main les nombreux billets souscrits par Bolingbroke à ses créanciers, billets qu'elle a rachetés à vil prix, et qui lui permettent d'user de la contrainte par corps envers son débiteur, à la fin de la session parlementaire.

Le talent de Scribe a été de transformer la leçon d'histoire, qui pouvait devenir ennuyeuse, en imbroglio très vif, très animé et très finement conduit. Le duc de Marlborough, chef du cabinet, n'a pas besoin de paraître : sa femme suffit pour faire tête à l'orage et maintenir sous le joug la reine Anne.

qui essaye bien de se dérober à ce dévouement accablant. Humble échantillon d'une royauté constitutionnelle qui règne et ne gouverne pas. Cependant un jour vient où sa patience se lasse. Et pour cela que faut-il? Une pointe de jalousie amoureuse entre ces deux femmes qui arrivent à se haïr cordialement.

Ici Scribe, usant d'un droit qu'ont largement exercé Corneille et Racine, ne craint pas d'associer, aux réalités de l'histoire, les fictions du roman, en prêtant à la duchesse et à la Reine une passion commune pour un jeune officier des gardes, passion inavouée et mystérieuse, qui se mêle chez l'une aux ardeurs de l'ambition, chez l'autre à la froideur apparente d'un célibat prolongé. C'est ainsi que Masham, protégé par une main invisible, celle de la duchesse, a reçu, sans savoir d'où ni comment, son brevet de lieutenant, puis de capitaine aux gardes, avec de riches ferrets en diamants, et la promesse d'un avancement plus brillant encore, à condition de ne point se marier. En même temps, l'heureux officier a été remarqué par sa souveraine et devient l'objet d'une double, ou plutôt d'une triple passion, en comptant celle de la pauvre Abigail, effrayée bientôt des faveurs qui tombent sur son amant et des rivales qu'elle entrevoit.

Masham et Abigail sont des personnages tout imaginaires, n'ayant rien de commun avec l'histoire, mais jouant dans la pièce un rôle de comparses très utiles. La petite Abigail est une imitation probable de la Jenny, cousine du duc de Rochester, dans *la Jeunesse de Henri V* par Alexandre Duval. C'est elle qui reconnaît dans la duchesse la grande dame venue au magasin pour acheter les ferrets envoyés à Masham.

Une fois en possession du secret, Bolingbroke va en faire un terrible usage : il a lu ce qui se passe dans le cœur de la duchesse, et lui impose ses conditions sous peine de tout révéler à son mari et au Parlement : double scandale qui éveillerait la violente jalousie du général et le contrôle des Chambres sur les places ainsi données, sur les grades et les honneurs devenus le prix de l'intrigue et de la faveur. Sa première condition est l'entrée d'Abigail au service de la Reine : il l'emporte sur ce point, et s'assure une amie dans la place si bien gardée jusque-là par la vigilance de la duchesse.

Bientôt, grâce aux révélations d'Abigail devenue la lectrice et la confidente de la Reine, le rusé Bolingbroke a deviné la passion secrète que la souveraine n'ose encore s'avouer à elle-même. Il a trouvé l'étincelle qu'il cherchait pour mettre le feu aux poudres : il attise la jalousie dans le cœur des deux femmes devenues rivales à l'insu l'une de l'autre : il révèle à la Reine la passion de la duchesse pour Masham, l'avancement rapide du jeune officier, l'envoi des ferrets, le rendez-vous assigné pour le soir. En même temps il jette le désespoir dans le cœur de la duchesse, en lui apprenant qu'elle a pour rivale une grande dame de la cour dont il lui laisse ignorer le nom : il lui indique l'heure du rendez-vous, précisément celle qu'elle a choisie elle-même, enfin le signal convenu où la grande dame doit se faire connaître en demandant à Masham un verre d'eau, quand le cercle de la Reine sera réuni. Cet incident du verre d'eau fourni par l'histoire est un ressort dramatique dont Scribe a voulu utiliser et préparer l'emploi.

Au moment où la Reine, entourée de sa cour et se

plaignant de la chaleur, demande à Masham de lui apporter un verre d'eau, la duchesse, éperdue, affolée, réclame pour une dame de service le privilège de présenter le plateau. Mise en demeure de remplir elle-même cet office inférieur, sur l'invitation expresse de la Reine, l'auguste surintendante du Palais, tremblante de colère, présente le verre d'eau qui glisse et tombe sur la robe de la souveraine. De là explosion, rupture, démission donnée et acceptée, qu'on essaye vainement de retirer ensuite.

La pièce, qui a commencé par une leçon d'histoire, se termine de la même façon. Nous y apprenons à la fois la victoire des Français à Denain, le triomphe du parti de la paix à la Chambre des Communes et dans l'opinion publique, la réunion prochaine des plénipotentiaires à Utrecht pour la signature d'un nouveau traité. Le comte de Torcy, dont le rôle n'a rien de flatteur pour notre amour-propre national, est enfin admis à présenter ses lettres de créance à la Reine. Bolingbroke résume la morale de la comédie dans cette apostrophe victorieuse :

Eh bien, Abigail.... mon système n'a-t-il pas raison ?... Lord Marlborough renversé, l'Europe pacifiée....

MASHAM (*lui remettant les papiers que la reine a signés*). — Bolingbroke ministre !

BOLINGBROKE. — *Et tout cela grâce à un verre d'eau !*

II

Nous avons déjà parlé du prodigieux talent de Scribe comme organisateur ou prestidigitateur dramatique. Nulle part peut-être ce don merveilleux de l'auteur jouant avec les difficultés, les situations les plus critiques et les plus impossibles, les complications les plus inouïes, n'éclate mieux que dans la pièce intitulée *Une Chaîne*. Cette fois, nous sortons de la comédie politique et historique pour entrer dans le simple jeu du drame, mais à pleine volée.

Rappelons-nous les exercices du *Chevalier Blondin* sur la corde tendue, avec ses tours de force et d'adresse, ses cabrioles, ses chutes simulées, à deux ou trois cents pieds en l'air, qui nous donnaient le frisson. Les coups de scène accumulés par Scribe dans *Une Chaîne* produisent un effet analogue. A chaque instant on tremble de voir l'action brusquement rompue, on est épouvanté de l'audace de l'auteur, de l'impasse où semblent pris les personnages, du péril qui va toujours croissant ; et au moment où l'on croit tout perdu, où l'on s'attend à un dénouement tragique et sanglant, on est étonné de trouver une porte de sortie pacifique et honorable pour tous. La pièce menace de tourner au mélodrame. Mais l'ami Ballandard, l'avoué providentiel, est là pour ramener le rire et la belle humeur, pour sauver à la fois la fortune et le héros de la comédie.

Un jeune homme d'avenir et de cœur, enchaîné dans les fers d'une grande dame qui s'est éprise de son talent et de sa personne, et n'osant rompre un lien dont la reconnaissance et le point d'honneur paraissent lui faire un devoir, n'était pas à vrai dire un sujet neuf au théâtre ni dans la vie réelle. L'exemple de ces unions clandestines en partie double, où le célibat vit greffé sur l'adultère, est un thème dont nos romanciers et nos poètes comiques ont largement usé. Ce serait une histoire assez longue et assez intéressante que celle de l'adultère au théâtre et des formes qu'il a revêtues, en partant de l'*Agamemnon* d'Eschyle et de l'*Hippolyte* d'Euripide, du *George Dandin* de Molière et de la *Phèdre* de Racine, pour arriver à l'*Antony* d'Alexandre Dumas père, à la *Femme de Claude* d'Alexandre Dumas fils, ou à la *Renée* de M. Zola. Ici nous retrouvons Scribe gardant sa position du juste milieu, dramaturge puissant et moraliste tempéré, se tenant à égale distance des hautes passions délirantes, de l'exaltation mystique et du sensualisme effréné comme des bouffonneries grotesques et des farces du Mardi Gras. Malgré la sympathie traditionnelle que l'amant rencontre généralement sur le théâtre aux dépens du mari si longtemps sacrifié, l'homme qui apporte le déshonneur dans une maison ne saurait prétendre à notre estime, surtout quand cette maison est celle d'un bienfaiteur et d'un ami. Et pourtant, cette estime, Scribe la réclame et l'obtient pour celui dont il a fait, non point un séducteur, mais une victime de la malheureuse passion qu'il a éveillée et partagée un moment, en luttant contre le cri de sa conscience et de son cœur déchiré.

Emmeric d'Albret, un jeune compositeur rebuté par les difficultés qu'il rencontre à l'entrée de sa carrière, a trouvé sur son chemin une femme du monde jeune, belle, avenante, adorée et courtisée de tous, qui l'a encouragé, soutenu contre ses propres défaillances, qui lui a procuré un libretto, un théâtre pour y faire briller son talent inconnu jusque-là. Depuis que cette bonne fée a étendu sur lui sa main protectrice, le succès est venu, et Louise elle-même, la grande dame fière et insensible aux hommages de tant d'autres, s'est enivrée de ces bravos et de ces triomphes qu'elle a provoqués : à force d'applaudir et d'aimer l'œuvre, elle a fini par aimer l'auteur ; et l'affection, la reconnaissance ont fait d'Emmeric un amant docile et dévoué, prêt à sacrifier sa vie, son bonheur, pour celle à laquelle il doit tout. Cependant un scrupule l'inquiète : le mari de cette femme est en même temps son bienfaiteur, l'ancien ami de son père, qui le traite en fils et qui, ne soupçonnant pas le danger, s'efforce de l'attirer chez lui, en reprochant à Louise sa froideur à l'égard d'Emmeric.

À côté de cet amour coupable, dont celui-ci s'accuse et rougit, il est une autre affection pure, honnête, virginale, qu'il a conçue dès l'enfance pour sa cousine Aline, la fille d'un riche négociant de Bordeaux, M. Clérambeau, qui pensait laisser à son neveu sa maison, mais qui a dû renoncer à ce projet et à l'union rêvée, en voyant le jeune homme se lancer dans la vie aventureuse d'artiste, avec toutes ses conséquences peu rassurantes aux yeux d'un honnête bourgeois. Aline aime toujours son cousin, qui l'aime aussi et sent renaître, avec les souvenirs d'autrefois, sa première passion endormie au fond du cœur. L'amour pour sa bienfaitrice n'était qu'une fièvre passagère, l'affection d'enfance a survécu.

Louise, d'ailleurs, n'est point une de ces coquettes insidieuses ou de ces femmes impudiques que l'attrait du vice, du plaisir ou du fruit défendu entraîne à l'infidélité. C'est un noble cœur blessé, froissé dans sa dignité et ses affections. Mariée toute jeune à un homme beaucoup plus âgé qu'elle, négligée, délaissée pour d'indignes rivales, elle a cherché et trouvé ailleurs, d'abord dans les plaisirs et les vanités du monde, plus tard dans l'amour d'un cœur primitif et neuf comme le sien, une consolation et une revanche de ses déceptions. Elle s'est attachée à ce jeune artiste dont elle a partagé la gloire. Après lui avoir tout donné, son cœur, son honneur, elle s'indigne, elle éclate en reproches, en menaces, lorsqu'elle le voit prêt à l'abandonner, lorsqu'elle apprend surtout qu'elle a pour rivale une petite fille. Trahie, sacrifiée par son amant, ainsi qu'elle l'a été jadis par son mari, elle se laisse aller à toutes les fureurs du désespoir et de la jalousie. Puis à la fin, vaincue, désarmée par la dernière preuve d'affection que lui a donnée Emmeric se sacrifiant lui-même et s'apprêtant à partir avec elle pour la dérober à la juste vengeance d'un époux outragé, elle triomphe de sa propre passion et se déclare prête à suivre son mari à la Martinique, où l'appellent des intérêts de famille.

Ce mari, M. de Saint-Géran, contre-amiral et pair de France, n'est point de la famille de George Dandin, bien qu'il en partage le sort : il n'a rien de plaisant ni de ridicule, et nul ne serait tenté de s'égayer à ses dépens. Sans être ni un matamore ni un pourfendeur, avec le ton le plus calme, le plus pacifique et le plus mesuré de l'homme du monde, il n'en a pas moins la réputation d'un terrible duelliste prêt à loger une balle dans la tête de l'homme qui s'aviserait de l'offenser. Sa vie de marin et ses propres légèretés, qu'il déplore, l'ont tenu trop longtemps éloigné de la jeune femme dont il est redevenu plus que jamais amoureux, depuis qu'il la voit entourée d'adorateurs, et que certains bruits déplaisants sont arrivés à son oreille. La petite leçon donnée au vicomte, assez imprudent pour adresser à Louise une lettre galante, doit servir d'exemple aux autres. Instruit par sa propre expérience, connaissant les périls du monde autant que ceux de la mer où il a longtemps navigué, il voudrait préserver son jeune ami et pupille Emmeric de ces liaisons dangereuses où l'on engage parfois son cœur et son avenir. Il a conçu l'idée d'assurer son bonheur et sa fortune en le mariant à sa filleule Aline. Dans son duel avec le vicomte, c'est Emmeric qu'il choisit pour témoin et gardien de son honneur.

Ce redoutable Saint-Géran, qui fait trembler tout le monde sans le savoir, à la seule pensée de ce qui pourrait arriver s'il venait à découvrir la vérité, l'ignore jusqu'au bout. Sa femme, son pupille Emmeric, son ami Clérambeau, et surtout le malheureux Ballandard, sont dans les transes et les angoisses les plus horribles, tandis que lui, le principal intéressé, ne se doute de rien, travaille paisiblement au mariage des deux jeunes gens qu'il aime comme ses enfants, et sauve à la fois son repos, son honneur et celui de sa femme en l'emmenant avec lui au delà des mers.

Le papa Clérambeau ne peut qu'applaudir de tout cœur à cet heureux départ, surtout après la révélation dont il est devenu le témoin involontaire dans l'appartement d'Emmeric. Ce gros négociant de Bordeaux, très fier de ses capitaux et de ses affaires, est dans son genre un type d'aristocrate bourgeois qui appartient bien au règne de Louis-Philippe et de la ploutocratie : dédaignant volontiers les arts et les artistes, dont l'utilité lui paraît contestable et la moralité douteuse, estimant peu le talent et les triomphes de son neveu, et mettant toute sa gloire musicale fort au-dessous de l'honneur d'écrire en tête de ses lettres et de ses factures : *Maison Clérambeau junior*. Que sont auprès de cela les noms de Boïeldieu, d'Hérold ou d'Auber inscrits au bas de *la Dame Blanche*, du *Pré aux Clercs* ou de *la Muette de Portici*? Quelle valeur commerciale peuvent-ils avoir sur la place? Scribe, s'il partage sur plus d'un point l'esprit positif de son temps, sait aussi en montrer quelquefois les petits côtés.

Bien qu'élevée dans un milieu bourgeois et marchand, Aline est une nature plus délicate, plus affinée, comme le sont volontiers les femmes. Sans avoir pris son brevet, qu'on ne prenait guère alors, tout en conservant la simplicité d'une jeune fille qui deviendra une femme d'intérieur, telle qu'on l'est encore dans la famille des Clérambeau, elle sait parfaitement apprécier, chez Emmeric, le compagnon de son enfance au cœur droit et généreux, et l'artiste dont le talent doit illustrer le nom.

Parmi les personnages de la pièce, il en est un qui, tout en jouant le simple rôle de comparse, peut être appelé à juste titre une haute utilité: c'est Hector Ballandard, l'illustre Ballandard! l'avoué jovial, spirituel et badaud tout à la fois; retors en affaires et naïf en sentiments; ayant vécu jusqu'alors dans son étude, sur ses dossiers; ignorant le monde, ou tout au moins ce qu'il appelle le beau monde: celui des duchesses, des artistes et des actrices, où il est si heureux d'entrer sous les auspices de son ami, de son ancien camarade Emmeric d'Albret. Avec l'enthousiasme candide d'un homme que ses occupations condamnent à la prose, épris, ébloui de tout ce qui brille et fait du bruit, il est fier de pouvoir se proclamer l'ami d'un grand compositeur, d'une illustration contemporaine dont l'éclat rejaillit sur lui et sur son étude. En fait de passion, il est neuf encore et n'a pas eu le temps de s'instruire et de se cuirasser, comme un vieil avoué mêlé de longue date aux scandales des procès de divorce et de séparation. Garçon, il n'a guère connu d'autres amours que celles des grisettes, auxquelles suffisait une partie d'ânes à Montmorency : il envie à l'heureux Emmeric ses succès auprès des grandes dames qui le courtisent, et ne se doute pas de quel prix se payent de telles faveurs. Il ne comprend rien à cette chaîne fatale qui étreint le cœur et la volonté de son ami, à cette impossibilité de rompre, lui qui, avec les beautés faciles et résignées qu'il a connues dans sa vie d'étudiant, en était quitte pour s'écrier : « Je sais tout....J'ai tout appris,...vous ne me reverrez plus.... » et était toujours compris.

Or il arrive que Ballandard, à son grand effroi, sans qu'il ait cependant trop à s'en plaindre, va se trouver un moment chargé de tous les péchés d'Israël. Tour à tour transformé en séducteur, en bretteur, en héros d'aventures romanesques à son insu, il devient un véritable *Maître Jacques* qui ne fait rien et auquel on attribue tout. Recevant à titre d'intermédiaire la correspondance galante d'Emmeric, c'est à lui que revient l'honneur d'une bonne fortune avec une grande dame qu'il n'a jamais vue : et, chose plaisante, loin de le compromettre, cette réputation de Lovelace du Palais le relève aux yeux de sa future, Mlle Victorine Giraut, une jeune bourgeoise flattée d'avoir pour rivale une duchesse. C'est sur lui que retombe encore la responsabilité du duel et de la blessure du vicomte de Langeac dans une rencontre où il a montré, dit-on, une bravoure que personne ne soupçonnait en lui : nouveau titre à l'admiration de sa fiancée. Enfin, c'est à lui que Mme de Saint-Géran attribue sa détermination subite de partir avec son mari, pour des intérêts sérieux qui rendent sa présence nécessaire. Émerveillé des effets qu'il produit sans le vouloir : « Toujours moi ! s'écrie-t-il. Je suis l'homme d'affaires de tout le monde[1]. »

Cet universel Ballandard est là fort à propos avec sa face réjouie, ses étonnements, ses naïvetés et ses terreurs, pour ramener le rire dans les circonstances les plus tristes et les plus accablantes. Il est le *gracioso* bourgeois d'une comédie qui, sans lui, tomberait dans le drame sérieux et larmoyant.

Maintenant, ainsi que nous l'avons dit au début, le succès de la comédie tient moins encore à la peinture des personnages et des caractères qu'à l'habile conduite de l'action, aux péripéties et aux coups de théâtre dont elle est remplie. Quelques-unes des scènes en sont restées fameuses, comme adresse et comme audace, parmi les dramaturges les plus experts.

M. Vacquerie, dans ses *Profils et Grimaces*, explique d'une façon assez originale ce prodigieux succès. La pièce eut, selon lui, la bonne fortune d'être mal comprise des acteurs et du public.

« La représentation d'*Une Chaîne*, dit-il, offre un spectacle singulièrement curieux : la révolte d'une pièce contre son auteur.... On aurait sifflé sans ce contre-sens des acteurs. Représentation bizarre ! La pièce ne réussit que parce qu'elle fut mal jouée. »

Décidément, il n'y a que Scribe pour avoir de ces bonheurs-là.

III

S'il a été par excellence le souverain maître des imbroglios, Scribe aspire aussi à la gloire de l'observateur et du moraliste. C'est dans cette vue qu'il com-

1. Acte V, sc. VIII.

pose encore *le Puff*, *ou Mensonge et Vérité*, comédie en cinq actes représentée le 22 janvier 1848 : un mois plus tard, la Monarchie de Juillet avait sombré.

Cette pièce est, non pas la plus amusante, mais la plus satirique et la plus agressive peut-être que l'auteur se soit permise contre la société bourgeoise, dont il est cependant l'ami, le défenseur, et dont il reste l'interprète et l'idole durant plus d'un quart de siècle. *Le Puff* nous introduit dans le monde du brocantage mercantile et financier, politique et littéraire, où les grands seigneurs s'associent aux courtiers marrons, où l'on trafique de son crédit et de sa conscience, où les journalistes vendent leurs éloges, leurs injures, leur silence même; où l'on fait et défait les réputations, où le mensonge a plus d'empire que la vérité. Desgaudets, le philosophe de la situation et le porte-voix de l'auteur, se charge de nous instruire à cet égard. S'adressant au loyal et honnête Albert d'Angremont, officier de l'armée d'Afrique, qui a conservé toute l'ingénuité et l'ignorance d'un noble cœur, il l'avertit charitablement de ce qu'il va rencontrer à Paris.

« Chacun sait, excepté vous, que dans cette grande ville, si populaire et si commerçante, il ne se vend pas, il ne se débite pas un mot de vérité ; que le mensonge au contraire s'y confectionne hautement, par privilège et brevet d'invention, sans garantie du gouvernement, et qu'enfin il n'y a maintenant de vrai que le *puff* et la réclame [1]. »

Qu'est-ce donc que le puff? C'est encore Desgaudets, un proche parent de Philinte et de Desronais

1. Acte I, sc. II.

pour l'égoïsme et l'incrédulité, qui va nous l'expliquer : « Le puff, ou pouff, comme disent nos voisins d'outre-mer,... est l'art de semer et de faire éclore à son profit la chose qui n'est pas.... Toutes les vanteries, jongleries, sensibleries, de nos poètes, de nos orateurs et de nos hommes d'État, autant de puffs ! La femme à la mode qui a la migraine pour qu'on lui donne des diamants, c'est un puff. Le poète délivrant des brevets de grands hommes à tout le monde, pour que tout le monde lui en décerne, c'est un puff. Et les dames patronnesses, et les chemins de fer, et les promesses d'action,... des puffs. Et les caresses qu'on fait aux électeurs, et les engagements du député, avant, et ses discours après ! et l'industriel qui dit : Prenez mon ours ! le marchand qui parle de ses cachemires, le ministre qui parle de sa démission ! des puffs, encore des puffs.... Le puff est à l'usage de tous les états, de tous les rangs, de toutes les classes, en reconnaissant que les avocats, les journalistes et les médecins en font la consommation la plus habituelle et la plus forte. »

Le scepticisme railleur et gouailleur de Scribe ne faisait qu'égratigner en riant des procédés et des abus dont il semble prendre trop aisément son parti. Les vertueuses protestations d'Albert d'Angremont n'étaient qu'une mince satisfaction accordée à la conscience révoltée des honnêtes gens. Le sage ou l'Ariste de la nouvelle comédie, Desgaudets, est un pince-maille ironique et froid, s'accommodant volontiers de la sottise et de la crédulité publiques qui s'acharnent à faire de lui un millionnaire, bien qu'il s'en défende. Sa vie économe, ses habitudes modestes le font taxer d'avarice par sa propre fille, et ajoutent

encore à sa réputation de riche et richissime capitaliste. Son nom seul, placé en tête d'une entreprise,
suffit à faire monter les actions. Il recueille ainsi les
bénéfices d'un *puff*, celui de l'opulence et de l'avarice,
sans en être l'auteur. Observateur impartial et résigné d'un monde dont il a sondé depuis longtemps les
misères et les bassesses, se fiant peu aux apparences,
ne croyant guère au désintéressement ni à la sincérité
des gens, il répète avec Fontenelle, le grand maître
des égoïstes prudents :

> J'aurais la main pleine de vérités que je ne l'ouvrirais pas.
> — Et pourquoi ?
> — C'est que, de nos jours, il est plus facile de réussir par le
> mensonge que par la vérité : celle-ci ne mène à rien et l'autre
> conduit à tout.

A l'appui de son dire, nous verrons en effet le
mensonge ou la fausse nouvelle du prochain mariage
d'Albert avec Mlle Corinne Desgaudets, valoir à celui-
ci le grade de chef d'escadron, auquel il avait droit
depuis longtemps sans l'obtenir.

Le fameux ouvrage du comte de Marignan sur
l'Algérie, acheté 300 francs par le libraire Bouvard à la
veuve du général de Saint-Avold et vendu 20 000 francs
au noble écrivain trop heureux de s'approprier le
travail d'autrui; ce livre si admiré de ceux qui ne
l'ont pas lu, a déjà ouvert à son acquéreur la porte
de deux académies, sans préjudice de l'Académie
française, la seule qui compte, dit-il, et où il espère
bientôt entrer. Au fond, cette prétendue histoire de
l'Algérie n'est qu'un roman d'aventures composé
par Albert lui-même, dans ses heures de désœuvrement, et laissé par lui aux mains de son général. Les
contes fantastiques dont elle est remplie, tout indignes

qu'ils soient de figurer dans une histoire sérieuse, n'en contribueront pas moins à la gloire du comte de Marignan, et vaudront au général de Saint-Avold l'honneur d'une statue. Le mensonge heureux conduit ainsi l'historien et le héros à l'immortalité.

Au contraire, la vérité, rétablie par le consciencieux Albert, lui attire toute espèce de désagréments avec le libraire Bouvard dont il lèse les intérêts, avec le comte de Marignan dont il compromet la gloire par ses révélations indiscrètes, tant la vérité est dangereuse dans le monde où nous vivons! Son règne absolu aurait pour effet la discorde, la lutte des intérêts, des amours-propres blessés. On ne s'entend qu'à condition de se tromper un peu mutuellement et d'un commun accord. Tel est le singulier thème développé par Scribe dans sa comédie.

La vérité en ce monde finit par devenir aussi rare que la vertu. C'est le côté décourageant, amer de la comédie, qui tue du même coup toutes les illusions. La poésie elle-même n'y échappe pas. Desgaudets, consolant sa fille sur les déclarations poétiques et mensongères du comte de Marignan, lui dit :

Ma pauvre fille! comment aussi vas-tu croire à des vers... toi qui en fais!... Ne sais-tu pas que la divine poésie est l'ennemie née de la vérité.... C'est le *puff* descendu de l'Olympe [1].

Aussi Théophile Gautier, un fidèle, un croyant de la poésie, la seule divinité qu'il ait adorée dans sa vie, sort-il du théâtre indigné, protestant contre cette insolence du prosaïsme bourgeois.

Au lendemain de 1848, Scribe, avec le sens et le tact

1. Acte III. sc. II.

d'un homme pratique qui ne se fait pas illusion, comprit que son règne était passé comme celui de la monarchie et de la société bourgeoise, dont il avait partagé les splendeurs. Une génération nouvelle venait de poindre à l'horizon. Émile Augier, Ponsard, Alexandre Dumas fils, Labiche, commençaient à se révéler avec le double prestige du talent et de la jeunesse.

Toujours actif et infatigable, en calculateur prudent qui songe à tirer parti de ses ressources et de son expérience, l'auteur de *Michel et Christine* revint à la collaboration pour raviver et rajeunir son vieux fonds théâtral. Sans oublier ses anciens camarades : Germain Delavigne, Dupin, Duvergier, etc., il s'était de bonne heure associé comme lieutenant un écrivain de race, Bayard, qu'il faisait entrer dans sa famille, et qui devint sous sa direction le vice-roi du Gymnase. Il ouvrait en même temps la porte du Théâtre-Français à son jeune ami Legouvé, qui lui fournissait un de ses plus actifs et de ses plus brillants auxiliaires, avant d'être son biographe et son avocat devant le tribunal de la postérité.

CHAPITRE XXVI

CASIMIR DELAVIGNE (*Suite*).

Le poète national et bourgeois sous le gouvernement de Juillet. — Retour à la comédie. — *Don Juan d'Autriche* (1835). — *La Popularité* (1838).

I

Au nom de Scribe nous avons associé dès le début celui d'un frère d'armes et d'un ami qui partage avec lui les honneurs du théâtre sous la Restauration : l'auteur des *Comédiens* et de *l'École des Vieillards*.

Nous avons parlé déjà du talent moyen de Casimir Delavigne, de ce mélange d'audace et de timidité, de ce libéralisme littéraire et politique confiné dans les limites de la Charte et du sens commun. L'échec de *la Princesse Aurélie* l'avait un moment dégoûté de la comédie : il était revenu au drame historique, plus que jamais en vogue et en honneur. Deux grands événements littéraires, le *Henri III* d'Alexandre Dumas et l'*Hernani* de Victor Hugo avaient été pour lui un avertissement, un indice de la révolution qui s'opérait dans l'art et dans le goût public. En face de cette marée montante du romantisme, Delavigne, esprit clairvoyant, avec la résignation d'un Philinte,

Qui sait fléchir au temps sans obstination,

ne songea point à remonter le courant, ni à le refouler
comme tentait vainement de le faire la cabale acadé-
mique sous la direction d'Étienne, de Lemercier,
d'Alexandre Duval, ces derniers survivants de l'École
impériale. Plus jeune et fidèle à son rôle de libéral
conservateur, le poète des *Vêpres Siciliennes* trouvait
un système intermédiaire, une sorte de régime constitutionnel qui pût satisfaire à la fois les adorateurs
fidèles de Corneille et de Racine et les admirateurs
fanatiques de Shakespeare et de Schiller. Tel fut l'esprit dans lequel il composa son *Marino Faliero* (1829),
son *Louis XI* (1832), et ses *Enfants d'Édouard* (1833).

L'histoire lui avait ouvert une source d'inspiration
et de rajeunissement sur le terrain de la tragédie ; il
en vint à songer que la comédie pourrait y puiser
également. Ce fut ainsi qu'il composa son *Don Juan
d'Autriche*, une des pièces les plus applaudies et les
plus contestées qu'il ait données au théâtre[1].

La lutte s'engage dès le premier jour entre le public
et la critique : l'un remplissant la salle, couvrant
l'œuvre de ses sympathies et de ses bravos; l'autre
la criblant de ses traits les plus acérés et les plus
mordants. Le sévère Aristarque de la *Revue des Deux
Mondes*, Gustave Planche, aussi dur et parfois aussi
injuste pour Casimir Delavigne qu'il l'a été pour
Scribe, dénonce le *Don Juan d'Autriche* comme un
véritable attentat contre l'histoire. L'accusation est
grave : l'auteur s'y voit traité d'ignorant et de faus-
saire. Il est vrai qu'il a répondu d'avance à ce reproche
en donnant pour épigraphe à sa comédie ces paroles
de Montesquieu: « Les histoires sont des faits faux

---

1. Comédie en cinq actes et en prose représentée au Théâtre-
Français le 17 octobre 1835.

composés sur des faits vrais ou bien à l'occasion des
vrais. » C'est, sous une autre forme, le mot de Fontenelle : « Les histoires sont des fables convenues. »
Bayle et Voltaire ne pensent guère autrement. Notre
siècle, plus sérieux, a prétendu faire de l'histoire une
science exacte et positive, malgré les divergences
d'interprétations et de systèmes. Nous l'en félicitons
sincèrement. Mais en face de ce scepticisme historique
professé par les plus graves esprits du XVIII⁰ siècle,
faut-il s'étonner de voir le poète, qui n'est pas un
savant, en prendre si aisément son parti ? D'ailleurs,
Aristote lui-même ne reconnaît-il pas cette distinction essentielle entre l'histoire et la poésie, que l'une
a pour objet le vrai et le réel, l'autre le vraisemblable
et le possible ? Voltaire, de son côté, distingue la vérité
historique de la vérité théâtrale, qui ne sont pas, dit-
il, la même chose. Corneille, cet admirable philosophe
de l'histoire à certains moments, n'en use-t-il pas aussi
comme d'une matière qu'il pétrit, façonne et transforme parfois à sa guise ? Dans telles de ses tragédies, *Héraclius* et *Rodogune*, ne déclare-t-il pas qu'il
n'a pris de l'histoire que les noms, et qu'il a inventé
tout le reste ? Racine, ce fidèle imitateur de Tacite dans
Britannicus, n'y ajoute pas moins les amours romanesques de Néron, de Britannicus et de Junie.

Casimir Delavigne, à l'exemple de Scribe, voit l'histoire avec la lorgnette de Voltaire dans l'*Essai sur les
mœurs*. Bien plus encore, Charles-Quint et Don Juan
ont, avec lui, tous deux, lu *Candide* et *Zadig*, et y
ont puisé des idées de tolérance dont ils ne se sont
jamais doutés de leur vivant. C'est là un des principaux griefs de Gustave Planche. Aux yeux de l'aus-
tère critique, le poète avait entre les mains un magni-

tique bloc de marbre, et n'a su en tirer que des pan-
tins. Tout en admettant que l'auteur ait rapetissé les
personnages, qu'il ait diminué et rétréci les horizons de l'histoire, qu'il ait eu le tort d'oublier l'état
général des esprits, le Concile de Trente, la Diète
de Worms, les progrès de la Réforme, les graves
débats politiques et religieux du jour, il faut voir
aussi ce qu'il s'est proposé, ce qu'il a voulu faire. Est-
ce une tragédie, un drame sérieux et profondément
creusé? Non, mais une comédie librement taillée sur
le fond de l'histoire, accommodée aux idées, aux goûts
et même aux préjugés de son public et de son temps.
Une œuvre à la fois pathétique et gaie, un tableau de
genre plutôt qu'une large toile historique.

Qu'il n'ait donné ni à son Philippe II la sombre
énergie et la grandeur farouche que lui imprime
Schiller; ni à son Don Juan tout l'éclat que comporte
un pareil nom ; ni à son Charles-Quint la haute envergure et les visées sublimes que lui prête Victor Hugo
dans le monologue d'*Hernani*, après l'avoir enfermé
au début dans une armoire ; nous le voulons bien.
Qu'il ait compromis tant soit peu la dignité et la gravité du sujet en y mêlant, pour l'égayer, des personnages comiques tels que Don Quexada, le nouveau
Pangloss de Don Juan, et le petit moinillon Péblo, ce
gavroche espiègle et révolté du couvent : n'use-t-il
pas ici des droits de la comédie? Il a montré une fois
de plus qu'au théâtre, ainsi que l'a fait remarquer
très justement Saint-Marc Girardin, « ceux qui pré-
tendent s'inspirer de l'histoire s'inspirent beaucoup
d'eux-mêmes [1] ».

-----

1. *Littérature dramatique*, t. II, chap. xxix.

Au *Don Juan* de Casimir Delavigne on oppose tout
d'abord le *Don Carlos* de Schiller pour la vérité historique. Mais le drame allemand n'a-t-il pas, lui aussi,
sa large part de romanesque ? Le rôle du marquis de
Posa, ce rêveur humanitaire, n'est-il pas, comme on
l'a dit, un *prodigieux anachronisme*[1] au milieu des
luttes de la Réforme, lorsque la tolérance était également inconnue aux catholiques et aux protestants? Et
ce Philippe II, un moment fasciné par l'ardente parole
du marquis, se laissant prendre à rêver la gloire de
roi philosophe et libéral, n'est-il pas encore plus chimérique et plus étrange que le Philippe II s'agenouil-
lant devant une belle Juive dont il ignore la natio-
nalité?

Racine s'était permis de faire Néron amoureux,
Delavigne s'est demandé pourquoi il n'en userait pas
ainsi avec Philippe II ; pourquoi le *Démon du Midi*
dans sa jeunesse n'aurait pas ressenti les mêmes
atteintes charnelles et sensuelles que le *monstre nais-
sant*. D'ailleurs, chez l'un et chez l'autre, l'amour se
trouve associé à tant d'arrogance, à tant de jalousie
haineuse et vindicative qu'il fera bientôt de l'amant un
despote et un bourreau. Le rugissement et la griffe
du tigre se trahissent au milieu des galanteries et
des caresses. Les terreurs de l'Inquisition, invoquées
contre Dona Florinde pour vaincre ses scrupules et
fléchir sa volonté, valent bien l'enlèvement nocturne
de Junie par ordre de Néron. Cette passion n'est du
reste qu'une fièvre passagère dont Philippe aspire à
se débarrasser comme d'un tourment fatal, tant il a
hâte d'entrer dans son rôle de tyran exterminateur.

1. Heinrich, *Histoire de la littérature allemande*, t. II.

Il en arrive à souhaiter, ainsi qu'il l'avoue à son confident Ruy Gomès, qu'une vieillesse anticipée vienne tout à coup lui glacer le cœur.

L'auteur a si bien prévu les objections de la critique qu'il va au-devant, pour ainsi dire, et nous fait voir, à travers les ivresses d'un caprice amoureux, le triste et implacable fanatisme du roi dévôt : le Philippe II de l'histoire succédant à celui du roman.

De même pour Don Juan, devinant qu'on lui reprocherait d'avoir ramené aux proportions d'un étudiant en vacances et d'un amoureux vulgaire le grand capitaine chrétien, le vainqueur de Lépante, le conquérant de l'Afrique, le pacificateur des Pays-Bas, il a voulu faire pressentir tout ce glorieux avenir qui l'attend dans les explosions d'une âme où bouillonne le vin fumeux de la jeunesse.

> Ah! le danger! voilà l'émotion qui me plaît. Dans un duel ou dans une bataille, sous quelque forme qu'il se présente, il est le bienvenu. Si j'étais né roi, j'étoufferais dans mes États, et je ne pourrais respirer à l'aise que dans ceux des autres [1].

Un Alexandre en germe, incommode pour ses voisins, et tant soit peu emphatique, il faut l'avouer.

L'auteur lui prête un enthousiasme assez bizarre pour le vaincu de Pavie, pour ce brillant François Iᵉʳ dont il raffole, avec la légèreté étourdie d'un jeune homme ébloui de la bravoure et peut-être aussi des aventures galantes du roi chevalier. Sentiment flatteur à l'adresse du chauvinisme français, mais qu'un bon Espagnol ne saurait approuver. Cependant, tout libre penseur [2] qu'il est dans ses affections et dans ses

1. Acte I, sc. IV.
2. Le vrai Don Juan ne l'était pas plus que Philippe II.

croyances, capable d'aimer même une Juive, se souciant peu de l'Inquisition, détestant toutes les servitudes et surtout celles du couvent, il n'en reste pas moins parfait hidalgo, docile à la voix du grand homme dans lequel il a retrouvé son père, fidèle et respectueux envers le monarque arrogant qu'il a insulté et défié avant de le connaître. Quand Charles-Quint lui a remis en main l'épée de François Iᵉʳ, son prisonnier, il jure de la consacrer uniquement au service de l'Espagne et du roi, pour ne plus songer qu'à la guerre et à la gloire. Héros de roman plus que d'histoire, mais sympathique et entraînant, surtout quand il a la chance de rencontrer un acteur comme Firmin pour le représenter.

Reste, il est vrai, Charles-Quint : c'est là qu'est la pierre d'achoppement, la profanation, a-t-on dit. La métamorphose du grand Empereur en Frère Arsène semble, à certaines gens scandalisées, un délit historique bien autrement grave. Le vainqueur de Pavie et de Mulhberg, l'arbitre de l'Europe, le maître de deux mondes, effacé, amoindri sous sa robe de moine, obligé de se plier à la discipline du couvent, d'obéir à un prieur bourru et désagréable, conspirant avec son ancien conseiller Don Quexada et le novice Pablo, dépensant, pour se faire nommer prieur, autant de ruse, d'intrigue et de génie qu'il lui en a fallu jadis pour disputer l'Empire à François Iᵉʳ ou à l'Électeur de Saxe : n'est-ce pas là une fable ridicule, invraisemblable ? — Mais cette fable, Charles-Quint n'avait-il pas contribué lui-même à l'accréditer en jouant son rôle de trappiste goutteux, en prononçant quelquefois des mots calculés, des sentences philosophiques ou religieuses qui donnent le change à la

crédulité publique? Comme Auguste, il est resté un
habile comédien jusqu'au bout.

Pouvons-nous reprocher à Casimir Delavigne de
n'avoir pas connu les Archives de Simancas, décou-
vertes quinze ou vingt ans plus tard, et qui ont révélé
à M. Mignet, à M. Amédée Pichot, à M. Gachard,
un Charles-Quint tout autre dans sa retraite de Saint-
Just, un Charles-Quint dont Sandoval et Robertson
n'avaient point l'idée? Au lieu du religieux confiné
dans sa cellule, du simple Frère Arsène servi par
un novice et passant sa vie à réciter ses patenôtres, à
mettre les horloges d'accord et à brouiller les moines
entre eux, elles nous ont montré l'Empereur installé
dans une belle maison de plaisance construite sur ses
propres plans, au milieu d'un jardin planté d'orangers
et de citronniers qui embaumaient sa solitude; ayant
une cinquantaine de serviteurs autour de lui, entouré,
non pas seulement d'horloges, mais de télescopes, de
sphères, de cartes; suivant de l'œil ce qui se passe
sur tous les coins du globe, observant et dirigeant
encore les affaires de l'Empire, envoyant ses instructions aux ministres de Philippe II, avec cette suscrip-
tion significative : « *Par ordre de Sa Majesté.* »

Casimir Delavigne ignorait tout cela comme nous
l'ignorions nous-mêmes avant la découverte des fameuses archives. Ne soyons donc pas trop fiers d'une
science qui nous est venue si tard et à si bon marché.
Le poète s'en est tenu tout simplement au témoignage de Voltaire. Une page de l'*Essai sur les
mœurs* lui a fourni son personnage et une bonne part
de sa comédie. Nous la rappellerons ici. Parlant de
Charles-Quint, de son abdication et de sa retraite,
Voltaire dit :

« Enfin lassé de tant de secousses, vieilli avant le temps, détrompé de tout parce qu'il avait tout éprouvé, il renonce à ses couronnes et aux honneurs, à l'âge de cinquante-six ans, c'est-à-dire à l'âge où l'ambition des autres hommes est dans toute sa force et où tant de rois subalternes nommés ministres ont commencé la carrière de leur grandeur.

« On prétend que son esprit se dérangea dans sa solitude de Saint-Just. En effet, passer la journée à démonter des pendules et à tourmenter des novices ; se donner dans l'église la comédie de son propre enterrement [1], se mettre dans un cercueil et chanter son *De profundis* : ce ne sont pas là des traits d'un cerveau bien organisé. Celui qui avait fait trembler l'Europe et l'Afrique, et repoussé le vainqueur de la Perse, mourut donc en démence. Tout montre dans sa famille l'excès de la faiblesse humaine. Son grand-père Maximilien veut être pape, Jeanne sa mère est folle et enfermée, et Charles-Quint s'enferme chez les moines, et y meurt ayant l'esprit aussi troublé que sa mère. »

Voilà le thème sur lequel l'auteur a bâti son drame, en y ajoutant tout un roman de son invention, le double amour de Philippe II et de Don Juan se disputant le cœur d'une belle Juive, Dona Florinde. Après avoir lu cette page de Voltaire, pouvait-il croire qu'on l'accuserait d'avoir altéré et falsifié l'histoire de Charles-Quint ? Loin de l'avoir amoindri, peut-être se flattait-il de l'avoir relevé en lui rendant une part de son génie assoupi plutôt qu'éteint ; en réveillant chez

1. Cette comédie des funérailles racontée par les moines de Saint-Just est regardée comme une fable, aucun des biographes et des familiers de Charles-Quint n'en ayant parlé.

lui le souvenir des luttes anciennes, en le faisant apparaître à la fin comme le *Deus ex machina* sur le seuil du palais, entouré de tout le prestige de sa gloire et de sa grandeur passée, éclipsant son morne et terne successeur, et venant arracher aux vengeances sanguinaires de Philippe II le fils de son cœur, son glorieux bâtard Don Juan, et la fille du vieux banquier juif qui l'a jadis aidé de son argent, Dona Florinde. Sans doute le libéralisme, la tolérance qu'il prête à Charles-Quint ne s'accordent guère avec l'orthodoxie du prince catholique, implacable pour l'hérésie. Mais il fallait gagner au vieil Empereur les sympathies du parterre français.

Don Quexada, le fidèle majordome et conseiller intime de Charles-Quint, le compagnon de ses aventures et de ses intrigues, est encore un personnage emprunté à l'histoire. C'était à sa femme, Dona Magdalena, de l'illustre famille d'Ulloa, que Charles-Quint avait confié le soin d'élever ce fils naturel, connu d'abord sous le nom du Petit Geronimo, et devenu plus tard le fameux Don Juan. S'il revenait au monde, le véritable Don Quexada, ou plutôt Quijada, selon les Chroniques de Simancas, se plaindrait vivement d'avoir été transformé en vieux politique trembleur et cauteleux, lui qui fut toute sa vie un vaillant soldat et qui, malgré son âge, mourut quelques années plus tard en combattant les Morisques. Mais que voulez-vous ? Le théâtre a ses exigences et ses libertés. Le poète avait besoin d'un rôle comique pour égayer le sérieux du drame. Racine s'était bien permis de mettre au compte de Narcisse l'empoisonnement de Britannicus, quoique cet affranchi fût mort depuis deux ans déjà à cette époque.

Quant au petit moinillon Peblo, il n'est à coup sûr ni de son temps, ni de son pays. Par la liberté de ses saillies et la précocité de son esprit frondeur et malin, il rappelle à la fois le Chérubin de Beaumarchais et le Gamin de Paris de Bayard. Jamais couvent d'Espagne n'a vu pareil novice. Mais ce rôle est si vif, si gai, si gentil, surtout quand il est joué par une charmante actrice comme l'était Mlle Anaïs, qu'on lui pardonne volontiers son invraisemblance.

Une autre création imaginaire, mais touchante et dramatique, celle de Dona Florinde, a soulevé plus d'une critique. « Dame Florinde, dit ironiquement Gustave Planche, est une Juive qui jure par Jésus. Est-elle convertie? Mais elle n'en dit rien. Elle fréquente les églises catholiques. Quel docteur de la synagogue lui a permis pareille équipée ? » — Dona Florinde, n'en déplaise au critique, personnifie une classe assez nombreuse en Espagne, celle des Juifs convertis en apparence, dont l'Inquisition surveille la conduite et qu'elle réclame sur le moindre soupçon pour le bûcher.

Le représentant de cette justice sommaire et expéditive, Don Ferdinand de Valdès, est un personnage historique dont l'auteur a fait un *gracioso* sinistre, comique et lugubre à la fois, portant envie au bienheureux Torquemada, son prédécesseur, « qui, en onze ans d'exercice, fit le procès à cent mille personnes, dont six mille furent brûlées vives ». Il regrette en même temps que la nouvelle reine Isabelle n'arrive point assez tôt « pour jouir de l'édifiant spectacle d'un autodafé ou acte de foi qui sera célébré le lendemain, sur la grande place de Tolède, pour le châtiment des crimes de quelques-uns et la rémission des péchés de tous [1] ». Ce réjouissant bourreau nous fait songer à Thomas Diafoirus offrant à Angélique de lui faire voir « un de ces jours, pour la divertir, la dissection d'une femme, sur quoi il doit raisonner ».

Si contestée qu'elle ait été, la pièce de *Don Juan d'Autriche* n'en obtint pas moins un succès éclatant, qui s'est renouvelé depuis. Ce succès, elle le dut à des causes multiples :

1° Au mouvement, au brio, à l'habileté scénique dont l'auteur a fait preuve ;

2° Aux réflexions libérales, aux traits mordants, lancés contre l'Inquisition et la vie monastique, toutes choses étrangères et presque contraires à la vérité historique, mais qui répondaient au goût d'un parterre bourgeois plus ou moins libre penseur ;

3° A certains coups de théâtre d'un effet saisissant, comme la scène où Dona Florinde fait reculer d'épouvante le Roi en lui jetant ce mot terrible : « Je suis une Juive ! » ; comme la rencontre de Philippe II et de Don Juan ; comme l'apparition finale du grand Empereur, dont l'auguste fantôme rappelle celui du Commandeur dans le *Don Juan* de Molière ;

Enfin, aux mérites intrinsèques de l'œuvre, ajoutez la bonne fortune d'une interprétation telle qu'il serait difficile de la retrouver aujourd'hui : une réunion d'acteurs incomparablement groupés : Ligier jouant Charles-Quint, Firmin Don Juan, Geffroy Philippe II, Samson Don Quexada, Mme Volnys Dona Florinde, Mlle Anaïs Peblo. Quand on a vu cette troupe dans ses beaux jours, on en garde

1. Acte V, sc. III.

une impression ineffaçable. Et à distance, tout en reconnaissant ce qu'il y a d'artificiel, de convenu, de faux même dans certaines parties, il est difficile de résister au charme des souvenirs. Une œuvre qui vous a remué, transporté de la sorte, n'est pas tant à mépriser.

II

Avec *la Popularité*[1], nous allons nous trouver en face d'une pièce offrant un caractère tout différent. Le *Don Juan d'Autriche*, ce scénario brillant brodé sur l'histoire, gagne surtout à la représentation et court risque de perdre à la lecture. *La Popularité*, au contraire, froidement accueillie par le public, malgré des qualités littéraires supérieures, est plutôt un drame de cabinet. L'auteur, qui travaille lentement, comme le fait remarquer malignement Gustave Planche, dans sa vie paisible et retirée, étranger au tumulte de *l'agora*, n'est point assez l'homme de l'impromptu et de l'à-propos pour aborder la comédie politique à la façon d'Aristophane. Sheridan ou Beaumarchais, mêlés aux agitations et aux intrigues de leur temps, étaient mieux placés que lui pour ce genre de critique. Néanmoins, en dépit de la malveillance qu'elle rencontra, on peut dire que *la Popularité* est une des créations les plus sérieuses, les plus fortement pensées et les plus vigoureusement écrites de Casimir Delavigne, celle à laquelle il a consacré le plus de temps et d'étude, celle qui lui fait peut-être le plus d'honneur. Il y a mis non seulement son talent d'écrivain, mais sa conscience d'honnête homme.

1. Comédie en cinq actes et en vers représentée sur le Théâtre-Français le 1er décembre 1838.

La popularité! mot terrible et séduisant à la fois, qui inspirait à Auguste Barbier un digne pendant de sa *Curée* et de son *Idole*, un de ces tableaux étincelants qu'éclaire le soleil de 1830:

> La popularité! c'est la grande impudique
> Qui tient dans ses bras l'Univers!

C'est de cette idée que Delavigne a tiré un sujet, non pas de drame, mais de comédie. Indépendamment des *Iambes* enflammés du poète, son expérience personnelle eût suffi pour l'y pousser. L'auteur, qui a été si longtemps le Benjamin de l'opinion, qui en a connu toutes les caresses tant qu'il est resté dans les rangs de l'opposition, a vu la faveur du public s'attiédir et se retirer de lui à mesure que celle du Roi s'est accrue pour l'écrivain, devenu plus que jamais l'ami des Tuileries, sans s'abaisser au rôle de courtisan. Nature délicate et fière, Delavigne a souffert de ces exigences et de ces retours de l'esprit de parti, auquel il refuse de sacrifier sa conscience et ses affections. Homme de juste milieu par tempérament, par conviction, en politique comme en littérature, il laisse crier les violents, et ne craint pas de s'attaquer aux flagorneurs et aux corrupteurs de la popularité. Il sent trop à quel prix elle s'achète parfois, et n'hésite pas à le rappeler aux politiciens, aux journalistes, à toute cette clientèle qui exploite et caresse les passions de la foule, au lieu de chercher à la modérer et à l'éclairer. Aussi sa pièce, remplie de vérités désagréables, lui valut-elle un accueil glacial ou hostile chez ceux qu'elle atteignait visiblement.

Il l'a dédiée à son fils, avec une sorte de mélan-

II.   10

colie, en songeant à l'avenir de cet enfant qui essayera peut-être un jour de mordre à ce fruit trompeur et doré de la popularité. Celui-ci ne vécut point assez pour tenter les hasards d'une fortune politique où il eût pu ne trouver, comme tant d'autres, que déceptions et dégoûts.

Parmi les nations de l'Europe, l'Angleterre a, la première, offert le spectacle du régime parlementaire et constitutionnel ; la première elle a donné l'exemple de ces forces nouvelles qui s'appellent la souveraineté populaire, les élections, les meetings, la presse, l'opinion, la réclame. Aussi est-elle devenue le champ préféré de la comédie politique. C'est là qu'Alexandre Duval a placé jadis son *Orateur parlementaire*, là que Scribe a découvert son *Ambitieux* avec Walpole, là que Casimir Delavigne va mettre en scène le héros et la victime de *la Popularité*.

Bien que les noms et les personnages soient Anglais, il n'y a point cependant à s'y tromper. C'est de la société française qu'il s'agit, des opinions et des partis qui la divisent au lendemain de 1830, avec toutes les rancunes, les déceptions, les espérances, les intrigues avouées ou secrètes, les germes de guerre et de révolution qu'elle porte dans son sein. Légitimistes, bonapartistes, républicains, libéraux et conservateurs pourront tous s'y reconnaître, et sauront peu de gré à l'auteur de les avoir si fidèlement dépeints. Premier écueil pour la réussite.

Il en est d'autres encore à signaler. Sans doute nous trouvons là un talent d'observation incontestable, de fines et malignes critiques, de spirituels portraits, des élans généreux, de beaux vers d'une allure libre et fière, mais tout cela ne saurait racheter la froideur

native qu'apporte avec elle la politique prise au
sérieux, et le manque d'action dramatique.

Un mince rayon d'amour vient se mêler aux passions des partis qui l'étouffent bientôt. Risquer une
comédie sans femmes sur notre théâtre était une
entreprise hasardée. Or lady Strafford, la seule
femme de la pièce, est moins une amante enfiévrée
qu'une habile et ardente conductrice d'intrigues et
de complots, qui sacrifie son amour à la cause de
ses princes et de son parti, comme Édouard, lui
aussi, sacrifiera sa maîtresse aux devoirs de l'homme
d'État.

Édouard Lindsey est un jeune orateur politique dans
tout l'éclat et dans toute l'ivresse de sa popularité, qu'il
se flatte de maintenir intacte et pure jusqu'au bout,
sans rien abdiquer de ses principes, sans concessions
ni compromis. Chef de l'opposition libérale, dont il est
l'oracle et l'idole, acclamé, applaudi par la foule dès
qu'il ouvre la bouche, il se croit maître de l'opinion
au moment même où il va en devenir l'esclave. Jaloux
et fier de son indépendance, il a compté sans les exigences des partis, sans les caprices et la sottise de ses
électeurs, sans la double pression de son ami Mortins,
un républicain, et de son amante lady Strafford, une jacobite, qui viendront ébranler sa volonté. Une première
fois, il cède pour l'élection du lord-maire, où il oublie
la promesse faite à son père, Sir Gilbert Lindsey, de
voter pour l'honnête Nelbroun, un bon citoyen quoique
candidat du ministère ; il appuie de son vote un ami
des Stuarts, lord Derby, le candidat de la coalition[1].

1. La pièce était représentée au moment où la coalition de
MM. Thiers, Guizot, Odilon Barrot, amenait la chute du ministère Molé.

et l'oncle de celle qu'il aime. Il succombe, non sans lutter contre les remords de sa conscience, en se prêtant à un accord qui réunit dans la même urne les votes des jacobites et ceux des républicains. Première défaillance dont il rougit déjà tout en cherchant à la justifier.

Une nouvelle épreuve l'attend. Londres se prépare à célébrer les funérailles d'un grand citoyen, Nevil, et les partis se sont donné rendez-vous pour faire de cette manifestation publique une occasion de renverser le ministère et le gouvernement. On compte sur Édouard, sur son éloquence pour tout enflammer. Mais sa droiture se révolte à l'idée de profaner une tombe en la choisissant pour champ de bataille. Allusion évidente aux funérailles du général Lamarque, qui avaient ensanglanté les rues de Paris quelques années auparavant[1]. Casimir Delavigne, attristé dans son cœur de citoyen par de tels spectacles, a le courage de les blâmer et de les flétrir au nom du patriotisme, par la bouche d'Édouard s'écriant :

Eh quoi ! sur un cercueil des paroles de haine[2] !

A certaines heures, il est dangereux, pour un écrivain comme pour un homme politique, d'avoir trop raison contre ses contemporains. Ce fut le tort de Casimir Delavigne et de sa comédie trop véridique et trop sincère. Il faut souvent plus de courage pour rester modéré que pour se montrer violent. Tel est le genre d'héroïsme que l'auteur prête à son personnage principal. Les instances pressantes de Mortins,

1. Journées des 5 et 6 juin 1832.
2. Acte III, sc. IV.

rêvant toujours à sa République, les supplications de lady Strafford, attendant d'une révolution le retour des Stuarts, les promesses et les obsessions insidieuses du journaliste vénal Godwin, lui offrant ses services auprès des électeurs, les remontrances de Thomas Goff lui enjoignant de se rendre aux désirs du peuple, les cris de la foule ameutée, qui s'impatiente et gronde, ne peuvent fléchir son âme : il demeurera fidèle à la loi, à l'ordre, à la dynastie que la nation s'est librement donnée.

Casimir Delavigne a voulu tracer ici l'image du politique libéral tel qu'il l'a rêvé, le héros d'un âge nouveau où le courage civique a pris souvent la place de la valeur guerrière, où il est parfois plus difficile et plus douloureux de braver les coups de langue et les coups de plume que les coups d'épée. En nous offrant ce portrait, songeait-il à Casimir Perier, à ce ministre intègre et résolu qui sut passer de l'opposition au pouvoir sans devenir jamais le courtisan du peuple ni du roi, alliant le libéralisme le plus sincère à l'énergie du gouvernement, et ne reconnaissant d'autre guide que le bien public, l'honneur du pays, le respect du droit et de la loi?

Autour d'Édouard se dessinent un certain nombre de portraits qui représentent les différentes nuances de l'opinion et des partis. C'est d'abord Sir Gilbert Lindsey, son père, un vieux pilote qui a traversé jadis les orages de la vie politique et qui, maintenant retiré à la campagne, épris des charmes de la solitude, essaye de les faire comprendre à son fils en le préservant des ivresses trompeuses de la popularité. Quand Édouard aura vu s'évanouir devant lui ce brillant fantôme qui l'avait séduit, le vieux Gilbert lui ouvrira ses bras en lui rappelant qu'il est une autre popularité plus solide et plus durable :

> ... Celle qui couronne
> Des travaux accomplis et des jours sans remords :
> Mais son laurier, mon fils, n'ombrage que les morts[1].

A la droiture, à la loyauté patriotique de Sir Gilbert, l'auteur oppose la duplicité cauteleuse de lord Derby, ami des Stuarts, mais ami discret et prudent, ne voulant pas se brouiller ouvertement avec la nouvelle dynastie qu'il déteste et mine sourdement : s'alliant à tous les partis, même révolutionnaires, pour les exploiter ; employant la plume de Godwin, dont il fait son confident et son collaborateur tout en le méprisant ; aristocrate renforcé, très dur, très hautain avec ses domestiques, mais se couvrant du masque de la démocratie à l'approche des élections, où il brigue le titre de lord-maire. L'appel au peuple, dont la *Gazette de France* avait donné l'idée avec sa fameuse devise : *Vox populi vox Dei*, est au nombre de ses moyens diplomatiques. Partisan de la politique expectante, laissant aux autres les périls et les horions, il compte sur les imprudences ou le courage d'autrui pour obtenir les résultats qu'il attend :

> Les révolutions sont une grande affaire :
> Courageux qui les fait, sage qui les fait faire[2].

Cette allure féline et ambiguë du vieux caméléon jacobite, qui se ménage et se réserve en vue de l'avenir tout en jouissant du présent, contraste avec l'emportement, l'intempérance et la fougue du jeune républicain Mortins. Celui-ci est un enthousiaste et un

1. Acte V, sc. vii.
2. Acte II, sc. ii.

impatient, un rêveur et un homme d'action tout à la fois, poursuivant le triomphe d'une idée fixe à travers les obstacles et les impossibilités du présent; acceptant toutes les alliances pour démolir, quitte à rebâtir plus tard; poussant devant lui la multitude, déchaînant ses appétits et ses colères sans savoir où il pourra l'arrêter; prêchant la souveraineté du but en même temps que celle du peuple, et déclarant que

> ... Rien n'est mal pour arriver au bien [1].

La sainte folie de la Révolution emporte ici l'apôtre fanatique acceptant le désordre dans le présent pour arriver à fonder l'ordre dans l'avenir.

Attaché à cette œuvre de propagande active et révolutionnaire, Mortins a pour collaborateur le gros brasseur Thomas Goff, personnage demi-comique, tout bouffi de son importance, aussi riche que sot et vaniteux, démagogue naïf et inconscient, prôneur enthousiaste d'Édouard son député, qu'il regarde comme sa chose et sa création :

> ... Je suis, et je m'en pique,
> Son père, entendez-vous ? Son père politique.
> Je suis son électeur, s'il est mon député;
> Et s'il parle pour moi, pour lui moi j'ai voté [2].

Aussi s'attribue-t-il une large part dans son éloquence et ses succès. Ce prétendu chef du peuple, esclave des préjugés et des passions qu'il flatte sans les partager au fond, courtisan du carrefour et du ruisseau, suit docilement ceux qu'il a l'air de conduire. Quand Édouard l'invite, au nom de l'intérêt public, à

1. Acte III, sc. III.
2. Acte I, sc. II.

contenir cette foule affolée, furieuse, le vieux politicien lui répond :

> ... Vous m'engagez à trahir mon pays.

ÉDOUARD.

Le puis-je ?

THOMAS.

Ils crieront tous, morbleu ! que je trahis.

ÉDOUARD.

Vous êtes éloquent, vous leur ferez comprendre.

THOMAS.

Ils le crieront si fort qu'on ne pourra m'entendre.

ÉDOUARD.

Mais puisqu'ils sont toujours de votre sentiment !

THOMAS.

Bon ! quand je dis comme eux ; que je dise autrement,
Le feu monte à la poudre, et je suis sur la mine.

Et maître Thomas Goff n'est pas de ceux qui aiment à sauter.

En face de tous ces gens qui s'agitent, les uns pour le triomphe d'une idée ou d'un parti, les autres pour leur ambition ou leur fortune, Casimir Delavigne s'est bien gardé d'oublier un type qui est également du temps : celui du conservateur songeant tout d'abord à se conserver lui-même. Caverly a passé la quarantaine : c'est un sceptique blasé, repu et satisfait, amoureux avant tout de son repos et de son bien-être, ne croyant guère ni au progrès, ni à la liberté, mots sonores et vides à ses yeux. Une seule chose est capable de l'arracher à ce quiétisme de l'indifférence : la peur du flot populaire, de cette démocratie qui monte avec ses

théories niveleuses dont la perspective l'épouvante. A l'approche de l'émeute qui menace d'emporter le cabinet Harrington, il réclame à grands cris des ministres comme on réclame des pompiers contre l'incendie :

> De grâce, un ministère ! en lui j'ai confiance ;
> Je ne le connais pas, je le soutiens d'avance.

La folie conservatrice a ses accès comme la folie révolutionnaire.

Parmi les personnages mis en scène, il en est un surtout qui souleva contre l'auteur d'implacables rancunes. Tout en protestant de son respect pour la liberté, tout en distinguant entre la presse honnête et la presse véreuse, de même que Molière distinguait jadis la vraie de la fausse dévotion, il devait froisser bien des amours-propres ombrageux ou des consciences mal à l'aise en peignant sous les traits de Godwin, le journaliste vénal, le bandit de plume, un produit nouveau de notre société moderne qui a remplacé l'ancien *bravo* du stylet ou de l'escopette. Peut-être ce coquin eût-il pu devenir un homme estimable ; mais la misère et l'envie ont fait de lui un être méchant en lutte avec la société. Pauvre diable sans ressources, venu à Londres pour y chercher fortune, ou tout au moins une place au soleil, il n'a trouvé autour de lui qu'un monde égoïste, indifférent et dédaigneux. La haine lui est montée au cœur. Lui-même nous raconte comment il s'est fait aboyeur public pour vivre et se venger :

> ... De rage,
> Je rêvai, sous le toit de mon troisième étage,
> Que je faisais fortune en rendant coup sur coup,
> Je m'endormis mouton et me réveillai loup.

Devenu ainsi une puissance, arrivé à la fortune, il rêve une autre chose qu'on lui a refusée jusqu'alors : la considération. Ceux qui l'emploient affectent de ne point le connaître ou ne le reçoivent qu'en secret. Lord Derby croit s'être acquitté avec l'argent qu'il lui a compté : mais Godwin réclame davantage : il veut que le noble lord lui ouvre les portes de son salon, qu'il lui témoigne publiquement une estime dont il s'est cru dispensé; qu'il l'admette à sa table, à ses soirées; mieux encore, qu'il l'aide à franchir le seuil du Parlement, en appuyant sa candidature :

> Laissez-moi donc me croire assez considérable,
> Assez considéré pour me montrer chez vous [1].

Ce mot de *considération*, ramené ici avec une sorte d'insistance et d'affectation opiniâtre, devait exciter contre Delavigne le ressentiment d'un journaliste fameux qui, parvenu, lui aussi, à la fortune et à la célébrité, avait tenu le même propos au roi Louis-Philippe ou à l'un de ses ministres, en réclamant, non plus seulement une place à la Chambre où il arriva, mais un portefeuille ministériel. Le journaliste mourut sans avoir obtenu, ni de la Monarchie de Juillet à laquelle il offrait ses services, ni de l'Empire, dont il avait préparé le retour, ni de la République, à laquelle il s'était rallié, le portefeuille tant convoité, mais il ne pardonna jamais au poète l'amer souvenir qu'éveillait en lui ce mot de *considération*, dont M. Camille Doucet faisait plus tard le titre et le sujet d'une comédie.

Repoussé, dédaigné par Édouard qui refuse d'accepter ses services, il cherche à se venger du fils en

---

1. Acte II, sc. II.

frappant le père, Sir Gilbert, au moyen d'une lettre tronquée et falsifiée dont il compte faire un instrument de chantage, et qui tourne à sa confusion.

Les femmes, trop souvent mêlées chez nous aux scandales de la vie publique et de la vie privée, tiennent peu de place, comme nous l'avons dit, dans la pièce de Casimir Delavigne. Une seule, lady Strafford, l'*Émilie* jacobite, nièce de lord Derby et amante d'Édouard, jeune et romanesque héroïne dont l'allure rappelle un peu celle des femmes de la Fronde, soutient dignement l'honneur de son sexe. Dévouée à la cause des Stuarts, agissant par ses journaux, par ses intrigues, par son argent, sous le nom de lady Montrose, dénoncée, poursuivie, traquée par la police, elle a bravé tous les obstacles, et vient fomenter la sédition au cœur même de Londres. Son audace, sa pétulance, son mépris du danger, sa gaieté insouciante offrent un singulier contraste avec les précautions, la couardise et les frayeurs de lord Derby. La conspiration devient pour elle une partie de plaisir, un chapitre de roman mis en action :

> Rêve où le cœur s'exalte, où la tête fermente !
> Un vague enivrement qui charme et qui tourmente,
> Je ne sais quel attrait plus doux que le repos,
> Ardent comme l'amour, se mêle à ce chaos
> De sentiments confus, d'émotions rapides ;
> Et c'est la volupté des âmes intrépides [1].

Le goût des conspirations, mis à la mode par les *Carbonari* sous la Restauration, s'était maintenu encore au temps de Louis-Philippe et donnait lieu à plus d'un procès retentissant. Cette fièvre d'émotions,

1. Acte II, sc. VI.

cette passion des aventures devait rapprocher naturellement la jeune royaliste et le jeune républicain Mortins. Tous deux s'entendent pour épouvanter lord Derby et le décider à quitter Londres le jour des funérailles. Quand le complot a échoué par la faute d'Édouard et de son courageux abandon, lady Strafford, menacée dans sa liberté et dans sa vie, ne s'effraye point. Elle pardonne à Édouard d'avoir obéi à sa conscience : elle saura en faire autant. Mise en demeure de choisir entre l'exil et la main de celui qu'elle aime, elle va rejoindre sur la terre étrangère les seuls souverains qu'elle reconnaisse. Le devoir l'emporte dans ces deux âmes généreuses faites pour se comprendre et pour s'aimer.

Nous avons pris plaisir à exposer cette suite de portraits qui nous offrent une sorte d'étude psychologique et morale sur la société contemporaine. C'est là son principal intérêt, à défaut de l'émotion dramatique. Nulle œuvre ne fait plus d'honneur à la raison et au caractère de Casimir Delavigne. Quel autre que lui eût alors osé ou pu l'écrire ? Victor Hugo, trop engagé dans les liens des partis, des camaraderies littéraires ou politiques, n'eût pas réussi à s'affranchir de certaines influences qui pesaient déjà sur lui. Scribe et Alexandre Dumas n'avaient point la touche magistrale, la forme élégante et pure qui convient à la haute comédie en vers. Il fallait le talent sobre et mesuré, la sagesse impartiale, la méditation recueillie et la courageuse modération de l'auteur de *la Popularité* pour faire comparaître à la barre tous les partis et leur dire à tous la vérité. Il fut aussi peu écouté des uns que des autres, et ne réussit à se faire que des ennemis. Digne prix de sa franchise et de sa probité.

CHAPITRE XXVII

LES COLLABORATEURS DE SCRIBE.

BAYARD (1796-1853).

Son caractère et son talent. — Variété de son répertoire. —
Genre drolatique : *Les Gants jaunes, Indiana et Charlemagne,
la Marquise de Pretintaille.* — Comédie moyenne : *La Reine
de seize ans, les Premières Armes de Richelieu, le Gamin
de Paris.* — *Les Enfants de troupe.* — *Le Mari à la campagne.*

En parlant de Scribe, nous avons dit seulement un
mot de cette nombreuse pléiade de collaborateurs
qu'il entraîne, englobe et noie pour ainsi dire dans
l'immense étendue de son orbite dramatique, dans ce
vaste empire dont les limites s'étendent depuis les
hautes régions du Théâtre-Français et du Grand
Opéra, jusqu'aux derniers confins du drame, de
l'opéra-comique, de la farce et du vaudeville. Nous
n'essayerons pas d'énumérer le nombre de ses satel-
lites.

Il en est un cependant que nous nous reprocherions
d'oublier, et que Scribe semble avoir recommandé à
notre attention en se faisant l'éditeur de ses œuvres.
Esprit charmant, prime-sautier, qu'il a choisi et chéri
entre tous ; qui, après avoir été son camarade au
collège, un peu plus jeune, est devenu, comme

il le rappelle dans une affectueuse et spirituelle épître :

> Son neveu, son rival, et toujours son ami[1].

C'est de Bayard qu'il s'agit.

Parmi les poètes comiques et chansonniers du XIXᵉ siècle, entre Désaugiers et Labiche, il n'en est peut-être pas dont la physionomie, d'accord avec le caractère et le talent, soit plus ouverte, plus franche et plus souriante que celle de Bayard. Né à Charolles, dans cette vineuse et plantureuse Bourgogne, patrie des Noëls et de *la Mère Folle*, de La Monnoye et de Piron, il a justifié son origine par sa gaieté et ses chansons. La bonté est venue s'y joindre. Membre de l'Association barbiste, dont il fut un des administrateurs les plus actifs et les plus dévoués, il donne à tous l'exemple de la plus cordiale camaraderie. Chaque année, il apportait au banquet fraternel de *Sainte-Barbe* son Noël pour la patronne de la maison, son joyeux écot de belle humeur et de couplets, toujours jeunes et toujours nouveaux, en ayant le droit de répéter :

> Mes vieux amis, nous ne vieillissons pas.

De toutes les jeunesses, il avait gardé, même en perdant ses cheveux, la meilleure, la seule, la vraie : celle du cœur et de l'esprit.

On peut dire de lui qu'il a vécu, et presque aussi qu'il est mort dans la joie et la sérénité d'une âme aussi bonne qu'heureuse, au milieu d'une fête donnée pour célébrer l'anniversaire de la naissance de sa fille, en pleine santé, en plein succès, avant que la vieillesse

---

1. Épître à Bayard sur son désert de Retz, où il avait une propriété.

ou la maladie aient eu le temps de l'assombrir et de
l'attrister. Il n'a pas connu ces dernières heures du
crépuscule quelquefois si pénibles, même pour les enfants gâtés de la fortune et de la gloire, ainsi qu'elles
le furent pour Lamartine, son compatriote. Sa vie
simple et unie s'écoule doucement entre les affections
paisibles de la famille et les émotions du théâtre, où
les bravos lui restent, sinon toujours, au moins le
plus souvent, fidèles jusqu'au bout. Comme son ami
Scribe, il est de mœurs, d'opinion, de tempérament, un écrivain bourgeois, libéral et conservateur.
en dehors de tous les partis. Élève de l'Université.
médisant volontiers des Jésuites, mais sans passion
violente ni exaltation, modérant au besoin, avec sa
sagesse pratique, les ardeurs et les impatiences de ses
jeunes camarades barbistes trop pressés d'arriver au
baccalauréat, à l'épaulette, à la République ou à la
liberté. Il leur chante sur l'air de *Bonjour, mon ami
Vincent* :

> Ne vous pressez pas, ne vous pressez pas !
> On tombe en courant ; ne vous pressez pas.

Par son éducation, par ses affinités et par ses
goûts, Bayard continue la libre tradition classique et
nationale tout à la fois : il se rattache à la race gau-
loise qui procède de Rabelais, de Marot, de Régnier.
de Molière et de La Fontaine. Un de ses premiers
essais dramatiques est un *à-propos* en un acte et en
vers libres, fait en commun avec Romieu et représenté à l'Odéon le 15 janvier 1824, pour l'anniversaire
de Molière.

Malgré son culte fervent pour l'auteur du *Misanthrope*, on ne saurait dire qu'il songe à le suivre ou à

l'imiter : ses vues ne portent pas si haut. Ainsi que l'a très bien remarqué Scribe, un juge compétent dans la matière, Bayard appartient plutôt encore à l'école de Dancourt et de Picard, par le naturel et la belle humeur comme par le mouvement et l'action dramatique ; ne creusant pas non plus profondément, mais saisissant vivement les physionomies au passage et sachant leur donner la vie et l'expression.

« Ce qui distinguait Bayard, dit Scribe dans la préface de ses œuvres, c'était la gaieté, la verve, la rapidité, l'entrain dramatique. L'action, une fois engagée, ne languissait pas. Le spectateur, entraîné et pour ainsi dire emporté par ce mouvement de la scène, arrivait joyeusement et comme en chemin de fer au but indiqué par l'auteur, sans qu'il lui fût permis de s'arrêter pour réfléchir ou pour critiquer. »

C'est un peu le système des montagnes russes ou de la vapeur appliquée à l'action théâtrale. Au temps de Molière, on voyage moins vite, on se complaît volontiers aux dissertations et aux analyses morales, qui demandent des loisirs et des quarts d'heure d'arrêt.

D'accord avec Scribe sur les principes et les procédés de son art, Bayard partage ses antipathies et ses préventions, ce que nous avons appelé son *chauvinisme littéraire*, à l'égard des drames et des romans étrangers, mis à la mode par les traductions de Gœthe, de Schiller et de Walter Scott.

Le romantisme, avec ses aspirations vagues, ses formes nébuleuses et solennelles, n'a qu'un médiocre attrait pour cet esprit gaulois, vif, alerte, ami du bon sens, de la précision et de la réalité.

Naguère, à propos d'un roman de M. Paul Bourget, un critique de la *Revue Bleue*, M. Charles Bigot, s'écriait

dans un article plein de sens et de patriotisme : « Où
est le temps de la France gaie, de la France bonne
enfant et joyeuse, qui riait des comédies et des vaudevilles, qui, après avoir pleuré aux tragédies et aux
drames, n'en sortait pas moins résolue et prête à
l'action? Le rire même est devenu amer, et de l'émotion ne sort plus qu'un pénible accablement, le sentiment de l'impuissance, de la vanité et de l'inutilité
de l'effort. »

Cette France bonne enfant et joyeuse est celle à
laquelle appartient Bayard. D'amertume, il n'en est
point chez lui. Est-ce à dire qu'il reste froid, indifférent? Non. Le rire et le sentiment s'associent sur
son théâtre, même dans les pièces les plus gaies, telles
que *les Enfants de troupe* et *le Gamin de Paris*. A l'instar de Scribe et, bien qu'au second rang, avec plus de
sensibilité et de naïveté peut-être, il a parcouru toute
la gamme comique, depuis la farce jusqu'à la comédie
de mœurs et d'histoire, depuis le Palais-Royal et le
Vaudeville jusqu'au Théâtre-Français, en passant par
l'Opéra-Comique, où il a laissé un aimable souvenir
avec *la Fille du régiment*. Cependant, son vrai théâtre
est le Gymnase. C'est là qu'il règne après Scribe, dont
il remplit très dignement la place dans les longs
intervalles où l'auteur du *Verre d'eau* et d'*Une chaîne*
porte sur une scène plus élevée ses ambitions littéraires.

I

Dans cet examen rapide du théâtre de Bayard,
nous aborderons tout d'abord les œuvres du genre
drolatique, les plus voisines de l'ancien vaudeville tel
que l'ont pratiqué avant lui Désaugiers, Théaulon et

Scribe lui-même à ses débuts. *Les Gants jaunes, Indiana et Charlemagne, la Marquise de Pretintaille* se rattachent à ce genre primitif.

C'est le *desipere in loco* d'Horace, la gaillardise et la bonne humeur dilatant la rate, chassant l'ennui, et rien de plus.

Les Gants jaunes nous offrent les mésaventures imaginaires d'un nouveau Sganarelle, moins la portée morale et philosophique de l'ancien, sous les traits d'un ci-devant capitaine de gendarmerie, M. Remi, auquel son tricorne professionnel, bien qu'il soit en retraite, semble inspirer des visions cornues.

Indiana et Charlemagne, pièce faite en collaboration avec Dumanoir, est encore une simple pochade à deux personnages, jouée par deux acteurs incomparables, Achard et Déjazet. Nous avons parlé jadis d'une gracieuse bluette intitulée *les Suites d'un bal masqué* par Mme de Bawr : c'est le même sujet transformé et transporté dans un autre monde. Nous passons de la Comédie-Française au Palais-Royal, avec la différence des tons et des conditions; de l'école de Marivaux à celle de Collé et de Désaugiers. Au lieu d'un salon de bonne compagnie, le débraillé ou le dénuement d'une chambre de grisette, d'étudiant ou d'ouvrier, à une époque où l'on chantait encore avec conviction :

> Dans un grenier qu'on est bien à vingt ans !

note aussi incomprise, de nos jours, que les chansons de Béranger.

La Marquise de Pretintaille (1836), quoique dans un monde plus relevé, est encore une farce analogue. Une grande dame très entichée de ses quartiers de

noblesse à la façon de la ci-devant comtesse d'Es-
carbagnas, malgré ses préjugés contre les manants,
en vient à reconnaître qu'un bon gars rustique, un
coq de village tel que Jean Grivet, vaut mieux encore
qu'un dindon aristocratique comme le chevalier de
Champfleury, sortant tout efflanqué et amaigri des
mains de la Duché.

Parmi ces œuvres drolatiques, une des plus amusantes à coup sûr est celle qui a pour titre *le Père de
la débutante*, faite avec Théaulon. Nous en avons parlé
déjà, laissant à ce pauvre Théaulon, si maltraité de
la fortune, l'honneur et le profit de ce dernier succès
qui couronne sa carrière. Bayard lui-même, si bon,
si généreux, et d'ailleurs si riche d'un autre côté,
nous eût pardonné d'en avoir usé ainsi.

II

La farce semblait devoir être pour lui une mine
féconde à exploiter. Cependant il avait rêvé de bonne
heure un autre genre de comédie. Le champ de
l'histoire l'avait tenté comme Scribe et comme tant
d'autres. A l'heure où Alexandre Dumas se préparait
à faire de Christine de Suède l'héroïne d'un grand
drame en vers destiné d'abord au Théâtre-Français
et finalement à l'Odéon, Bayard l'offrait au public du
Gymnase sous les traits de *la Reine de seize ans* (1828).

Au lieu d'une sombre tragédie, nous avons là une
pastorale galante, moitié gaie, moitié sérieuse, entre-
mêlée de politique à dose légère, avec des caractères
finement tracés et une intrigue habilement conduite.
Christine n'est point encore la reine désabusée des
grandeurs, ayant la satiété, le dégoût du pouvoir;

correspondant avec Cromwell, le meurtrier d'un roi; promenant à travers le monde, sous un costume masculin, ses ennuis et ses dédains philosophiques; poursuivant de sa vengeance implacable l'infidèle Monaldeschi, et finissant par aller mourir à Rome aux pieds du Saint-Père. Mais c'est déjà la fille de Gustave-Adolphe, aussi entêtée que son père, nous dit son vieux ministre le comte de Rantzoff, habituée depuis l'âge de sept ans à répéter : « *Je veux* ». Femme et reine tout à la fois, ayant de l'une les faiblesses, de l'autre l'orgueil, débutant dans l'exercice du pouvoir et trouvant, dès le premier jour, sa passion en lutte avec de prétendus devoirs, son cœur aux prises avec sa raison. Christine, par un de ces caprices auxquels n'échappent pas toujours les reines elles-mêmes, s'est prise d'un tendre sentiment pour un jeune officier de sa garde, Frédéric de Brery, dont elle devient la protectrice mystérieuse sans qu'il sache au juste d'où lui arrive son avancement. D'un autre côté, le premier ministre, le conseil de régence, les États, la nation tout entière souhaiteraient pour leur reine un mariage politique avec le jeune prince de Danemark, gage de paix entre les deux pays.

Mais si la souveraine a fait taire le cri de son cœur pour n'écouter que la voix du patriotisme et de la raison, elle revendique, au nom de sa liberté individuelle, le droit de ne s'assujettir au joug d'aucun époux. S'adressant à ses ministres et aux membres de son conseil :

J'ai voulu, dit-elle, vous réunir autour de moi pour vous déclarer que je rejette l'alliance qui m'est offerte. Je régnerai seule : quoique bien jeune encore, je prends une résolution irrévocable.... Le sceptre de mon père me restera sans partage :

l'amour et le courage des Suédois, voilà les seuls appuis que je réclame, et, avec l'aide de Dieu, ils me suffiront [1].

Christine tiendra parole et mourra, sinon reine, au moins célibataire.

Cette jolie pièce de *la Reine de seize ans* fut le premier grand succès de Bayard au Gymnase. Après la représentation du *Philosophe sans le savoir*, Diderot, sautant au cou de Sedaine, lui disait : « Si tu étais moins vieux, je te donnerais ma fille. » Scribe, également ravi après l'éclatant triomphe de *la Reine de seize ans*, n'avait pas de fille, mais une nièce qu'il offrit à Bayard, comme témoignage d'estime et d'affection pour sa personne et son talent. Le mariage, qui avait fourni l'idée de la pièce, en devint la récompense, la politique ne s'opposant pas cette fois à l'union des deux jeunes gens.

C'est encore à la comédie semi-historique et semi-fantaisiste que se rattachent *les Premières Armes de Richelieu* (1839) ; un nom et un type voués depuis long-temps à toutes les entreprises du théâtre et du roman. Quarante ans auparavant, ce héros du libertinage avait été mis en scène par Alexandre Duval dans *la Jeunesse de Richelieu*. On se rappelle l'histoire de Mme Michelin, cette bourgeoise naïve et sentimentale du faubourg Saint-Antoine, enlevée et trompée par le Lovelace français. Ici, le grand ravisseur et bourreau des cœurs n'est encore qu'un novice qui débute ; mais,

Ses pareils à deux fois ne se font pas connaître,

et c'est par un coup de maître qu'il va se révéler.

1. Acte II, sc. xiv.

L'idée de la nouvelle comédie est née d'une double et même d'une triple réminiscence : d'abord du *Mariage enfantin* de Scribe ; puis de la pièce d'Alexandre Duval, témoin ce nom de Mme Michelin rappelé incidemment ; enfin du *Chevalier à la mode* de Dancourt, auquel l'auteur emprunte le personnage si connu de Mme Patin, plaisamment transportée à Versailles, depuis qu'elle est devenue la baronne de Bellechasse par son mariage avec le grand lévrier ou gardien des levrettes du roi. Il y a là tout un travail de marqueterie dramatique et historique assez adroitement combiné, où figurent les noms et les souvenirs de la duchesse de Bourgogne, une princesse qui aime à rire dans une cour où règne l'ennui ; de Louis XIV devenu sourd, depuis qu'il n'entend plus résonner partout le bruit de ses louanges ; de Mme de Maintenon, *la Vieille*, ainsi qu'on l'appelle, gardienne jalouse des bonnes mœurs, amie et complice de l'altière duchesse de Noailles, qui songe à envoyer son gendre, le jeune duc de Fronsac, à la Bastille, pour lui apprendre la continence et la sagesse.

On est tenté de se demander comment Bayard a quitté le Gymnase, le berceau de sa *Reine de seize ans*, pour transporter tout ce beau monde de la Cour sur la scène grivoise du Palais-Royal. C'est qu'il y est venu chercher l'actrice dont il avait besoin, celle pour laquelle avait été précisément fait ce rôle de Richelieu imberbe débutant dans la carrière de la galanterie : cette Virginie Déjazet qui, douze ou treize ans plus tôt, se révélait sous le costume masculin d'Octave dans *le Mariage enfantin*. Sous l'habit brodé de Richelieu, elle allait trouver l'occasion d'un nouveau triomphe. Ce petit duc, qui ressemble fort au Chérubin de

Beaumarchais, amoureux de toutes les femmes, avec
sa mine fraîche et rose, est encore un enfant, ou tout
au plus un adolescent, gentil comme un ange, malin
et vicieux déjà comme un démon, tournant un compliment, même en face du roi, avec l'aplomb et l'à-
propos d'un vieux courtisan, renvoyant l'ironie à ceux
qui affectent de le dédaigner pour sa jeunesse, adressant ses déclarations en tous sens, aux princesses du
sang royal, aux filles d'honneur, et même à la ci-
devant Mme Patin, sans grand souci du rang ni de
l'âge : butinant, picorant en papillon sur toutes les
fleurs qu'il rencontre, qu'elles soient de la nouvelle
ou de l'arrière-saison. Toutes les dames accueillent en
riant ses audaces, et s'en amusent comme d'un jeu
sans conséquence. La duchesse de Bourgogne elle-
même l'a baptisé sa *petite poupée*, un nom que le
téméraire accepterait volontiers si la princesse con-
sentait à se distraire avec lui. Un soir déjà l'effronté
s'est introduit dans sa chambre, et en est sorti caché
dans un coffre.

Et c'est cet amoureux universel, ce petit volcan toujours prêt à prendre feu, que les grands-parents ont
eu l'imprudence de marier avec Mlle Diane de
Noailles, une grande et belle fille de dix-huit ans,
hautaine et fière, peu satisfaite de se voir pour époux
un enfant de quinze ans, qu'elle domine de sa taille,
de son âge et de son dédain. Mais il s'agissait d'unir
deux noms et deux fortunes avant tout. Pour l'union
des corps et des âmes, elle se fera plus tard, comme
elle pourra. Un article V du contrat spécifie que le
jeune duc entrera en jouissance de ses droits matri-
moniaux à partir de sa vingtième année. Dans l'intervalle, M. de Fronsac, tout marié et Richelieu qu'il

est devenu par son mariage, sera replacé sous la direction de ses précepteurs, chargés de perfectionner son orthographe, une partie faible chez lui, paraît-il, et restée aussi incorrecte que sa conduite. Ce qui ne l'empêchera pas d'arriver à l'Académie française, où l'orthographe n'a jamais été d'ailleurs obligatoire, même pour concourir à la rédaction du dictionnaire.

Quant à la nouvelle duchesse de Richelieu, jouissant du titre d'épouse sans en remplir les devoirs, elle pourra recevoir les hommages des galants tels que le chevalier de Matignon, tout disposé à lui faire prendre patience durant cette longue attente. Mais le petit duc n'est pas de ceux qui se contentent d'un rôle honoraire et ridicule. La plaisanterie de la maligne duchesse de Bourgogne, lui envoyant, au lieu d'un brevet de colonel, une boîte de dragées ; les pointes ironiques de Matignon sur sa position de mari en espérance ; les dédains de la belle Diane, qu'il essaye vainement de fléchir par l'accent d'une passion sincère, et qui s'obstine à le traiter en écolier, achèvent de l'exaspérer. Blessé, froissé dans son amour-propre et dans sa dignité d'homme, il jure de se venger : c'est par les femmes qu'il y arrivera.

> Je ferai voir à ma belle-mère et à ma femme si je suis un enfant ! à ma femme surtout.... Je veux qu'elle enrage, qu'elle soit jalouse, qu'elle soit... tout ce qu'il est possible d'être, enfin ! Car je suis lancé, et l'on ne m'arrêtera pas.... A moi toutes les femmes !... excepté ma belle-mère ... Toutes à la fois si elles veulent ; râtle générale,... je suis si en colère [1] !

N'oublions pas que ce terrible séducteur est Virginie Déjazet.

[1]. Acte 1, sc. xiv.

Du même coup il écrit une double déclaration et
donne un double rendez-vous à Mlle de Nocé, la fille
d'honneur courtisée par Matignon, et à la baronne de
Bellechasse. qui toutes deux ne manqueront pas de
répondre à son appel. D'autre part, il échange un
double défi et un double pari avec Matignon, le sceptique railleur et vaniteux, et avec le baron, grand
flandrin, crédule et niais. Il leur fait voir bientôt, à
l'un sa maitresse, à l'autre sa femme prises au filet.
Le tout se termine par un double duel où le petit duc
blesse ses adversaires et met les rieurs de son côté.
La superbe Diane. piquée de jalousie en se voyant
tant de rivales, et prise d'une admiration subite pour
le courage de son mari, vient elle-même le trouver
dans son appartement et implorer son pardon.
L'inévitable belle-mère, la duchesse de Noailles, plus
furieuse que jamais, en est pour ses frais de Bastille.
A la lettre de cachet qu'elle a obtenue du ministre.
Richelieu triomphant oppose un brevet signé du roi
qui le nomme colonel et l'envoie au camp de Villars.
où il prendra bientôt sa part de la victoire de Denain.
Se non è vero è bene trovato, dit le proverbe. Telle est
en effet l'impression que nous laisse cette comédie si
vive, si gaie, si entraînante, d'inspirations et de combinaisons si diverses et si habilement agencées.

Le succès fut tel que l'auteur crut pouvoir reprendre
le même sujet, sous un autre nom, deux ans plus
tard : *le Vicomte de Létorières* n'est qu'un second
exemplaire de Richelieu, auquel Déjazet prête encore
une fois sa verve endiablée.

III

Malgré les succès très réels et très persistants de Bayard sur les théâtres secondaires tels que le Palais-Royal, le Vaudeville, les Variétés, c'est le Gymnase qui reste toujours son domaine privilégié. C'est là qu'il donne un libre cours à cette sensibilité mêlée de rire, de franchise et de belle humeur qui constitue un nouveau genre de comédie larmoyante avec *le Gamin de Paris*, *les Enfants de troupe*, *la Fille de l'Avare*, etc. Nul peut-être n'a su mieux que lui approprier ses pièces au talent des acteurs qu'il a sous la main : au Palais-Royal, Déjazet ; au Gymnase, Bouffé. Il est vrai que, ces acteurs une fois disparus, l'héritage devient difficile pour ceux qui les remplacent, et que l'œuvre elle-même participe un peu de la mortalité des interprètes.

A tout seigneur tout honneur : c'est au *Gamin de Paris* que revient, sinon par la date (1835), au moins par l'importance, le premier rang dans cette galerie du Gymnase renouvelée après 1830. Secondée par l'admirable jeu de Bouffé, la pièce enleva, électrisa le public parisien surtout, durant plus de 200 représentations. En dehors du talent de l'artiste, à quoi tint cette vogue immense ? Fût-ce à la nouveauté, à l'originalité du sujet, à la puissance de l'action dramatique ? Au fond, l'histoire d'Amédée, un fils de général et pair de France se déguisant en artiste pauvre pour séduire une honnête ouvrière et lui promettant de l'épouser, n'offre rien de précisément très neuf : c'est le cas de Saint-Albin dans *le Père de famille* de Diderot. Ajoutons même que le vieux général Morin,

philanthrope, libéral et patriote, ressemble tant soit
peu à M. d'Orbesson ; enfin la baronne de Morin, sa
belle-sœur, rappelle les hauteurs et les prétentions
aristocratiques du commandant d'Auvilé. Élisa ne
diffère guère de Sophie, et la grand'mère Meunier ne
fait que joindre son petit ruisseau de larmes aux
attendrissements de l'ancien drame bourgeois.

Comment donc cette œuvre, assez maussade et
ennuyeuse chez Diderot, s'est-elle transformée en
comédie-vaudeville attrayante et populaire avec
Bayard? Par l'intervention d'un personnage nouveau
qui a fait la fortune de la pièce et qui lui a prêté son
nom : *le Gamin de Paris*. Un nom qui a eu ses vicissi-
tudes, ses grandeurs et ses misères, avec tant
d'autres dans l'histoire et dans le roman. Après la
révolution de 1830, comme le garde national et
l'élève de l'École polytechnique, le Gamin de Paris a
son heure de vogue et de célébrité. Associé à la
victoire des trois journées, il se verra inscrit sur
la colonne de Juillet, place de la Bastille. Plus
tard, il reparait sous le costume du petit mobile ou
moblot, sorte de garde enfantine qui forme les pu-
pilles de la démocratie en 1848. Sa vaillante et loyale
conduite aux journées de Juin le compromet aux
yeux des masses populaires, d'où il est sorti. La
plume haineuse de Veuillot achève de lui enlever son
prestige en lui donnant l'aspect du gavroche moderne,
avec sa précocité vicieuse, son teint blême, son geste
indécent, sa démarche trainante et sa voix poissarde,
tel qu'il l'a peint et tant soit peu défiguré dans ses
Odeurs de Paris : vil résidu de la plèbe et des blouses
blanches au temps du second Empire. Depuis, il s'est
transformé et dédoublé, pour ainsi dire : le meilleur

a suivi les cours d'adultes et gagné son certificat d'études, après avoir paradé dans les bataillons scolaires : le pire s'est enrôlé dans l'armée des camelots et des entrepreneurs d'émeutes ou d'ovations.

Bayard l'a recueilli tout neuf encore sur le boulevard du Temple, aux alentours des Funambules et du Petit Lazari, dans sa candeur et sa gaminerie native, espiègle et bon enfant, malin comme un singe et vaillant comme un héros, riant volontiers des mauvais tours qu'il joue à M. Bizot, l'éternel grondeur, et lui jetant son gros sou, voire sa toupie dans les mollets ; donnant un croc-en-jambe au municipal qui essaye de l'arrêter, mais se découvrant avec respect devant le vieux général Morin ; pleurant et s'attendrissant aux reproches de sa grand'mère et au souvenir de son père, un brave sergent décoré à Wagram, puis mort capitaine aux Invalides. Habile filiation qui rattache ainsi le héros de la pièce, l'enfant chéri de la démocratie, aux souvenirs alors si populaires du premier Empire. Le faubourg Saint-Antoine et les Invalides fraternisent à cette époque. Ils ont un peu divorcé depuis.

Joseph (car il s'appelle Joseph et ne porte pas encore un de ces noms de passe dont il s'est affublé depuis), Joseph donc, jeune apprenti imprimeur, intelligent, nerveux, prompt à s'exalter, a tous les bons et les mauvais instincts de sa race : mais les bons l'emportent. Hâbleur et flâneur comme l'ouvrier de Paris, qui chôme volontiers le lundi, il ne sait guère résister à l'attrait d'une partie de bouchon ; mais il l'abandonne au besoin pour se jeter à l'eau et sauver un enfant qu'une bonne maladroite a laissé tomber dans le canal Saint-Martin. Il rentre à la maison tout grelottant et demande à changer de linge, sans

songer seulement à raconter la belle action qui lui a
valu les applaudissements de la foule. Or il se
trouve que cet enfant ainsi sauvé est le petit-fils de
l'altière baronne de Morin, la grande dame dédaigneuse qui ferait jeter volontiers par la fenêtre cet
ouvrier en casquette, cet intrus assez mal appris pour
forcer la porte du général, malgré les valets qu'il
bouscule devant lui, en abusant un peu du croc-en-
jambe. Ce petit bonhomme intrépide et avisé vient défendre l'honneur de sa sœur Élisa, une jeune ouvrière
qui a pu, à titre de fille d'officier, être élevée dans une
des maisons de la Légion d'honneur. Avec tout le
flair et la finesse d'un diplomate, il est arrivé à faire
jaser le groom d'Amédée, l'amant mystérieux d'Élisa :
c'est ainsi qu'il est parvenu à découvrir son origine,
son adresse, celle de son père, un vieux de l'Empire,
un bon, disait-on alors. Tout aussitôt, son parti
est pris. En dépit de tous les obstacles, il tombe à la
façon d'une bombe dans le salon du général Morin,
atteint de la goutte, suivant l'usage traditionnel des
officiers supérieurs en retraite. Il lui expose les faits
avec tant d'éloquence et d'émotion sincère, en mêlant
tour à tour la colère, les menaces, les larmes et l'indignation d'un cœur honnête, en dénonçant Amédée
comme un lâche et un traître, que le vieux général,
tout bouleversé et tout ému, s'écrie en se tournant
vers la baronne :

Voyez-vous, mon fils ne vaut pas ce garçon-là.

Sur quoi, Mme de Morin se récrie en reprochant au
général ses préférences pour tout ce qui est peuple.

LE GÉNÉRAL. — Eh! le peuple, le peuple! qu'est-ce que je suis
donc? D'où suis-je donc sorti; et votre mari?

Mme DE MORIN. — Général !...

LE GÉNÉRAL. — Eh ! oui.... Votre mari.... Nous étions comme celui-là des enfants de Paris,... non pas des imprimeurs, mais deux fils de charron ; mais, comme celui-là aussi, nous avions du cœur.... Nous voulions faire notre chemin,... et nous serions peut-être restés en route... sans l'Empereur qui s'est trouvé là, qui nous a emportés dans son tourbillon.... La chance était tout.... Celui-là était tué, l'autre devenait duc, maréchal, que sais-je ? C'est comme ça que votre mari a été fait baron, et moi comte de l'Empire.... Voilà notre noblesse, madame,... nobles nouveaux !... ce qui ne nous empêche pas quelquefois d'être fiers comme les anciens... dont nous nous moquons... et d'oublier comme eux que nous sommes sortis du peuple, voyez-vous ? Eh ! mon Dieu ! moi le premier.... Quand je me vois avec mon grand cordon, mes ordres et mon habit brodé, assis à la Chambre à côté de quelques vieux noms, et que l'on donne du *M. le comte* à ma vanité,... je me surprends quelquefois à être aussi ridicule que vous... lorsque vous ajoutez un *de* à votre nom de Morin... et que vous allez vous pavaner dans le salon de quelque famille princière ou dans un cercle de la Cour,... vous, la fille du bonhomme Vacherot,... un marchand de laines d'Arpajon, qui ne vous avait, ma foi, pas créée et mise au monde pour être une duchesse [1].

Veut-on savoir d'où vient en grande partie le succès de la pièce ? Il est là, dans cette tirade, dans cette profession de foi démocratique qui flatte l'esprit égalitaire du temps et de la nation, volontiers jalouse et vaniteuse, aimant les distinctions et les panaches autant que les aimaient nos ancêtres gaulois, mais voulant que tout le monde puisse y arriver.

Bonapartistes, républicains, libéraux, s'unissaient pour applaudir à outrance cette apostrophe du brave général Morin, si dignement couronnée par cette fin de couplet :

> Quel cœur d'orgueil ne battrait pas,
> Quand arrivé si haut, on se rappelle,
> Qu'on était parti de si bas.

1. Acte II, sc. VIII.

Allez à l'étranger, et vous n'entendrez rien de pareil ni à Vienne, ni à Berlin. Qu'en penserait l'état-major prussien ou autrichien, et tous ces hobereaux si fiers de leur naissance et de leur épée? Il n'y a que la France qui ait mis dans la giberne de chaque soldat un bâton de maréchal. Voilà pourquoi elle inquiète encore tant de gens par ses idées bien plus que par ses armes. Et le théâtre n'a pas été son moindre moyen d'action.

IV

Les sujets, comme les personnages, s'engendrent et se transforment chez Bayard par une sorte de filiation naturelle. Nous avons vu renaître Richelieu sous le nom du vicomte de Létorières ; le Gamin de Paris va se retrouver à son tour dans *les Enfants de troupe* avec Trim, le loustic du régiment, l'enfant abandonné, sans père ni mère, gouailleur et bambocheur, mal vu de son capitaine auquel il fait des pieds de nez par derrière, coutumier de la salle de police, où il vient encore de passer trois jours pour une nouvelle escapade, affaire de rire et de ne pas se gâter le teint au soleil. Ce *titi militaire* en capote et en bonnet de police, aussi démodé aujourd'hui que le *titi parisien*, est, autant que Joseph, un garçon de cœur, d'intelligence et de résolution, sentimental à ses heures, s'attendrissant jusqu'aux larmes à la pensée du grand homme, l'Empereur, qu'il n'a jamais vu, mais dont il a entendu parler beaucoup par les anciens, surtout vers 1840, l'année du retour des cendres.

Grâce à ses espiègleries, Trim ne s'est pas élevé au-dessus du grade de simple soldat : sans ambition et sans envie, il se console en voyant grandir son camarade, un enfant de troupe comme lui, le sous-lieutenant Louis, dans lequel il adore un frère et une gloire du régiment. Le petit pioupiou infime va devenir, de même que le Gamin de Paris, le principal moteur de l'action, le confident des amours de Louis et de la fille du colonel. A force d'habileté, de dévouement, de malice et d'éloquence, il finit par évincer un rival importun, le capitaine, objet de son aversion, par gagner la confiance de Mlle Nadèje en lui parlant de M. Louis, et sauve la vie du sous-lieutenant traduit devant un conseil de guerre pour avoir provoqué en duel son supérieur. Il joue un dernier bon tour au capitaine en lui arrachant un acte de générosité involontaire. A la fin, l'honnête et dévoué Trim est récompensé de sa belle conduite en retrouvant sa véritable mère dans la femme du colonel. Tout cela est-il bien naturel, bien vraisemblable ? Nous n'oserions en répondre. Mais qu'importe ! disait Scribe ; on est ému, entraîné, sans avoir le temps de réfléchir ni de critiquer. Après avoir glorifié le Gamin de Paris, Bayard consacrait le type du troupier français, non plus le vieux de la vieille, non plus le grognard de la République ou de l'Empire, mais le petit fantassin qui allait faire les guerres d'Afrique et chanter la *Casquette du père Bugeaud.*

V

Bien que le Gymnase soit resté le champ préféré et ce que nous avons nommé la vice-royauté de Bayard, plus d'un succès lui était réservé sur la scène du premier et du deuxième Théâtre-Français.

L'Odéon, ce foyer hospitalier où s'allumaient tant
de jeunes talents, accueillait ses premiers essais en
vers : *Molière au théâtre, le Roman à vendre* ; puis une
pièce en prose, *l'Oncle Philibert*, un héritage de
Picard repris en commun avec Gustave de Wailly :
bientôt, avec le même, *Ma Place et ma Femme*,
bonne et franche comédie pleine d'entrain et de
gaieté. Enfin le théâtre de la rue Richelieu lui ouvrit
ses portes, digne couronnement de ce long et brillant
noviciat dramatique. Avec un autre de Wailly, Jules,
un ancien camarade de collège, il donnait *le Mari à
la campagne* (1844), une des pièces les plus vives, les
plus spirituelles et les plus amusantes du répertoire
moderne.

Ce *Mari à la campagne*, par ses fugues et ses esca-
pades, semble un cousin du *Jeune Mari* de Mazères,
mais placé dans de tout autres conditions. Ferdinand
Colombet est un bon garçon, un bon vivant, joyeux compagnon autrefois, mais discipliné, m.. jouant en
apparence du moins le bon apôtre, docile et résigné
dans son ménage, depuis que le mariage l'a préci-
pité, pour ses péchés, dans une famille dévote où
l'on a pris à tâche de *l'encapuciner* en faisant de lui
un membre du conseil de fabrique, un marguillier, un
auxiliaire de la *Propagation de la foi* et des bonnes
œuvres catholiques, toutes choses dont il se soucie
médiocrement. Soit faiblesse, soit paresse d'esprit et
de volonté, ami du repos et de la paix à tout prix,
ayant horreur de la lutte et de la résistance, il se
prête à tout ce que l'on veut, même à écrire, sous la
dictée de M. Mathieu, la circulaire de la pieuse association, quitte à s'endormir au milieu de ce monde où
l'on s'ennuie.

Heureusement, il a trouvé une porte de sortie, une échappatoire : c'est de s'en aller à la campagne ; sa belle-mère et sa femme l'y envoient volontiers, de même qu'on met un cheval au vert, et encouragent ses goûts agrestes, qui doivent le préserver des périls de la ville et du monde où l'on s'amuse. Or cette prétendue campagne est tout simplement le salon d'une belle veuve mondaine et coquette, Mme de Nohan, à laquelle Colombet fait la cour, et dont il semble briguer la main en se donnant pour garçon, et n'étant connu dans la maison que sous son petit nom de Ferdinand. Là, Ferdinand est le boute-en-train de toutes les fêtes, l'organisateur des dîners, des bals et des soupers fins, le chef et le roi de la jeunesse, sablant le champagne et conduisant les cotillons.

Pendant ce temps, sa femme Ursule et sa belle-mère, Mme d'Aigueperse, se préparent à faire leur tournée de charité. Ursule est une ingénue à qui le mariage n'a rien appris, bonne petite femme jeune et jolie, capable d'avoir de l'esprit et même de la volonté, si elle osait et si sa mère le permettait. Grâce à l'indifférence ou à la mollesse de son mari, grâce aussi à la pression de l'autorité maternelle, elle est restée jusqu'alors la pensionnaire du couvent, élevée dans une sainte horreur des pompes et des fêtes mondaines, des bals, des concerts, des spectacles, toutes inventions de Satan ; ne connaissant guère d'autres distractions, depuis son catéchisme de persévérance, que les solennités religieuses, les quêtes, les sermons, les visites de charité, les conversations édifiantes ou acrimonieuses de M. Mathieu, les assemblées de bienfaisance et le jeu du reversi, presque aussi amusant que le loto. C'est une fleur qui ne s'est pas encore ouverte, mais tout au contraire resserrée et comprimée dans ce milieu réfrigérant où elle a été élevée. Vienne un rayon de soleil et d'amour, et vous la verrez bientôt s'épanouir.

Mais sa mère, sa terrible mère est là pour retarder l'éclosion. Mme d'Aigueperse, une aristocrate, une grande dame dévote, hautaine et gourmée, est une des plus désagréables variétés de la belle-mère. Moins vive, moins pétulante, moins verte en paroles que Mme Pernelle dans le *Tartufe*, elle a une superbe diabolique qui ne s'accorde guère avec l'humilité chrétienne. Si elle fait la charité, c'est surtout au profit de son orgueil, pour avoir le plaisir de figurer en tête de la liste des dames patronnesses. Véritable Agrippine de salon et de sacristie, elle aspire à régner avec l'appui et le concours de M. Mathieu, son premier ministre.

Si elle domine sa fille et son gendre, elle est à son tour dominée par M. Mathieu. Personnage ambigu, affilié à l'Église et au monde tout à la fois, chef de division au ministère et président du comité de bienfaisance et de propagande catholique, fonctionnaire d'un gouvernement qu'il déteste au fond, ennemi de l'Université et du déplorable enseignement qu'elle répand comme un venin, M. Mathieu est un Jésuite de robe courte, rappelant en même temps le Rodin d'Eugène Sue et le Tartufe.

Certes, il n'a point cette large envergure ni le vaste appétit de l'imposteur de Molière, buvant, à son déjeuner, quatre grands coups de vin, et dévorant pieusement à dîner :

Deux perdrix
Avec une moitié de gigot en hachis.

M. Mathieu, plus sobre, se contente de quelques
verres d'eau sucrée et de quelques biscuits pour alimenter sa présidence. Il ne songe point à séduire ni
à courtiser Mme d'Aigueperse ; d'ailleurs, il a passé
l'âge des ardeurs indiscrètes, et se borne à rechercher la main de Mlle Pauline, sœur de Colombet,
pour son neveu, un jeune homme bien pensant et
bien vu de la congrégation, préférable de tous points
à un certain soupirant Edmond, petit étourdi élevé
dans les principes de l'Université.

L'acteur Provost avait fait de ce rôle de M. Mathieu une création vraiment originale. Le type, quoiqu'il soit de tous les temps, a sa date et appartient
spécialement à la période de 1830 à 1848. C'est bien
là le vieux chef de division légitimiste, grondeur et
boudeur en dessous, maudissant le gouvernement
libéral et voltairien dont il accepte 15 000 francs
par an.

L'intrigue jésuitique semble assez habilement
ourdie pour assurer le triomphe de M. Mathieu,
quand survient un trouble-fête, ou plutôt un sauveur
inattendu : César Poligny, un ancien camarade de
Colombet, un brave officier de marine, dont la parole
franche, brusque et mordante, éclate comme un clai-
ron au milieu de ce monde confit en dévotion, en
chuchotements et en hypocrisie. Étonné, stupéfait de
trouver son ami Colombet, le joyeux viveur d'autrefois,
embéguiné de la sorte sous la tutelle d'une belle-mère
et d'un directeur laïque, hésitant, balbutiant, osant
à peine le recevoir chez lui, et dissimulant avec l'embarras d'un écolier pris en défaut : il a du premier
coup deviné l'ennemi. Il le reconnaît dans la personne
de l'impérieuse belle-mère lui laissant comprendre

qu'il fera bien de chercher à l'hôtel un logement ; dans
le vieux cafard Mathieu accourant tout essoufflé pour
annoncer, avec des tremblements dans la voix, une
grande victoire, la nomination de Colombet élu marguillier à l'unanimité.

Le soir, il rencontre le susdit marguillier et fabri-
cien transformé en mondain et en valseur effréné chez
Mme de Nohan, une belle dédaigneuse qu'il a lui-même
aimée et courtisée autrefois, et dont il reste toujours
épris. César s'est dit alors qu'il y avait là, pour lui,
marin, une œuvre de sauvetage multiple à entre-
prendre et des victimes à repêcher ; qu'il lui fallait
préserver Mme de Nohan de ses imprudences et de
ses folies, en la reconquérant pour lui-même ; ramener
Colombet à son ménage, à cette malheureuse petite
femme dont il a pitié et qui, par inexpérience, s'est
exposée à des périls qu'elle ignore et qu'elle connaî-
tra bientôt. Une visite de charité, faite dans le quartier avec sa mère, la met en présence de Mme de
Nohan, son ancienne camarade de pension, qu'elle
est tout étonnée de retrouver, et bientôt en face
de son propre mari, dont la vue la surprend
davantage encore. La scène est des plus comiques.
A l'étonnement d'Ursule s'ajoutent les exclama-
tions de Mme d'Aigueperse revenant de l'étage
supérieur, où une vieille marquise s'est chargée de la
renseigner déjà sur les mœurs de la maison ; indignée,
scandalisée de voir son gendre, qu'elle croyait à la
campagne, et qu'elle rencontre en compagnie de
César et d'Edmond, deux mauvais sujets, au milieu
des préparatifs d'un bal, en plein carême, comble
de l'abomination !

Ursule, qui a commencé à réfléchir, éclairée par les

sages avis de César, arrive à comprendre que son mari soit allé chercher ailleurs le plaisir qu'il ne trouvait pas chez lui. Pour lutter contre ces voix de sirènes qui l'appellent au dehors, elle se décide à donner elle-même un bal dans sa maison, à l'insu de sa mère et au grand scandale de M. Mathieu. Colombel s'aperçoit enfin que sa femme est charmante; Edmond épouse Pauline, et, grâce à l'intervention de César, l'amour conjugal l'emporte : le jésuitisme est réduit à s'avouer vaincu.

Sur cette même scène du Théâtre-Français si vaillamment conquise, Bayard donnait successivement, bien qu'avec un moindre succès, deux œuvres qui ne sont pas sans valeur, deux comédies en vers : *Un ménage parisien* (1844), étude de mœurs contemporaines, et *le Château de cartes* (1847), petite satire contre la manie des places, un mal endémique dont il s'était déjà moqué avec Scribe.

Vers la fin de sa carrière si brusquement rompue, un dernier grand succès attendait Bayard au Gymnase. *Un fils de famille* (1852), vaudeville en trois actes, nous ramène aux *Enfants de troupe* avec de nouveaux types empruntés cette fois à la cavalerie, à ce corps des lanciers supprimé depuis, et qui a laissé dans notre histoire militaire tant de brillants souvenirs. Aujourd'hui, la pièce de Bayard reste un mémento ; ses couplets sont probablement la dernière fanfare poétique qu'on ait fait entendre en l'honneur des ci-devant lanciers.

Par la variété de ses œuvres touchant un peu à toutes les classes, Bayard a donc été, comme Scribe, non seulement un des grands amuseurs, mais un des peintres de la société contemporaine, sous ses formes changeantes et multiples, avec ses préoccupations diverses, ses travers, ses goûts et ses passions du jour. Esprit aimable et facile, n'aspirant au titre ni de moraliste, ni d'écrivain, ni de penseur profond, il représente, en se jouant, les silhouettes éphémères qu'il a vues passer dans l'histoire, dans le roman, dans la vie réelle : le grand seigneur, le bourgeois, le soldat, le gavroche, la grande dame, l'ouvrière, sans arriver à ces créations durables qui demeurent l'expression éternelle et le fond commun de l'humanité.

CHAPITRE XXVIII

ALEXANDRE DUMAS.

Sou caractère. — Richesse et variété de son théâtre. — Part de
la comédie. — Ses débuts dans le vaudeville. — *Mademoiselle
de Belle-Isle.* — *Un mariage sous Louis XV.*

Tandis que Scribe arrivait, avec la dynastie de
Juillet, à l'apogée de sa fortune et de sa renommée,
il voyait un nouveau rival, un écrivain tapageur,
envahir et lui disputer le domaine de la comédie.
Celui-là n'était pas un bourgeois, un philistin, mais
un des coryphées, des trompettes les plus retentis-
sants de la jeune école, qui venait de poser victorieusement son drapeau sur la scène du Théâtre-
Français avec *Henri III et sa cour*. Le monde entier
avait, au bout de huit jours, connu le nom d'Alexandre
Dumas. Cette gloire bruyante s'imposait à l'attention
publique par une série de productions et de succès
accumulés coup sur coup. En moins de quatre ans, de
1828 à 1832, il avait donné au théâtre quatre pièces,
soit en prose, soit en vers : *Henri III* et *Christine de
Suède*, deux drames historiques ; *Antony* et *Richard
d'Arlington*, deux drames passionnés, échevelés, dont
le premier surtout avait mis la salle en feu. C'était
là une puissance, une fécondité incontestable.

En même temps que le rival de Scribe, Dumas
devenait le lieutenant, presque l'égal de Victor Hugo

au théâtre : il pouvait tout oser et tout rêver. Son
orgueil associé à sa bonhomie se dilate et s'exalte
naïvement : les chimères ambitieuses de Picrochole
et de Pyrrhus, les songes d'or de Monte-Cristo lui
traversent la tête. Étrange et amusant personnage,
romancier et poète, tenant à la fois de La Calprenède,
de Cyrano, de Scudéry, tout en leur étant très supérieur ; grand hâbleur et ferrailleur comme eux,
mêlant deux ou trois duels à ses premiers succès littéraires ; matamore et bon enfant, loyal et généreux,
prodigue de son esprit et de son argent, ayant en
lui-même une confiance illimitée ; fils d'un général
de l'Empire, brave comme son père et beau comme
sa mère, mulâtre gascon aux cheveux crépus, associant dans sa personne la vanité enfantine du nègre
et l'aplomb imperturbable du marquis de Crac. Le *quò
non ascendam ?*[1] de Fouquet semble avoir été sa devise
dès le début.

N'étant encore qu'expéditionnaire dans les bureaux
du Palais-Royal, son chef, M. Oudard, lui reproche
de perdre son temps à rêvasser, à courir la pretantaine dans les petits théâtres, où il essaye de donner
quelques vaudevilles avec son ami de Leuven. « Passe
encore s'il faisait des vers comme M. Casimir Delavigne ! Au lieu de le blâmer, on l'encouragerait. » « Monsieur, réplique Dumas, je n'ai pas l'âge de M. Casimir
Delavigne, poète lauréat de 1811.... Mais enfin, écoutez
bien ce que je vais vous dire.... Si je ne croyais pas,
dans l'avenir, faire autre chose que ce que fait
M. Casimir Delavigne, eh bien ! monsieur, j'irais au-
devant de vos désirs, et à l'instant même je vous

____

1. « Où ne monterai-je pas ? »

offrirais la promesse sacrée, le serment solennel de ne plus faire de littérature [1]. »

Cette fière réponse, colportée dans tous les bureaux, excita un rire homérique et fit hausser les épaules aux incrédules. Le jeune téméraire la justifiait bientôt par son succès de *Henri III*, où il conviait la famille du duc d'Orléans et les princes étrangers invités au Palais-Royal.

Avant cette révélation éclatante d'un talent qui sent déjà ses forces, Alexandre Dumas, comme Scribe, comme Bayard, comme la plupart des grands praticiens du théâtre, avait débuté par le vaudeville en compagnie de ses amis de Leuven, Rousseau et Vulpian. *La Chasse et l'Amour* (1825), *la Noce et l'Enterrement* (1826), sont de simples amusettes, des *Juvenilia* sans importance, un premier jet de cette gourme dramatique qui sort en manière de rougeole chez les écrivains de tempérament.

Cependant, malgré la belle humeur et l'esprit dont il est largement pourvu, il renonce de bonne heure au vaudeville et cherche une autre voie. Il n'a point encore assez vécu, assez observé pour tirer de son propre fonds un sujet de comédie. Il va profiter de la vie et de l'expérience des autres en s'adressant à l'histoire. Ce qu'il lui demande avant tout, c'est un sujet de drame, le drame étant devenu le genre à la mode depuis la fameuse préface de *Cromwell*: *Henri III* en est le triomphe et l'application. Un immense cri d'enthousiasme salua l'apparition de l'œuvre nouvelle. L'école classique semblait enterrée du coup, et Racine avec elle. Heureusement, Racine en a rappelé. Pourtant,

---

1. *Mémoires d'Alexandre Dumas*, 1825.

Dumas, il faut le reconnaitre, tout en devenant par son succès même un des chefs et des représentants du Romantisme, est loin de partager la passion ou le fanatisme des sectaires. La liberté lui suffit : il accepte et admet tous les genres et reste toujours bon enfant.

Dans une sorte de profession de foi littéraire placée en tête de son *Napoléon Bonaparte*, il dit : « Je n'admets pas en littérature de système, je ne suis pas d'école, je n'arbore pas de bannière. Amuser et intéresser, voilà les seules règles, je ne veux pas dire, que je suive, mais que j'admette. » C'est ainsi que nous l'avons vu admirer sincèrement *l'École des Vieillards* de Casimir Delavigne, *la Mère et la Fille* d'Empis et Mazères, bien que ces écrivains ne soient pas de son bord; de même qu'il rend ailleurs justice à Scribe, en rappelant sa générosité pour la caisse des gens de lettres. « La création tout entière, ajoute-t-il, appartient au poète : rois et citoyens sont égaux pour lui et, dans sa main comme dans celle de Dieu, pèsent justement le même poids. » La formule est un peu solennelle et ambitieuse, ainsi que l'étaient volontiers les préfaces d'alors. Les balances du poète seront-elles toujours bien équilibrées? En tout cas, à titre de créateur, il se réserve le droit de refaire le monde et l'histoire à sa guise.

Dans l'immense bagage dramatique d'Alexandre Dumas, nous laisserons de côté ce que j'appellerais volontiers sa grosse artillerie, ses drames historiques, sociaux, moraux ou immoraux : *Christine de Suède, Henri III, Antony, Angèle, Richard d'Arlington, Kean, la Tour de Nesle,* et tant d'autres qui ont remué profondément le public, pour nous occuper seulement de ses comédies.

I

Mademoiselle de Belle-Isle [1] va nous offrir un premier alliage du drame historique, de la comédie d'intrigue et de la comédie larmoyante, réunis dans le même cadre. Dumas, dont les études hâtives et trop tôt interrompues laissaient fort à désirer, n'était guère ferré sur l'histoire, comme il l'avoue lui-même, lorsqu'un de ses chefs de bureau lui signala les *Mémoires de L'Estoile*. Ce fut pour lui une révélation. Il comprit qu'il y avait de ce côté toute une mine à exploiter, tout un monde à faire revivre, et il en tira sur-le-champ son *Henri III*. A partir de ce jour, il se mit à dévorer tous les mémoires du XVIe, du XVIIe et du XVIIIe siècle, pour en faire l'aliment de son théâtre et de ses romans. De là sont nés *la Reine Margot, les Trois Mousquetaires, la Dame de Monsoreau*, etc., etc. A mesure qu'il lit, son imagination féconde transforme les faits, les personnages, brode ses fantaisies autour de la réalité: la *Folle du logis* l'emporte souvent sur la vraisemblance et la raison. Mais, à défaut d'exactitude et de vérité scrupuleuse, il a su ressaisir et retrouver en partie le vernis, le mouvement, le brio extérieur, les silhouettes et, jusqu'à un certain point, le langage de ces marionnettes humaines qu'il a vues défiler à travers l'histoire. Il l'avait fait déjà dans *Henri III*; il y revient encore dans *Mademoiselle de Belle-Isle*.

Cette fois, nous sommes au XVIIIe siècle, au lendemain de la Régence, de cette époque dissolue

> Où l'on fait tout, excepté pénitence.

1. 12 avril 1839.

Après le duc d'Orléans, qui a ouvert les digues, est venu le duc de Bourbon, premier ministre temporaire, qui ne songe guère à les fermer, en attendant le sage et pacifique Fleury, impuissant à ralentir la descente rapide qui entraîne les mœurs et les institutions. Tout alentour, une société frivole, sceptique, libertine, vivant au jour le jour comme son roi, substituant la galanterie à l'amour, riant volontiers des vertus bourgeoises, se jouant des sentiments, des affections les plus saintes et les plus nobles, et en faisant même au besoin un sujet de raillerie et de divertissement.

Le héros principal de ce monde est le duc de Richelieu, que nous connaissons déjà, maître souverain du libertinage élégant et aristocratique, dont la légende et le théâtre ont fait un nouveau Don Juan. Alexandre Duval nous l'a montré, aux plus beaux jours de sa jeunesse, dégoûté des grandes dames trop faciles, s'introduisant sous un faux nom dans le faubourg Saint-Antoine et ravageant le camp des bourgeoises. Bayard s'en souvenait encore dans *les Premières Armes de Richelieu*. Alexandre Dumas ne l'a point oublié non plus, et rappelle au début l'infortunée Mme Michelin, une des conquêtes et des victimes du terrible duc.

Mais à son tour, malgré sa finesse, son esprit, son audace, le séducteur universel va se trouver joué, dupé, par une coquette de haut parage, maîtresse en titre du premier ministre et, en fait, amie très intime de Richelieu. Dans ce monde où l'amour n'est le plus souvent qu'un caprice, une fantaisie, les engagements de cœur ne sont que des baux à courte échéance, résiliables d'un commun accord. C'est ainsi que le duc et la marquise de Prie, pour s'épargner dans l'avenir les ennuis et les orages d'une brouille et d'une

rupture en règle, ont échangé un demi-sequin que
l'on doit se renvoyer le jour où sera venue la satiété.
Or le moment psychologique prévu est arrivé. En
gens bien élevés, les deux amants, après un échange
de propos courtois et sous forme de cadeau, l'un en
remettant des tablettes où sont inscrites les armes de
la marquise, l'autre en offrant une bourse brodée de
sa main, se renvoient avec le demi-sequin le témoignage réciproque de leur commune infidélité.

Après avoir ri de la rencontre, on n'en reste pas
moins bons amis, et l'on se fait des confidences. La
marquise avoue qu'elle s'est éprise d'un gentilhomme
breton, le chevalier d'Aubigny, dont elle a fait un
lieutenant des gardes du roi, sans qu'il sache d'où
cette faveur lui est arrivée[1]. Le duc s'est laissé
prendre de son côté aux charmes d'une jeune beauté
éplorée venue pour solliciter la grâce de son père et
de ses deux frères enfermés à la Bastille, Mlle de Belle-
Isle, la petite-fille de Fouquet. Mais ce qu'ils ignorent
encore tous deux, c'est que les jeunes gens dont il
s'agit s'aiment eux-mêmes tendrement comme on
aime, non pas à Versailles ou à Chantilly, mais en
Bretagne, et qu'ils vont se trouver bientôt victimes
innocentes de l'étourderie d'un grand seigneur et de
la vengeance d'une grande dame offensée.

Dans un quart d'heure de légèreté présomptueuse
et de folle outrecuidance, Richelieu, s'entretenant avec
ses amis d'Auvray et d'Aumont, des roués écervelés et
désœuvrés à son exemple, offre de parier mille louis
qu'il obtiendra dans les vingt-quatre heures un rendez-

---

1. Toujours la protection mystérieuse que nous avons trouvée
chez Bayard dans *la Reine de seize ans*, et plus tard dans *le
Verre d'eau* de Scribe.

vous de la première femme qui se présentera à leur
vue. La première est Mme de Prie : mais Richelieu, en
beau joueur, trop scrupuleux pour gagner à si bon
marché, s'écrie : « Ah! celle-ci ne compte pas,
messieurs : je vous volerais votre argent[1]. » La seconde
est Mlle de Belle-Isle, une conquête plus difficile.
Visiblement gêné, l'irrésistible duc, par amour-propre,
maintient son pari, qu'il prétend gagner encore.
Mais une voix s'élève tout à coup, celle de d'Aubigny,
réclamant pour lui l'honneur de la gageure : « J'en
ai le droit, dit-il, j'épouse dans trois jours celle que
M. le duc de Richelieu doit déshonorer dans les
vingt-quatre heures[2]. »

La toile tombe sur ce mot qui termine le premier
acte : l'action est vivement lancée, avec une certaine
crânerie qui met le feu aux poudres et tient le public
en suspens, sans grand souci de la vraisemblance.

La partie s'engage alors réellement, non pas entre
Richelieu et d'Aubigny, mais entre le duc et la marquise, qui luttent de ruse et d'invention, l'une pour
se venger, l'autre pour échapper aux périls d'une
embûche qu'il n'évitera pas. Nous sommes en pleine
comédie d'intrigue. La trame ourdie par Mme de
Prie est savamment conduite : à la mine creusée par
Richelieu, elle oppose une contre-mine qui doit faire
échouer tous les projets du séducteur. Elle installe
dans son hôtel Mlle de Belle-Isle, qu'elle prend sous
sa protection et dont elle va faire un instrument
inconscient de sa vengeance. A la lettre de la jeune
fille implorant l'appui du tout-puissant duc en faveur
de son père et de ses deux frères prisonniers, l'adroite

1. Acte I, sc. v.
2. Acte I, sc. vi.

marquise substitue une lettre de sa façon qu'elle remet à Richelieu : par un hasard plus heureux que vraisemblable, celui-ci ne connaît point l'écriture de Mme de Prie, malgré leur étroite intimité. D'un autre côté, pour préserver la jeune fille de toute atteinte pendant la nuit, et la tenir éloignée du rendez-vous donné en son nom, elle lui propose d'aller s'entretenir secrètement avec son père à la Bastille, de dix heures du soir à trois heures du matin, sous condition de n'en rien dire à personne tant que le duc de Bourbon sera ministre. Quand Richelieu, usant de la clef qu'il dit avoir laissée à Paris, pénètre dans l'hôtel de la marquise, au lieu de Mlle de Belle-Isle, c'est Mme de Prie qui le reçoit. La confusion n'était pas des plus faciles à expliquer, surtout si l'on songe que Mlle Mante, l'actrice chargée de ce rôle, était ronde et grosse comme une tour, et Mlle Mars, qui représentait Mlle de Belle-Isle, encore svelte et élancée. Mais, l'imagination aidant, on acceptait la fiction dramatique. Et d'ailleurs, suivant le mot de Scribe, l'important en pareil cas est de ne pas laisser au public le temps de réfléchir ni de critiquer.

Le prétendu vainqueur, entré dans la place, jette par la fenêtre à d'Aubigny le billet qui annonce sa présence et sa prise de possession imaginaire. Il croit avoir gagné son pari au moment même où il est l'objet d'une mystification. Le grand trompeur est trompé à son tour : la farce est jouée, Mme de Prie vengée ; mais Mlle de Belle-Isle n'en reste pas moins compromise et perdue aux yeux de son fiancé. Elle ignore encore l'horrible soupçon qui pèse sur elle en ce moment. L'infortuné d'Aubigny, le cœur ulcéré, déchiré de douleur et de colère, ne comprend rien à l'accueil joyeux de sa fiancée, qui a juré de garder le silence sur sa visite à la Bastille, et qui ne peut lui expliquer la cause de son contentement.

L'amant furieux ne songe qu'à demander raison à Richelieu de sa conduite : mais le conseil des maréchaux, prévenu à temps, rend toute rencontre impossible, et les deux adversaires n'ont d'autre ressource que de jouer aux dés leur propre vie. Malheureux jusqu'au bout, d'Aubigny s'apprête à se suicider pour rester fidèle à sa parole. La chute subite du premier ministre vient fort à propos délier Mlle de Belle-Isle de son serment, et lui permet de dire la vérité. Tout s'explique alors. Richelieu, un moment arrêté lui-même, arrive tout poudreux, hors d'haleine, pour réparer la calomnie involontaire dont il a chargé la blanche et pure vertu de Mlle de Belle-Isle. D'Aubigny, qui a tout appris, l'accueille par un mot sanglant que le duc n'eût pas supporté en tout autre temps :

M. le duc, vous avez menti.

Le duc. — Je le sais parbleu bien que j'en avais menti,... puisque je viens de faire dix-neuf lieues à franc étrier pour vous le dire. Il y a six heures que vous le sauriez, si je n'avais pas été arrêté comme tout le monde et conduit à Paris; mais, par bonheur, je n'ai eu qu'un mot à dire au roi pour me justifier, et j'arrive à temps.

D'Aubigny. — Qu'est-ce que cela signifie ?

Le duc. — Je dis, chevalier, que si vous ne recevez pas mes excuses, que si vous ne me pardonnez pas, je ne me consolerai jamais de ce qui vient de m'arriver avec vous. Je dis que j'ai été joué, dupé, berné comme un sot par Mme de Prie, qui n'a pas senti elle-même l'importance de ce qu'elle faisait. Je dis, monsieur le chevalier, que Mlle de Belle-Isle est l'ange le plus pur qui soit jamais descendu du ciel, et que je demande à être conduit à ses pieds pour m'incliner devant elle, pour obtenir mon pardon de sa bouche ! Car je l'ai insultée, monsieur, insultée, et je m'en repens comme d'une action lâche et honteuse. Êtes-vous content, chevalier, est-ce assez comme cela [1] ?

1. Acte V, sc. ii.

Voir l'altier duc de Richelieu, le démon incarné de la galanterie et de l'infidélité, dans cette attitude contrite et humiliée de pénitent, était à coup sûr le plus beau triomphe pour la vertu offensée. Cette réparation loyale, en même temps qu'elle gagne le cœur de d'Aubigny, rachète aux yeux du public ce qu'il y a d'égoïste, d'indélicat et presque d'odieux dans ce rôle de séducteur sans scrupule et sans conscience. C'est par ces échappées de bravoure et de générosité que cet émule de Don Juan et de Lovelace a trouvé grâce devant l'opinion et devant l'histoire.

La pièce de *Mademoiselle de Belle-Isle*, malgré le ton mélodramatique qui domine au cinquième acte, est le chef-d'œuvre de la comédie d'intrigues. Alexandre Dumas s'est révélé ce jour-là rival heureux de Scribe dans l'art de nouer et de dénouer les imbroglios : il y ajoute la vivacité du dialogue, une certaine allure cavalière qui nous rappelle la physionomie des gentilshommes d'alors, la couleur locale ressaisie, adaptée au costume et au langage. Dans cet ingénieux et brillant pastiche du xviiiᵉ siècle, auquel l'auteur reviendra plus d'une fois, un rôle cependant ne semble guère être du temps, celui du chevalier d'Aubigny, qu'on prendrait volontiers pour un frère d'Antony ou de Didier, l'amant de Marion Delorme. Rêveur mélancolique, il rappelle les sombres héros du drame moderne plutôt que les gentilshommes de la cour de Louis XV, même arrivés tout récemment de Bretagne, comme en arrivera plus tard le *René* de Chateaubriand.

II

Avec *Mademoiselle de Belle-Isle*, Dumas a pris possession du xviiie siècle et s'y plaît merveilleusement. Les types, les allures, les costumes et les mœurs de l'époque lui paraissent convenir de tous points à la comédie. Le siècle lui-même est-il autre chose qu'une joyeuse descente de la Courtille, une *folle journée* qui se prolonge en attendant le drame de la fin sur la place de la Révolution ? C'est à ce monde frivole, pimpant, évaporé, qu'il emprunte un nouveau sujet avec *Un mariage sous Louis XV* [1].

Tout novateur et conquérant qu'il est ou se flatte d'être en se promenant librement dans le vaste champ de l'histoire, du roman et du théâtre, Alexandre Dumas, riche d'ailleurs de son propre fonds, sait mettre à profit les œuvres de ses devanciers. S'il a tiré des *Mémoires de d'Artagnan* [2], rédigés déjà au xviie siècle, une bonne partie de sa longue et amusante légende des *Trois Mousquetaires*, il puise aussi volontiers dans le vieux magasin dramatique. *Un mariage sous Louis XV*, c'est *la Fausse Antipathie* de La Chaussée rajeunie, transformée, ornée d'un brio, d'un entrain, d'un esprit et d'un coloris que la pièce primitive est loin de posséder. Par la seule puissance de l'imagination, par ce don de la peinture ou de l'enluminure historique, dont l'auteur a fait preuve déjà dans *Henri III* et dans *Mademoiselle de Belle-Isle*, ce vernis artificiel appliqué à la société d'autrefois offre un éclat qu'on cherche-

1. Représenté le 1er juin 1841.
2. *Les Mémoires du chevalier d'Artagnan*, par Courtils de Sandras.

rait vainement dans les grisailles de La Chaussée.

En même temps, la vivacité des tours, des dialogues, de l'intrigue, nous arrache aux langueurs de la comédie larmoyante pour nous lancer en plein mouvement, en pleine gaieté de bon aloi et de bon ton, quoi qu'en ait dit la critique. Rien qui sente trop ni le débraillé des roués, comme il arrive parfois aux gentilshommes de Dancourt, ni l'affectation des beaux esprits, comme il advient à ceux de Marivaux : mais à travers la licence des mœurs contemporaines, une certaine décence extérieure, le vice élégant d'une société polie. Rien non plus de violent ni de heurté dans les sentiments ni dans le langage. Les situations les plus risquées, et elles abondent dans la pièce, se trouvent atténuées, amorties par la mesure de l'expression, par le tact et l'habileté de la mise en scène.

L'auteur d'*Antony* a oublié un moment les passions échevelées du romantisme, pour nous divertir en jouant avec les sentiments contenus, les émotions tempérées, dans la gamme de Marivaux. Il fait mieux : il revient au sens commun, à la vérité, à la nature, en nous montrant un amour honnête, sincère, triomphant à la fin des préjugés et des préventions d'une société où l'on n'ose avoir l'air d'aimer sa femme et surtout d'en être jaloux ; où l'on craint le ridicule plus que le déshonneur ; où l'on se crée des affections, des vices et des chagrins par vanité. C'est encore une fois la question du mariage déjà traitée jadis par Destouches[1] et par La Chaussée[2], mais dégagée de l'emphase et de la déclamation dont l'accompagne trop souvent la comédie philosophique du XVIIIe siècle.

1. *Le Philosophe marié.*
2. *Le Préjugé à la mode.*

Encore un de ces mariages de convention et de convenance, ainsi qu'il s'en faisait beaucoup dans le monde aristocratique d'alors, en vue d'unir deux noms et deux fortunes, sans grand souci de l'union des cœurs, sans le consentement des deux parties intéressées qui se connaissent à peine, qui parfois ne se sont jamais vues. Tel est le cas ici. Le vieux maréchal, en mourant, pour assurer le bonheur de son fils et de sa nièce, les a mariés par testament. Un oncle, le Commandeur, l'oncle providentiel de la comédie depuis Térence, s'est chargé d'accomplir le vœu paternel en apportant l'appoint de 600 000 livres et la perspective d'un majorat pour le fils à naître. La question d'argent a sa part comme dans *le Legs* de Marivaux. Et c'est ainsi que le comte de Candale et Mlle de Torigny se trouvent conduits à l'autel par leurs familles, sans avoir eu le temps de faire plus ample connaissance ni de s'expliquer sur leurs sentiments mutuels : l'éclaircissement viendra après le mariage.

Cette comédie est une des plus scabreuses par les détails, des plus édifiantes et des plus morales par le dénouement. La pensée d'une double infidélité succédant comme la chose du monde la plus naturelle à a bénédiction nuptiale, et aboutissant au triomphe définitif de l'amour conjugal, tel est le singulier tour de force auquel nous allons assister. Tout, d'ailleurs, est extraordinaire et tant soit peu invraisemblable. La pièce commence par où elle finit généralement, par un mariage, conclusion et couronnement habituels de toute comédie. Nous sortons de l'église, où la mariée a failli s'évanouir, où les grands-parents ont pleuré à chaudes larmes, où l'homélie du curé a eu tout le succès d'une oraison funèbre ; en un mot, une noce aussi gaie qu'un enterrement.

A l'issue de la messe, Mlle de Torigny, devenue Mme de Candale, s'est précipitée dans une voiture comme une biche effarée, sans s'inquiéter de son mari, et arrive à la maison en s'écriant :

> Marton, au secours ! Marton, un fauteuil ! Marton, vite, vite, vite !
>
> MARTON. — Oh ! mon Dieu ! mon Dieu ! madame, qu'avez-vous donc ?
>
> LA COMTESSE. — Marton, je suis mariée[1] !

Toute mariée qu'elle est, elle n'en demeure pas moins fidèle à son premier amant de cœur, ou plutôt d'imagination enfantine, le chevalier de Valclos, qui lui rappelle, par une lettre, sa promesse de n'être jamais qu'une sœur pour son mari. En même temps, le comte reçoit une lettre de la marquise lui rappelant la même promesse de n'être qu'un frère pour sa femme, et se dispose à aller voir sa maîtresse et à souper avec elle. Singuliers préliminaires d'une première nuit de noces. Cependant, avant de sortir, Candale, en quête de sa femme sitôt disparue, juge convenable de lui rendre visite, et se dirige vers sa chambre à coucher. Il trouve porte close, Marton ayant tiré le verrou. Il n'insiste pas et se borne à solliciter de la nouvelle comtesse l'honneur d'une entrevue dans sa chambre ou au salon, comme il lui plaira. Le salon est préféré.

Les deux jeunes époux, qui, sans se connaître, éprouvent l'un pour l'autre une défiance et une aversion mutuelles, se voient face à face. Mlle de Tori-

---

1. Acte I, sc. v.

gny, instruite par une vieille tante sur les devoirs du mariage, en est toujours au conte de *Barbe-Bleue*, à la légende de l'époux despote, brutal, jaloux, et s'étonne de découvrir chez M. de Candale un galant homme, franc, ouvert, plein de réserve et de discrétion, ne songeant point à user de son autorité, même pour entrer dans la chambre de sa femme. Le comte, de son côté, s'attendait à rencontrer dans cette fiancée obligatoire une poupée de couvent, une petite pensionnaire guindée, mijaurée, faisant des mines et des façons, jouant la sauvagerie et l'effroi : il n'est pas moins surpris de voir en elle une jeune fille simple, naturelle, jolie, tout au moins aussi aimable, aussi spirituelle que sa marquise.

La scène des confidences, où les deux époux s'avouent réciproquement leurs défauts et leurs liaisons antérieures, l'une avec le chevalier, l'autre avec la marquise, est une des situations les plus neuves et les plus hardies qui soient au théâtre. Chacun d'eux semble prendre à tâche de se noircir pour se rendre insupportable. Mais il arrive que, loin de les désunir, ces aveux échangés finissent par les rapprocher :

La comtesse. — Oh ! comme c'est étrange que nous ayons les mêmes défauts !

Le comte. — Comtesse, c'est de la sympathie... ou je ne m'y connais pas.

Peut-être arriverait-on à s'entendre, si l'amour-propre, si les préventions et les engagements pris n'étaient pas autant d'obstacles.

Les personnages d'Alexandre Dumas ont ici le mérite de rester honnêtes et sincères au milieu de leurs frasques et de leurs étourderies. Ils partagent les vices de leur siècle plus encore qu'ils ne sont vicieux eux-mêmes. Mlle de Torigny demeure une ingénue comme on pouvait l'être alors, bien entendu, avec ses amours de pensionnaire pour le chevalier, même en lui écrivant, même en réclamant son bras pour aller au bal de l'Opéra, où son mari a refusé de la conduire. Elle n'a rien qui ressemble à l'impudence d'Angélique dans *George Dandin*, ni à celle d'Agathe dans *les Folies amoureuses*. Après ces petits coups de tête, où il entre plus de légèreté et de vanité féminine que de véritable passion, elle sentira naître en elle un amour sérieux, sincère, pour l'homme de cœur et d'honneur qui lui a donné son nom, et qui revendique le droit de la défendre au péril de sa vie, en prenant la place du chevalier dans le duel avec le capitaine de Saillant. Confuse, désespérée des suites de son imprudence, attendant, la mort dans l'âme, l'issue de cette rencontre, elle se jette dans les bras de son mari en poussant le cri de *Ah !* plus éloquent que toutes les déclarations.

Le comte de Candale est ce que l'on appelle alors un roué, de nom plus encore que de fait, jouant la dépravation plus qu'il ne la pratique, par amour-propre et par bravade, cédant aux préjugés d'un monde où il est de bon ton de ne point aimer sa femme et ridicule d'en être jaloux : passe encore s'il s'agissait de la femme d'autrui ! C'est par genre et par habitude qu'il continue à courtiser la marquise ; c'est par forfanterie qu'il abandonne ou du moins confie sa femme au chevalier, tout en connaissant les liens qui existent entre eux. Situation bizarre, plus embarrassante pour les amants que pour le mari qui sait tout, le déclare, et s'en rapporte à la loyauté de sa femme et de son ami. Ceux-ci restent muets, interdits, ne sachant que faire de cette liberté qu'on leur laisse et désarmés par cette confiance qui les accable.

De son côté, le comte a beau affecter l'indifférence : l'amour entre chez lui, quoi qu'il fasse, devant les beaux yeux de cette pensionnaire devenue sa compagne, dont il semblait ignorer et dont il comprend mieux les charmes depuis qu'il a pour rival son ancien ami le chevalier. La jalousie, cette terrible passion dont Racine a tiré de si grands effets, exerce ici son empire en sourdine et devient un auxiliaire, un stimulant de l'amour. C'est elle qui pique Candale au cœur et le pousse à provoquer en duel cet ami Valclos, auquel il confiait tout à l'heure sa femme. C'est elle qui inspire à la comtesse l'idée de demander à son mari une voiture et une livrée semblables à celles de la marquise. En forçant la note, nous arriverions vite au drame orageux et violent. L'auteur s'arrête à temps pour rester dans le ton de la comédie. Mais il fallait allumer le feu dans les âmes indifférentes au début, et il n'a pas trouvé de meilleure étincelle que la jalousie.

Le chevalier, l'amant de la première heure, est le personnage sacrifié. Ami du mari qu'il a précédé dans le cœur de sa femme, accepté et placé par lui comme Mentor ou Sigisbée auprès de la comtesse, chargé des missions les plus délicates, notamment de lui faire entendre raison sur la livrée argent et azur qui est celle de la marquise, le malheureux chevalier se voit réduit aux humbles fonctions d'amant honoraire, sans exercice et sans profit réel. Il a même la douleur de constater que ses chances diminuent à mesure que celles du mari augmentent. Réduit au rôle de simple utilité pour le bal de l'Opéra, il en rapporte de nouveaux déboires. Deux duels en espérance, l'un avec le comte, son ami, l'autre avec de Saillant, un bretteur émérite, semblent lui fournir du moins un dédommagement. Mais la mauvaise fortune lui ravit encore cette double fiche de consolation. Le comte lui fait des excuses, ayant reconnu en lui un rival inoffensif : en même temps il lui dérobe, à titre de mari, l'honneur de la rencontre avec Saillant. Tout compte fait, le chevalier a perdu l'amour de sa maîtresse, l'occasion de croiser le fer pour elle, et il recueille à la fin la prison de la Bastille, où, par suite d'une méprise, il va prendre généreusement la place de son ami, tandis que Candale, plus heureux, fuyant avec sa jeune femme, échappe aux poursuites des maréchaux.

L'auteur d'*Antony* et d'*Angèle*, après avoir ouvert une si large brèche sur le mariage, lui devait bien une réparation. Il la lui offre ici sous une forme aimable et enjouée, où le rire et l'esprit tiennent plus de place que les sermons. On a dit de *Mademoiselle de Belle-Isle* que c'était un drame moderne accolé à une comédie de la Régence. On ne saurait dire la même chose d'*Un mariage sous Louis XV*. Bien que le sentiment y ait sa part, l'élément comique domine sans être étouffé par l'émotion. Peut-être cette pièce est-elle, sinon la plus amusante, au moins la plus habilement conduite et la plus finement écrite des comédies d'Alexandre Dumas. Parmi ses créations si nombreuses et si variées, elle nous produit l'effet d'un joli trumeau dramatique dans le style du XVIIIᵉ siècle.

CHAPITRE XXIX

ALEXANDRE DUMAS *(Suite)*.

Les Demoiselles de Saint-Cyr. — La Jeunesse de Louis XIV. Romulus. — L'Invitation à la Valse. — Jugement final.

I

Après cette double entreprise sur le XVIIIe siècle, Alexandre Dumas allait tenter un coup plus hardi encore en écrivant *les Demoiselles de Saint-Cyr* [1]. C'était là une véritable escapade historique et littéraire. Oser franchir l'enceinte de cet auguste asile tout rempli des échos d'*Esther* et soigneusement gardé par Mme de Maintenon ; en faire le théâtre, ou tout au moins le berceau d'une aventure galante et romanesque, d'un enlèvement à la façon d'Arlequin et de Colombine ; mêler à cette folle équipée les noms les plus illustres et les souvenirs les plus graves de l'histoire, ceux de Louis XIV, du jeune roi d'Espagne Philippe V, de la princesse des Ursins, de l'ambassadeur et duc d'Harcourt ; mettre en scène quelques-uns de ces personnages associés à des héros de roman comme Saint-Hérem et Dubouloy, n'était-ce pas risquer une grosse partie ? Il fallait pour cela tout le sans-façon de l'auteur des *Trois Mousquetaires*.

1. 25 juillet 1843.

C'est l'heure où, après la mort et le testament de Charles II, Louis XIV vient d'accepter la couronne d'Espagne pour son petit-fils le duc d'Anjou, un jeune prince de dix-huit ans appelé à recueillir une partie de l'héritage de Charles-Quint. A ce grand événement, un des plus importants de l'histoire moderne par ses conséquences et par les guerres qu'il enfanta, Dumas rattache une intrigue amoureuse de son invention : impossible, invraisemblable, mais si habilement ourdie, si joyeusement conduite, qu'on suit l'adroit prestidigitateur sans s'inquiéter de savoir où il nous mène. Grâce aux noms, aux faits, aux mots historiques rappelés çà et là, on s'imagine volontiers être toujours dans le monde de la réalité, alors qu'on est en pleine fantaisie. Dumas est un magicien bien plus qu'un observateur ou un peintre fidèle : son imagination le domine et nous domine en même temps.

Tout entier à l'idéal du XVIII⁰ siècle, tel qu'il nous l'a montré dans ses deux comédies antérieures, il le retrouve encore à la fin du XVII⁰. Bien que nous soyons à Saint-Cyr, dans un tout autre monde de dévotion et de collet monté, sous la férule de Mme de Maintenon et du Père Le Tellier, on y sent un avant-goût de Régence. Il est vrai qu'au Temple les princes de Vendôme, en compagnie de La Fare et de Chaulieu, ont déjà inauguré le règne des mœurs faciles et débraillées. Néanmoins, les deux galants, précurseurs des roués, les deux ravisseurs, Saint-Hérem et Dubouloy, sont encore des apprentis, des étourneaux pris au piège qu'ils croient avoir tendu à d'innocentes pensionnaires. La victoire reste ici aux femmes, comme il arrive souvent dans le monde, aussi bien qu'au théâtre.

La première manche de cette partie engagée est gagnée tout d'abord par celle qu'on appelle *la Vieille*, et dont on parle beaucoup sans la voir, Mme de Maintenon, une vraie sorcière en surveillance et en diplomatie. Gare aux soupirants indiscrets et maladroits ! On écrit autour de certaines propriétés, à l'adresse des visiteurs trop curieux : « *Il y a des pièges à loup.* » Mme de Maintenon n'a pas eu besoin de prévenir : on sait ou l'on doit savoir à quoi l'on s'expose en forçant l'enceinte sacrée, le bercail dont elle a la garde : *Mariage ou Bastille*, telle est la conclusion inévitable.

Les deux héroïnes principales jetées dans ce monde historique sont des êtres de pure imagination aussi bien que leurs adorateurs et futurs maris. Charlotte de Mérian et Louise Mauclair nous représentent deux types qui ont dû se rencontrer plus d'une fois à Saint-Cyr, comme plus tard à la Légion d'honneur. L'une, fille d'un gentilhomme mort au service de la patrie, restée seule, orpheline, avec un grand nom et point de dot, sans autre espoir qu'une croix de chanoinesse dans l'avenir. L'autre, fille d'une sous-maîtresse, n'ayant ni fortune ni naissance et ne pouvant compter que sur son intelligence, son habileté, son audace, pour se faire une place dans ce monde où elle n'a pas trouvé la table mise en arrivant.

Charlotte est une beauté rêveuse, sentimentale et fière, ainsi qu'il sied à une demoiselle de bonne maison. Ce rôle, qui se développe plus tard, semble un peu effacé au début, éclipsé et dominé par celui de Louise, qui se proclame elle-même son Mentor, en coups de tête et en folies, il est vrai, mais ayant pour deux l'énergie et la volonté. Louise est un espiègle et gentil lutin qu'on est tant soit peu étonné de rencontrer à

Saint-Cyr, d'où elle espère s'échapper le plus tôt possible.

Saint-Hérem, menin et favori du duc d'Anjou, est un Don Juan en herbe, sans en avoir l'étoffe et la scélératesse, cherchant tout au plus à singer Lauzun dans ses bonnes fortunes, heureux de braconner sur les terres de Mme de Maintenon, en écolier maraudeur attiré par le fruit défendu, abusant de la clef que le duc d'Anjou lui a remise pour s'introduire clandestinement à Saint-Cyr, mais en somme assez pauvre d'inventions, hésitant, craintif, ayant encore beaucoup à faire avant d'être un roué digne de ce nom, malgré les airs crânes et les palsambleu dont il assaisonne ses discours.

C'est à Saint-Hérem que le duc d'Anjou a confié le soin délicat de retirer ses lettres des mains de Mme de Montbazon, une grande dame qui se charge de compléter l'éducation des jeunes princes, et qui pourrait les compromettre, surtout à la veille du mariage projeté avec une princesse de Savoie. Le futur Philippe V n'offrait au théâtre comme à l'histoire qu'une physionomie assez terne et assez insignifiante. L'auteur dramatique a tenté de l'animer et de l'égayer un peu, au risque de contredire les témoignages de Saint-Simon et de Mme de Maintenon.

Il a un peu oublié cette gravité héréditaire, « cette expression lente, mais juste et en bons termes », — dont parle Saint-Simon, — en lui prêtant certain ton évaporé, certaines locutions familières et risquées avec Saint-Hérem qu'il appelle *mauvais sujet, heureux coquin*, sans devenir pour cela lui-même un personnage très divertissant.

En revanche, le rôle de Dubouloy, un modeste confident de comédie, le Pylade de Saint-Hérem, qu'il admire et copie naïvement, est une des créations les plus drolatiques et les plus vivantes que l'auteur ait mises en scène. Ce fils de bourgeois qui s'est faufilé dans la noblesse, bon garçon réjoui, s'autorisant des rentes paternelles pour se permettre les vices d'un grand seigneur et sentant toujours un peu sa roture, offre plus d'un trait commun avec l'Oscar Rigaut de la *Camaraderie*. Son père, un gros bonnet de la finance, qui vient de lui assurer 50000 livres de rente, rêve pour lui la charge de gobletier du Roi, et se réjouit de le voir entrer dans une grande famille où il fera souche de gentilshommes. Le mariage doit avoir lieu dans deux heures : les parents sont réunis, et le futur se promène en grande toilette sur la route, attendant la corbeille de noce qui n'arrive pas. C'est le moment assez inopportun que choisit Saint-Hérem pour demander à son ami de lui servir de second, non plus dans un duel, mais dans un projet de séduction et d'enlèvement qu'il doit exécuter sur-le-champ. Il charge Dubouloy d'occuper et de courtiser Louise, tandis qu'il s'entretiendra avec Charlotte.

On dirait que l'auteur s'amuse à jouer ici avec les difficultés, à les multiplier comme à plaisir, en ne laissant aux amis que deux heures, ou plutôt une heure trois quarts, pour cette délicate opération. La vérité et même la vraisemblance sont le moindre souci d'A-lexandre Dumas, au théâtre et dans le roman. Grand conteur et grand hâbleur, il se moque volontiers de la crédulité du spectateur et du lecteur, pourvu qu'il le divertisse avec ses chasses fabuleuses ou ses prome-nades en *corricolo*. Ainsi en est-il des aventures de Dubouloy. La moindre réflexion suffirait pour vous enlever toute créance : mais on se garde bien de la faire, et l'auteur ne vous en laisse pas le temps.

Dubouloy, tout en consultant sa montre, joue consciencieusement son rôle de compère ou de figurant amoureux, dans ce *duo* où il n'apporte ni conviction, ni sentiment. La déclaration faite à Louise n'est qu'une charge comique, un vieil air de passion simulée que la fine coquette accueille en riant sans y croire beaucoup, mais étant toute prête à profiter de l'occasion pour échapper aux ennuis du couvent. Cependant les minutes s'écoulent, comme l'indique la montre de Dubouloy. Au moment où les deux amis s'apprêtent à déguerpir, Saint-Hérem entraînant Charlotte, Dubouloy songeant à rejoindre sa fiancée et à laisser en route sa nouvelle conquête, un exempt de police se présente à la fenêtre avec une lettre de cachet, leur enjoignant de le suivre à la Bastille.

Dans l'intervalle du premier au deuxième acte, de graves événements se sont accomplis. Mlle Charlotte de Mérian est devenue Mme de Saint-Hérem et s'est vue conduite et installée à l'hôtel du vicomte, par les soins de MM. de Nesle et de Polignac, en compagnie de MM. d'Estrées et de Villarceaux, sur l'ordre exprès de Mme de Maintenon. Le mari, rendu à la liberté, apprend en rentrant chez lui que sa femme a pris possession de l'appartement. L'idée de se voir ainsi dupé, mystifié et livré à la risée de la cour l'exaspère et lui fait haïr celle qu'il était en train d'aimer.

Dubouloy arrive de son côté plus furieux encore, croyant à un mauvais tour de son ami et venant lui en demander raison. Pour expliquer sa colère, il raconte tout au long son aventure de la Bastille, d'un ton lamentable et comique à la fois. Bien que le sujet soit quelque peu lugubre, on rit d'un bout à l'autre quand le prisonnier nous décrit les péripéties de son odyssée souterraine, ses descentes successives aux divers étages de la Bastille : ses résistances, ses protestations, puis les défaillances de son estomac bientôt suivies de celles de sa volonté ; son émotion à l'aspect du guichetier lui présentant d'une main un poulet et une bouteille de bordeaux, de l'autre un contrat de mariage.

> Je signai le contrat, j'avalai le poulet, je bus la bouteille, et je suivis le guichetier, qui me conduisit à l'église, où Mlle Louise Mauclair m'attendait et où le chapelain de la Bastille nous maria bel et bien [1].

Après un pareil tour, il ne lui reste plus qu'à se couper la gorge avec l'auteur de la plaisanterie. Mais toute sa colère tombe en apprenant que son ami partage sa mésaventure, et qu'il est marié, lui aussi :

> Marié !... tu es marié !
> — Marié ! reprend Saint-Hérem d'un air consterné.
> DUBOULOY. — Mon ami, je n'exige plus rien de toi. (*Lui serrant la main.*) C'est une réparation suffisante.

Dubouloy, il est vrai, a de plus en perspective le compte à régler avec le père et les frères de la jeune fille qu'il devait épouser et qu'il a laissée, malgré lui, attendre en vain, au moment suprême.

Provisoirement, les deux amis, blessés dans leur amour-propre, rageant surtout d'être tournés en ridicule, se promettent de le prendre de haut avec leurs épouses obligatoires. Saint-Hérem se charge de donner l'exemple avec Charlotte. Il exhale sa mauvaise humeur en reprochant à la jeune fille de

1. Acte II, sc. III.

l'avoir attiré dans un guet-apens. La dignité, la fierté révoltée chez la noble descendante des Mérian, proteste contre une telle accusation. Lorsque le vicomte lui annonce son prochain départ pour l'Espagne et son intention de la laisser en France en lui assurant une existence honorable, elle avoue à l'ingrat l'amour qu'elle a ressenti pour lui dès longtemps et oppose à ses soupçons injurieux sa parole de jeune fille noble, qui vaut bien celle d'un gentilhomme. En même temps, déchirant la donation que lui laisse son mari, elle déclare qu'elle n'a besoin de rien et qu'un couvent lui suffira.

Quant à Louise, toujours rieuse et prenant les choses par le bon côté, les fureurs de son mari, loin de l'épouvanter, n'ont fait que l'égayer. Elle trouve que la colère donne au visage de M. Dubouloy une expression qui lui manque d'ordinaire : aussi se promet-elle de l'irriter souvent.

Le troisième acte nous transporte en Espagne, dans le Buen-Retiro de Madrid, où Philippe V, transformé plus que jamais en viveur épicurien, vient chercher un refuge contre les ennuis de la politique sérieuse et de la royauté, en prenant le simple nom de comte de Mention, tandis que Saint-Hérem aspire à devenir grand d'Espagne et Dubouloy baron. Là, on annonce la venue de deux jolies Françaises, que le roi lorgnait la veille au théâtre avec un soin particulier. Le duc d'Harcourt, ambassadeur de France, chargé de les présenter à Philippe V, remplit une mission délicate dont il a le tort de confier le secret à Saint-Hérem et à Dubouloy, amis de plaisir du jeune monarque. Il leur apprend que ces deux dames sont envoyées auprès du Roi pour combattre l'influence de la princesse des Ursins et opposer l'amour à l'amour, autre invraisemblance plus grande encore, mais dont le public ne s'aperçoit guère. La princesse des Ursins avait alors plus de soixante ans, et le nouveau roi dix-huit. On juge quel amour pouvait exister entre eux.

Si la vérité historique laisse ici à désirer en ce qui concerne les faits et les personnes, l'intérêt dramatique ne languit pas, et, à défaut d'un tableau fidèle, nous avons là deux ou trois jolies scènes très habilement conduites : notamment celle où les deux dames étrangères cachées sous le masque passent de la société du Roi au bras, l'une de Saint-Hérem, l'autre de Dubouloy. Par une métamorphose assez piquante, Charlotte, prenant le ton gai, plaisant, ironique, s'amuse à intriguer Dubouloy, son cavalier, en lui parlant de son double mariage en France, auquel il semble vouloir en ajouter un troisième en Espagne. Louise, au contraire, jouant la femme mélancolique et sentimentale, reproche à Saint-Hérem de n'aimer que les femmes légères, de n'avoir pas compris ce qu'il y avait de tendre, de pur, d'élevé dans Charlotte, et finit par lui arracher l'aveu d'une sympathie qui ressemble presque à de l'amour.

Un coup de théâtre subit met fin à cette scène de colin-maillard. Après avoir donné leur adresse, les deux amies, déguisées sous les pseudonymes de Mme de Saint-Réal et de Mme de Florville, sont priées de vouloir bien abaisser leurs masques. Elles y consentent et disparaissent après avoir eu le temps d'être reconnues, Charlotte par Dubouloy, et Louise par Saint-Hérem. La passion subite du Roi pour ces aimables visiteuses ajoute encore à l'embarras des maris menacés d'avoir le souverain pour rival. Le Roi est amoureux, mais de laquelle ?

Dubouloy. — Est-ce de ma femme ?
Roger. — Est-ce de la mienne ?
Dubouloy. — Tu verras, mon ami, que nous avons assez de bonheur pour que ce soit de toutes les deux[1].

Par un revirement bizarre, l'amour-propre et la jalousie vont opérer chez ces deux maris, si peu soucieux de leurs femmes, un effet que ni le remords, ni la pitié, ni l'affection n'ont pu produire jusque-là. Au milieu de ces nouvelles complications, c'est encore une fois l'habileté féminine qui triomphe, ainsi qu'à la fin du premier acte : l'honneur du dénouement revient cette fois à Charlotte. La timide et craintive pensionnaire s'est singulièrement aguerrie au contact du monde, où l'a retenue Mme de Maintenon pour en faire un instrument utile à la politique du roi. Veuve d'un mari vivant qu'elle aime toujours malgré son abandon, il lui reste à reconquérir un cœur qui lui est échappé. Un petit mensonge innocent, comme on s'en permettait quelquefois, même à Saint-Cyr, va préparer ce miracle. Quand Roger de Saint-Hérem, s'autorisant de son titre d'époux, vient demander compte à la nouvelle Mme de Saint-Réal de son voyage et de sa présence à Madrid, celle-ci lui apprend, à son grand étonnement, que, sur les instances de Mme de Maintenon et par l'entremise de notre ambassadeur, un bref du Pape a cassé leur mariage non consommé ; qu'elle est par conséquent redevenue libre d'aller, de venir et d'agir à son gré. Du moment où il la perd, le vicomte se prend à l'aimer, par un de

[1] Acte III sc. xiv

ces effets de choc en retour dont le théâtre et la vie réelle offrent plus d'un exemple. Cette passion latente, assoupie si longtemps sous le voile de l'indifférence, se rallume tout à coup et devient si impérieuse, si ardente, qu'elle l'entraîne jusqu'à braver et presque jusqu'à défier le Roi.

Dans la pièce primitive, Dumas, toujours obsédé par ses souvenirs historiques et le goût des rapprochements, montrait le Roi brisant sa canne et Saint-Hérem son épée, en mémoire de la fameuse scène où Louis XIV jetait sa canne par la fenêtre, afin de n'en point frapper Lauzun, qui l'avait bien mérité par ses incartades et ses impertinences galantes envers la duchesse d'Orléans. Depuis, l'auteur comprit que c'était dépasser la mesure, et s'en tint à cette autre bravade assez forte déjà. Quand le prince offensé dit au vicomte d'un ton impérieux, en lui montrant la porte : « Sortez ! » Saint-Hérem réplique avec plus de crânerie que de convenance : « Sire, votre aïeul Henri IV aurait dit : Sortons ! » Grave erreur : Henri IV, si brave qu'il fût, n'aurait pas ainsi croisé le fer avec un simple gentilhomme de sa cour pour une amourette. Il avait le sentiment de sa valeur et de la dignité royale.

Charlotte, heureuse de se voir aimée, ne songe plus qu'à sauver son mari de ses propres imprudences et à se préserver elle-même des assiduités du monarque. A force d'éloquence, de dévouement, elle arrache à Philippe V un pardon généreux, et rassure Saint-Hérem en lui apprenant que leur mariage n'a jamais été rompu. Dubouloy obtient, grâce à Louise, un titre de baron qui flatte sa vanité et doit le réconcilier avec son père. Chacun finit par trouver son compte. Le seul personnage sacrifié est ce pauvre Philippe V, auquel l'auteur essaye de prêter vainement des allures et des passions qu'il n'a jamais eues, et dont il ne peut arriver à faire un héros tant soit peu intéressant. Sort commun du reste à la plupart des rois de tragédie et de comédie, rôle ingrat au théâtre comme il l'est trop souvent dans la réalité. Malgré les critiques et les réserves que nous avons dû faire, malgré les invraisemblances et les inexactitudes historiques que nous avons signalées, *les Demoiselles de Saint-Cyr* n'en demeurent pas moins une des meilleures comédies d'Alexandre Dumas, une des plus amusantes et des plus applaudies dans le répertoire du Théâtre-Français.

II

La bonne fortune de l'auteur ne l'a cependant pas toujours aussi bien servi. Parmi ces pièces si librement taillées sur le terrain de l'histoire, il en est une dont le titre nous avait attiré, mais dont la lecture a été pour nous une déception : nous voulons parler de *la Jeunesse de Louis XIV* [1]. Tout en est faux, le fond, la forme, les idées, les personnages, le style surtout, malgré l'encombrement des souvenirs et des mots historiques accumulés. Jamais la *Folle du logis* ne s'est permis plus d'extravagances dans le domaine de la réalité. On est tenté de se demander comment l'auteur de *Mademoiselle de Belle-Isle* et d'*Un mariage sous Louis XV*, si vif, si gai, si spirituel, si habile à reproduire le brio extérieur et parfois même le lan-

---

1. 20 janvier 1854.

gage du xviiiᵉ siècle, est ainsi tombé avec Louis XIV
dans le pathos et le galimatias. S'est-il cru obligé
de faire *grand* en face du grand Roi et de sa cour?
Ou plutôt n'est-ce pas que son œuvre, composée et
jouée à Bruxelles sur le théâtre du Vaudeville pendant ces mois d'exil que l'auteur voulut partager
avec d'illustres proscrits, ne fut qu'une hâtive impro-
visation ?

Cette prétendue comédie en cinq actes est moins un
drame régulièrement construit qu'une galerie de
marionnettes historiques mises en mouvement et en
action. Figurez-vous le musée Tussaud de Londres,
ou le musée Grévin de Paris, dont les mannequins,
subitement frappés par la baguette d'un magicien,
se lèveraient avec des gestes et une voix articulée,
récitant des tirades plus ou moins incohérentes :
vous aurez une idée de l'effet produit par l'évocation
d'Alexandre Dumas. Les plus hauts personnages du
siècle vont répondre à l'appel du poète nécromant.
C'est d'abord Louis XIV en personne se révélant
dans ses premières amours avec Marie Mancini, et
dans son premier jour de royauté sous les traits
d'un jeune despote tendre et passionné, plus aimable
pour les femmes que pour le Parlement, où il vient
d'entrer en costume de chasse, le fouet à la main,
disant : « *Je veux* ».

Après lui, sa mère, Anne d'Autriche, cherchant
vainement à retenir sous sa main le jouvenceau, qui
lui échappe. Puis le duc d'Anjou, Monsieur, frère du
Roi, un garçonnet féminin, tant soit peu fade, raffolant
des bijoux, des dentelles et des parfums; le premier
ministre Mazarin, le factotum de la Monarchie,
mêlant le dévouement à l'égoïsme, aussi avide d'ar-

gent que de pouvoir ; puis Charles Stuart, un pauvre roi sans royaume, quémandeur et besogneux, recevant de Louis XIV un million pour acheter Monk, un général à vendre ; puis sa sœur, la princesse Henriette, la douce et mélancolique fille de Charles Ier, déjà ravie d'admiration silencieuse en face du jeune Roi ; une autre beauté plus ambitieuse et plus entreprenante, Marie Mancini, la nièce du cardinal, une Italienne qui a pu rêver un jour d'être reine de France ; enfin Mlle Lamotte, la première en date et en oubli dans le cœur du souverain.

Joignez à ces noms une interminable liste de comparses empruntés à l'histoire d'alors. Toute la gentilhommerie attachée à la cour, et Guitaut, le capitaine des gardes, ne demandant qu'à arrêter les gens, comme il l'a fait jadis pour Broussel et Condé ; et Bouchavanes, le mousquetaire, qui se trouve si à propos pour échanger sa faction avec le Roi ; et le comte de Guiche, le maladroit amant de Marie, et le marquis de Montglas, le grand maître des cérémonies, à cheval sur l'étiquette ; et le comte de Dangeau, le scrupuleux historiographe qui se garderait bien d'omettre sur ses tablettes même un éternuement du Roi ; et les ducs de Grammont, de Villeroi, de Villequier, et Lyonne et Le Tellier, et le surintendant Fouquet, et l'ambassadeur d'Espagne, chargé de négocier le mariage de Louis XIV avec l'infante ; et Guénaud, le médecin que Mazarin envoie près de Condé afin de prolonger sa convalescence ou de faire durer sa maladie à Bruxelles,... et d'autres encore.

Au-dessus de tous ces noms illustres par leur naissance ou par leur rôle dans l'histoire, apparaît un nom bourgeois qui les éclipse et les domine tous : celui de

Molière, devenu, par la grâce d'Alexandre Dumas,
confident, agent secret et conseiller intime de
Louis XIV, auquel il donne des leçons de politique,
au moment même où le vieux Poquelin, tapissier du
Roi, sollicite une lettre de cachet pour faire enfermer
à la Bastille son mauvais garnement de fils, qui
déshonore sa famille en devenant poète et comédien.

Il est impossible d'imaginer un travestissement
plus complet du monde et du style historique en mas-
carade, non pas bouffonne, mais solennelle et préten-
tieuse, sous le titre de comédie.

III

L'année, le mois même[1] où il exposait sur la scène
de Bruxelles cette grande fantasmagorie de *la Jeunesse de Louis XIV*, Dumas offrait au public du Théâtre-
Français une bluette charmante en un acte, un
simple lever de rideau, intitulé *Romulus*. Qu'on se
rassure, la pièce n'a de romain que le nom. Qu'est-ce
donc que *Romulus*? Une fantaisie humoristique et
très originale, un peu dans le goût de Marivaux,
d'Alfred de Musset et de Mérimée, qui nous transporte en Westphalie et nous présente un petit tableau
d'intérieur bourgeois, comme ceux de Van Ostade et
de Quentin Metzis. Peut-être le séjour de l'auteur
en Belgique et dans les Flandres a-t-il contribué à
lui en inspirer l'idée.

Une chose nous frappe d'abord qui contraste
avec la pièce précédente : la simplicité de l'action,
le calme d'une maison studieuse, et le petit nombre

1. 13 janvier 1854.

des personnages, réduits à quatre, sans compter l'inconnu et le nouveau-né, simples comparses. Deux docteurs allemands qu'on ne saurait taxer de gaieté folle, et pourtant très amusants, Célestus et Wolf; une bonne fille aimante et dévouée, Marthe, sœur du premier, ayant associé son existence à celle des deux amis ; un bourgmestre tout bouffi de son autorité, soupçonneux et inquisiteur : tel est le quatuor de cette comédie intime, où le rire tempéré s'allie à l'émotion discrète et contenue. Rien ici qui éclate et qui déborde. Nous sommes loin de cet immense déluge de *la Jeunesse de Louis XIV*. Ajoutons qu'il y a plus d'esprit, de vrai talent dramatique dans ce petit bout d'acte que dans la grande œuvre ambitieuse aux vastes proportions.

Les deux amis, Célestus l'astronome, Wolf le philosophe leibnitzien, n'ont d'autre passion que la science, et se trouvent si bien absorbés par leurs études qu'ils n'entendent pas la voix de Marthe leur rappelant en vain que le souper est servi. L'astronome, l'œil fixé sur son télescope, est occupé à poursuivre Orion et attend le vent de l'est pour dissiper les nuages; le philosophe poursuit la vérité, plus fugitive encore, à travers les brumes du lumineux Leibnitz. Le grand mérite de Dumas est de n'avoir pas fait de ses savants des pédants rogues ou des caricatures grotesques, mais de bonnes gens simples, naïfs et sympathiques, malgré leurs travers, dont on rit. Célestus, brave cœur, mais irritable et impatient, malmène parfois son ami, tout en le chérissant et lui offrant dans sa maison le vivre et le couvert. Wolf, en effet, est un proscrit, un terrible penseur anarchiste exilé de son pays comme un homme dangereux, bien qu'il soit aussi doux qu'un agneau ; un de ces démolisseurs innocents qui fabriquent dans leur cabinet des bombes sans le savoir, et s'effrayent plus tard de voir leurs disciples se charger de les faire éclater. — Célibataire obstiné pour son propre compte, mais partisan du mariage pour les autres, Célestus voudrait pousser son ami et sa sœur à des aveux qui n'arrivent point. Wolf est en principe opposé au mariage. Il est vrai que, par une inconséquence assez fréquente chez les philosophes de profession, ses idées se trouvent perpétuellement démenties par ses sentiments et sa conduite. Ses théories anticonjugales ne l'ont point empêché de s'apercevoir des beaux yeux de Marthe, de son air aimable et bienveillant.

Marthe, de son côté, déclare qu'elle restera fille au moment même où Wolf annonce l'intention de demeurer garçon. Premier point de contact entre deux âmes timides qui n'osent s'avouer encore leur sympathie secrète. Il faudra qu'un événement imprévu les amène à se déclarer.

Un enfant nouveau-né, enfermé dans une corbeille, a été déposé par un inconnu sur la table du cabinet où travaillent les savants. L'esprit charitable de Marthe et de Wolf s'intéresse tout d'abord à ce petit être dont Célestus voudrait se défaire, ayant en horreur les enfants, qui le gêneraient dans ses calculs astronomiques. Cependant les supplications de sa sœur finissent par le fléchir : il est convenu qu'on fera élever l'enfant. Mais quel nom lui donner? Wolf, toujours plein de rêveries antiques, propose de l'appeler Romulus, en mémoire du premier roi de Rome, exposé comme lui dans son enfance. Et voilà d'où vient le titre de la pièce. Malheureusement, on n'a pas la louve pour compléter le rapprochement. Mais, grâce à Marthe, qui connaît le secret sans le dire à personne, une nourrice est prête à dix pas de là, et Wolf se charge de l'aller chercher.

Sur ces entrefaites, l'arrivée du bourgmestre, ses prétentions à visiter la maison de fond en comble pour rechercher Conrad, le brûleur de villes et l'élève de Wolf, son enquête sur le nouveau-né, l'interrogatoire où il prétend arriver à démontrer, d'induction en induction, que l'innocent philosophe est le véritable père de l'enfant et que Marthe doit en être la mère, forment un imbroglio assez amusant. C'est autour du berceau de ce bébé que va s'engager l'action, et c'est de là que sortira un double mariage. Marthe se trouvant compromise aux yeux du monde et Célestus désespéré, Wolf, par générosité d'âme, croit devoir demander sa main. Au risque de donner un démenti solennel à ses doctrines philosophiques, il s'exécute avec toute la gaucherie d'un débutant en amour :

Mademoiselle, auriez-vous une grande répugnance à devenir ma femme ?

Il est plaisant, mais sans être aussi ridicule que le Thomas Diafoirus de Molière. Ce Wolf, tout métaphysicien qu'il est, a de la poésie dans l'âme et nous attendrit lorsqu'il raconte comment il recueillait autrefois les feuilles de rose tombées de la fenêtre de Mlle Marthe :

Vous chantiez comme un oiseau,... et moi, qui travaillais depuis l'aube, votre chant me réjouissait alors, comme si le soleil se fût levé une seconde fois [1].

1. Sc. XVII.

Il y a là un petit coin d'idylle amoureuse et bourgeoise qui nous rappelle de loin l'*Hermann et Dorothée* de Gœthe.

Le naïf savant s'aperçoit qu'il a le cœur pris et sanglote en voyant que Marthe refuse par délicatesse de l'épouser. Au moment où elle se décide enfin, Célestus accourt apportant une grande nouvelle qui rend le mariage inutile. Gertrude, en voyant accuser Marthe, a tout avoué à son père. Le bourgmestre apprend que le nouveau-né est son petit-fils, le fruit des amours de Gertrude et de Conrad. Il reparaît penaud et confus. L'enfant n'ayant plus besoin de trouver un père et une mère, Wolf se dispose à reprendre sa canne, son chapeau et son Leibnitz, quand Célestus le pousse dans les bras de Marthe et l'engage à s'arrêter là. Il y aura deux mariages au lieu d'un. Cette œuvre, qui n'est pas une des pièces les plus connues d'Alexandre Dumas, est sans contredit une des plus originales et des plus heureuses.

Un autre lever de rideau remis en honneur depuis quelque temps, *l'Invitation à la Valse*, représenté d'abord au Gymnase et plus tard au Théâtre-Français, rentre encore dans le même genre de la comédie moyenne ou du proverbe, avec une pointe de marivaudage qui rappelle son origine.

Nous n'avons montré ici qu'un des côtés du talent multiple d'Alexandre Dumas. Romancier, poète, dramaturge, s'il ne peut prétendre au titre de penseur et d'écrivain supérieur, il a été sans contredit un des plus féconds et des plus grands amuseurs du xixe siècle. Bien qu'il ne soit pas entré à l'Académie française, non plus que Balzac, il n'en a pas moins sa statue dans ce Paris qu'il a charmé et diverti si longtemps.

Certains critiques maussades, dans leur rigorisme de Jansénistes littéraires, ont cru devoir lui contester, lui refuser même absolument l'art d'écrire, et réduire à néant son œuvre dramatique, comme si elle était rédigée en iroquois ou en patagon. Sans doute, Alexandre Dumas n'a pas le style perlé, ciselé, d'un Mérimée, d'un Alfred de Musset, voire d'un Léon Gozlan, si l'on veut : mais il a, plus qu'eux tous, le style de l'action, du dialogue, du drame proprement dit, tel que l'avait Scribe ; ce style parlé fait pour la scène plutôt que pour la lecture, ce qui est tout différent. La reprise de *Henri III* est venue prouver aux plus incrédules que les enluminures dramatiques du vieux Dumas avaient gardé un certain éclat. *Mademoiselle de Belle-Isle* et *les Demoiselles de Saint-Cyr* n'ont point disparu de l'affiche et font recette encore au Théâtre-Français.

Pour résumer notre opinion sur Alexandre Dumas, nous avouerons qu'il a été un prodigue, un dépensier, ayant gaspillé de vrais trésors, au lieu de réunir, de condenser, de s'assurer pour l'avenir un bon fonds littéraire, un solide placement auprès de la postérité. Mais, après avoir admis toutes les restrictions, toutes les sévérités de la critique sur le mauvais usage qu'il a fait parfois de son talent, nous sommes bien forcé de reconnaître que la prodigalité n'est permise qu'aux riches, et que les gens plus sages et plus sobres, obligés de se contenir et de se modérer par l'exiguïté de leurs ressources, feraient peut-être bien de ne pas se montrer trop fiers de leur économie. Quoi qu'on puisse dire, Alexandre Dumas a ce don précieux pour un auteur et pour un acteur, ce qu'avait Frédérick Lemaître, ce qu'ont aujourd'hui Mounet-Sully,

Coquelin et Mme Sarah Bernhardt : *le diable au corps!* — Ne l'a pas qui veut.

Ajoutons qu'il a été, comme Scribe, par ses œuvres répandues dans le monde entier, un des plus actifs exportateurs de l'esprit français. C'est un genre de service que l'Association nationale pour la langue française doit apprécier et honorer aujourd'hui plus que jamais.

CHAPITRE XXX

HONORÉ DE BALZAC (1799-1850).

*Nature de son génie. — Le romancier et l'auteur dramatique.
Vautrin. — Les Ressources de Quinola. — Mercadet.*

Nous avons vu Alexandre Dumas envahir en conquérant le double champ du roman et du théâtre. Son exemple devait éveiller plus d'une concurrence autour de lui. Parmi ces émules, il nous faut citer un autre romancier fameux, son égal au moins pour la fécondité et la renommée, son maître par l'analyse et la peinture des caractères, ayant, lui aussi, ses aspirations et ses ambitions dramatiques, sans les voir couronnées pourtant du même succès : il s'agit de Balzac.

Quelques mots sur l'homme nous aideront à mieux juger l'auteur, son esprit, ses tendances, ses qualités et ses défauts. Honoré de Balzac, né à Tours en 1799, mort à Paris en 1850, est resté une des gloires les plus bruyantes et les plus contestées de notre temps. Il a eu et garde encore ses fanatiques et ses détracteurs : lui-même, d'ailleurs, a contribué tant qu'il a pu à dresser le piédestal sur lequel devait s'élever sa statue. Tout d'abord, il s'est octroyé une particule que sa naissance ne lui donnait pas, sans avoir le droit de dire, comme le faisait plaisamment Beaumarchais.

que sa noblesse était bien à lui, puisqu'il en avait quittance. La sienne ne lui a rien coûté. Bourgeois d'origine, aristocrate d'instinct, il a fini par croire à cette généalogie romanesque, fruit de son imagination.

Par un travers commun aux plus beaux génies de notre époque, l'orgueil, et aussi l'amour de l'hyperbole, de la pose, de la réclame, s'allient chez lui à un incontestable, à un immense talent. Le grand homme simple, tel qu'il existait jadis, ne se rencontre plus guère. Chez l'auteur des *Trois Mousquetaires*, il y a tant de bonhomie joviale, de crânerie amusante, qu'on lui passe volontiers ses rodomontades littéraires dont il rit tout le premier. Balzac est plus grave, plus sérieux, plus convaincu de son importance, de son apostolat artistique et social, et il fait passer cette conviction dans ses œuvres. Au bas d'un portrait de Napoléon, il écrit : « Ce qu'il a commencé par l'épée, je l'achèverai par la plume. »

D'ailleurs, n'a-t-il pas ses dévôts saluant en lui un véritable colosse littéraire, auquel une statue même de douze pieds suffirait à peine ? Les uns l'appellent *l'Homère du* xixe *siècle* et oublient de se demander ce que devient alors Victor Hugo. En feront-ils un Virgile ? Ses amis ne s'en contenteraient pas. Les autres, poussant encore plus loin l'idolâtrie de Balzac, l'ont proclamé, sans qu'on sache trop pourquoi, le *Christ de l'art moderne* [1]. Est-ce en mémoire de ce long calvaire de travail et de patience par lequel il lui fallut arriver à l'immortalité ? La montée fut pour lui, en

---

1. D'autres juges, moins indulgents, ont fait de lui un commis voyageur, un émule de Gaudissart par l'esprit, les allures et le langage.

effet, rude et laborieuse, et prouva une fois de plus, à son honneur, ce que peut l'énergie de la volonté. Là encore se présente un nouveau contraste avec Alexandre Dumas, chez qui tout déborde et s'épanche sans travail et sans effort, avec une profusion et une intempérance souvent dangereuses. Balzac est un Cyclope forgeant dans son atelier à la sueur de son front. Théophile Gautier, qui l'a vu à l'œuvre, en parle savamment :

« On a dit que la patience était la moitié du génie : personne ne peut nier dans l'auteur du *Père Goriot* et des *Scènes de la vie de province* une opiniâtreté de travail à l'abri de toute fatigue ; le *Labor improbus omnia vincit* semble avoir été écrit pour lui. En effet, bien différent des natures spontanées qui trouvent tout d'abord la forme qui leur est propre, M. de Balzac a fait d'immenses efforts pour dégager sa pensée du bloc. De ses tâtonnements multiples est résultée une infinité d'ébauches plus ou moins informes, ne vivant qu'à demi, et qui cependant trahissent çà et là, par quelques traits singuliers, le talent futur de l'auteur. Cent ou cent cinquante volumes parurent ainsi, signés de différents pseudonymes, et se débitèrent obscurément dans les cabinets de lecture, sans qu'aucun œil investigateur devinât l'ingénieux écrivain de *la Physiologie du Mariage* et de la *Peau de chagrin*, et de tant d'œuvres remarquables [1]. »

Il eût pu mourir alors parfaitement ignoré. C'eût été dommage pour lui et pour nous.

Ainsi que Beaumarchais, Balzac a la passion de la fortune et de la renommée, deux moyens d'agir sur

---

1. Théophile Gautier, *Histoire de l'art dramatique*, t. III.

le monde et de le dominer. Il mène de front la composition de ses premières œuvres et les entreprises industrielles : il se fait tour à tour fondeur de caractères, imprimeur, éditeur, courant toujours après la fortune comme le trafiquant de La Fontaine :

Fidèle courtisan d'un volage fantôme.

L'homme d'imagination qui domine en lui l'emporte sur le praticien et l'entraîne à des visions chimériques.

Cette préoccupation de l'argent, cette poursuite ardente de la fortune se retrouvera partout, dans ses romans et dans son théâtre. Il aura beau maudire cette fatale passion, ce culte du Veau d'or qui est la maladie du siècle : il la partage lui-même. Les créanciers et les huissiers, les usuriers et les tripoteurs d'affaires tiennent une large place dans sa vie et dans ses œuvres. Alexandre Dumas rêve bien aux millions de Monte-Cristo, mais en poëte, en enfant prodigue, nourri des contes des *Mille et une Nuits*. Chez Balzac, le rêve se complique de calculs, de supputations et de combinaisons savantes. Il a poétisé Barrême et en a fait un livre d'alchimie pour en tirer la pierre philosophale. Moins habile ou moins heureux que Beaumarchais, il s'aperçoit à la fin que la fortune ne vient pas, et ne songe plus qu'à la gloire.

Il demande à la littérature de réparer à son égard les torts de l'industrie. « L'imprimerie, dit-il, m'a pris tant de capital qu'il faut bien qu'elle me le rende. » Il va l'occuper fiévreusement et faire gémir sous le poids formidable de ses manuscrits, sans cesse remaniés et raturés, les presses et les protes qu'il écrase de son labeur continu.

Enfermé dans sa solitude des Jardies, enveloppé de sa robe blanche de moine, travaillant surtout la nuit, et même le jour, à la lueur des bougies, avec son vaste front olympien, sa noire chevelure ondoyante, il apparaît comme un Bénédictin d'un nouveau genre, produisant sans relâche, lisant peu, écrivant beaucoup. Si l'on en croit le témoignage de sa sœur, Mme de Surville, il a publié, de 1827 à 1848, 97 ouvrages formant 10 816 pages de l'édition compacte de *la Comédie humaine*. On comprend que son imagination, surexcitée par ce travail incessant, solitaire et nocturne, ait mêlé bien des chimères aux souvenirs de la réalité vivante et des affaires pratiques auxquelles il avait pris part. De là chez lui un double courant : l'un positif, l'autre idéal ou fantastique, qu'il s'agisse du *Père Goriot* ou du *Lys dans la vallée*. Nous le retrouvons également au théâtre, où il accumule des heurts, des contradictions, des invraisemblances plus sensibles encore sur la scène que dans le roman.

Bien qu'il ait intitulé l'ensemble de son œuvre *Comédie humaine*, et qu'il ait plus d'une fois justifié ce titre ambitieux par la variété, la multiplicité et la vérité des types, des mœurs et des tableaux, on peut dire qu'il n'a presque jamais réussi au théâtre. Nul peut-être n'a fourni aux poètes dramatiques plus de motifs d'inspiration, plus d'analyses et d'observations profondément creusées, plus de situations poignantes; et nul n'a moins tiré parti que lui-même de ces éléments tout préparés. Nous avons vu tour à tour Alexandre Dumas, George Sand, Jules Sandeau, Octave Feuillet, Henri Murger, Ohnet, Daudet, Zola, ou seuls ou avec le secours de collaborateurs, transporter leurs romans sur la scène et leur communiquer une seconde vie. Balzac, malgré son goût inné pour la spéculation, n'a jamais réalisé de pareils bénéfices, assez faciles, ce semble, à recueillir. Il a cherché longtemps la forme du roman qu'il rêvait, et à laquelle il est arrivé enfin, devenu pour le coup un maître et un dominateur dans son genre. Il a cherché de même la forme du drame qu'il eût souhaité de faire, et il est mort sans l'avoir trouvée. De son vivant, il n'a guère connu que des échecs. La seule de ses pièces qui soit restée au théâtre n'y est parvenue qu'après sa mort, remaniée par un praticien, un charpentier dramatique, Dennery, qui ne venait pas à la cheville de Balzac comme créateur, et qui cependant a pu seul rendre son œuvre viable et présentable sur la scène. Ses drames et ses comédies sont demeurées à l'état d'ébauches, ainsi que ses premiers romans.

En parlant d'Alexandre Dumas, ce qui nous a frappé dès son début au théâtre, c'est la facilité, le sans-gêne avec lequel il s'y établit, l'aisance et la promptitude de la conception dramatique, cette allure cavalière d'un étourdi allant souvent à l'aventure, risquant les situations les plus impossibles et finissant par s'en tirer, par entraîner, à force de verve et d'aplomb, le spectateur ou le lecteur. Chez Balzac, au contraire, malgré la force, la vigueur, la puissance incontestable d'un génie producteur, malgré son talent de peindre et de créer des caractères, l'action dramatique ne réussit point à se dégager dans toute sa plénitude et sa liberté. Elle reste, pour l'exécution, fort au-dessous de la conception de l'auteur, et ne sort pas des limbes. Son style, plus travaillé, plus martelé que celui d'Alexandre Dumas, est loin d'en avoir l'aisance et la rapidité. On sent trop la lutte, l'effort de l'écrivain tendant ses muscles pour révéler sa force, pour donner à ses personnages et à ses expressions plus de relief et d'énergie, sans y arriver toujours.

La naïveté, l'abandon, le cri du cœur, la gaieté spontanée, ces facultés précieuses au théâtre et surtout dans la comédie, sont choses inconnues pour lui. Le calcul, la réflexion souvent amère et triste, le scepticisme désenchanté, répandent tout alentour un air glacial. Quoiqu'il ait écrit des *Contes drolatiques* à l'imitation de Rabelais son compatriote, quoiqu'il ait puisé dans la cuve de Gargantua un peu de ce *bon piot* dont s'enivre et nous enivre le grand maître du rire gaulois, on peut dire que la gaieté manque trop souvent à ses comédies. Quinola est loin d'égaler Scapin ou Figaro, qu'il a le tort de vouloir singer parfois. Le moindre valet de Regnard lui est cent fois supérieur.

Théophile Gautier, cherchant à expliquer ces échecs de Balzac, en donne pour cause la différence qui existe entre la perspective du théâtre et celle du roman.

« L'art du théâtre, dit-il, est en effet un art tout particulier. Un poète, un écrivain qui arrive à la scène est à peu près dans la position d'un peintre qui voudrait faire de la décoration. Il serait tout surpris de voir ses lignes danser à droite et à gauche, ses tons changer de valeur et d'intensité, les premiers plans reculer et les lointains avancer : la lumière de la rampe dénature tout. Dans ce métier aventureux, les plus habiles travaillent un peu comme les ouvriers de haute lice, à l'envers et sans voir ce qu'ils font [1]. »

Est-ce là le seul, le vrai motif? Nous pensons qu'il

---

1. *Histoire de l'art dramatique*, t. III, p. 103.

est ailleurs. Le plus sûr pour réussir au théâtre est de suivre la nature sur les pas des grands maîtres, et selon le précepte de Boileau :

> Que la nature donc soit votre étude unique,
> Auteurs qui prétendez aux honneurs du comique.

Le défaut de Balzac au théâtre a été de s'écarter de la nature, de la dépasser en ne s'inquiétant ni du sens commun, ni de la vérité. La simplicité des sentiments, des idées, du langage et des moyens dramatiques, voilà ce qu'il a prétendu toujours éviter. Il a visé en tout à l'extraordinaire, jaloux de s'élever au-dessus de l'art bourgeois tel que le pratiquaient Scribe et Bayard. Par crainte du banal, il s'est jeté dans l'invraisemblance et l'exagération. Or c'est au théâtre surtout qu'on peut dire :

> Rien n'est beau que le vrai.

Chose étrange! toutes ces facultés d'observation profonde, d'analyse minutieuse, de création puissante, dont il a fait preuve dans le roman, semblent l'abandonner sur le théâtre, pour faire place aux visions fantastiques ou saugrenues d'une imagination en délire.

Si Balzac n'occupait un rang aussi considérable dans notre littérature, s'il n'avait exercé une si haute influence autour de lui, peut-être n'aurions-nous pas songé à parler de ses œuvres dramatiques, très inférieures à ses romans. Mais il est de ces écrivains dont les avortements même sont des événements littéraires à signaler. D'ailleurs *Mercadet*, ce triomphe posthume, est un nom, un type qui a forcément sa place dans l'histoire du théâtre contemporain.

I

Le premier essai dramatique de Balzac, entouré déjà d'une certaine solennité, fut ce fameux et malheureux *Vautrin* qui fit tant de bruit et de scandale sur le théâtre de la Porte-Saint-Martin, le 20 mars 1840. Au point de vue littéraire, l'œuvre était des plus médiocres : un véritable rébus horrible à déchiffrer, compliqué, surchargé de mystères, d'invraisemblances et d'impossibilités. Au point de vue moral, l'effet était plus déplorable encore. Un forçat transformé en bienfaiteur de l'humanité, un échappé du bagne continuant son ancien métier, mais cette fois pour le bon motif, volant pour faire la charité, offrait un personnage peu sympathique et peu édifiant. Pour comble d'audace, l'acteur chargé de remplir ce rôle, Frédérick Lemaître, avec son redoutable génie de mime et d'histrion, avait reproduit d'une manière frappante les traits du roi Louis-Philippe : son toupet, ses favoris, dans un des nombreux déguisements auxquels se livre Vautrin. C'était là un outrage gratuit dépassant toutes les bornes de la licence, autrefois permise à la comédie athénienne et à l'ancienne farce sous Louis XII. L'opinion publique se souleva contre cet oubli des convenances : la censure interdit la pièce le lendemain de la première représentation. Et ce qui prouve que ce verdict était légitime à tous égards, c'est que le drame, depuis la chute de la Monarchie de Juillet, n'a jamais tenté de reparaître sur la scène. L'auteur lui-même s'y opposa.

Après l'échec de *Vautrin*, Balzac se disposait à prendre sa revanche dans une œuvre maîtresse et définitive. Il s'en flattait hautement, et deux ans plus tard (1842), toutes les trompettes de la Renommée annonçaient *urbi et orbi* l'apparition des *Ressources de Quinola*. Jamais représentation ne fut plus vantée d'avance, plus splendidement et plus magnifiquement préparée. L'Odéon s'était mis en frais de décors et de costumes. L'auteur, plein de confiance, avait cru devoir supprimer la claque, cet auxiliaire dont Scribe, comme Voltaire, connaissait tout le prix : pour lui, il s'en rapportait au libre jugement du public. Plus tard, quand un nouvel échec est venu tromper encore une fois ses espérances, essayant d'en expliquer la cause, il l'attribue à la mauvaise humeur des spectateurs parisiens, qui n'ont pas l'habitude, dit-il, de payer leur place. Faible raison : le public ne regrette pas son argent quand on l'amuse. Quoi qu'il en soit, cette représentation, la plus orageuse, peut-être, qu'on eût vue depuis *Hernani*, n'en est pas moins restée un des événements mémorables du temps. Toute l'élite de la littérature, représentée aux premières loges par Victor Hugo, Lamartine, Léon Gozlan, Mme de Girardin, dont l'auteur rappelle les noms dans sa préface : toute la haute société parisienne, le ban et l'arrière-ban de la presse, assistaient à ce grand tournoi dramatique, qui devint une véritable bataille.

Deux jours après [1], Jules Janin, dans le *Journal des Débats*, en racontait les péripéties avec une implacable fidélité, qui devait doubler les antipathies natives de Balzac contre la critique. Malheureusement, il est difficile de tenir tête à un public insurgé, et ce fut le cas pour *les Ressources de Quinola*.

1. 21 mars 1842.

« Rien ne saurait vous rendre, dit Janin, l'ennui et l'impatience horrible du parterre. C'étaient des cris, des vociférations, des hennissements, des interrogations, des injures, des ironies, un tumulte sans fin et sans forme. »

Depuis le *Christophe Colomb* de Lemercier, l'Odéon n'avait pas vu pareil naufrage sur ses bords.

L'auteur ne comprenait rien à ce déchaînement des spectateurs et des journaux qu'il accusait d'ingratitude, en rappelant tout ce qu'il avait fait pour leur complaire. N'avait-il pas brisé le vieux cadre suranné et démodé de la comédie classique pour se lancer dans les aventures et les libertés du théâtre anglais et espagnol? N'avait-il pas donné à sa pièce ces dimensions colossales qui semblent celles du drame moderne, à la façon du *Cromwell* de Victor Hugo? Il exhale ses plaintes en ces termes dans sa préface :

« On ferait plusieurs volumes avec les lamentations des critiques qui, depuis bientôt vingt ans, demandaient des comédies dans la forme italienne, espagnole ou anglaise : on en essaye une, et tous aiment mieux oublier ce qu'ils ont dit depuis vingt ans, plutôt que de manquer à étouffer un homme assez hardi pour s'aventurer dans une voie si féconde *et que son ancienneté rend aujourd'hui presque nouvelle.* »

Ce dernier mot est un aveu précieux à recueillir. En effet, cette prétendue nouveauté était un retour à des formes anciennes déjà pratiquées au temps de Hardy, de Mairet, de Rotrou, de Scarron, et abandonnées depuis. *Quinola* a déjà eu des ancêtres qui se sont appelés *Don Cabrère* et *Don Japhet*, plus amusants que lui.

Mais enfin la pièce arrivait avec un clinquant tout

neuf en apparence, bondée de ses cinq actes tradi-
tionnels et précédée d'un prologue qui était à lui
seul déjà une petite comédie. A l'instar d'Alexandre
Dumas, l'auteur, associant l'histoire au roman, s'est
flatté cette fois de nous représenter un âge de l'humanité, une de ces étapes sur la route des siècles que
Bossuet appelle des *époques* dans son *Histoire uni-
verselle*. La Réforme et la Vapeur, tels sont les deux
grands événements du monde moderne qu'il va rapprocher dans sa vaste et hardie synthèse. Luther et
Calvin ne sont pas de trop pour tenir compagnie à
Fontanarès et à Quinola.

Malheureusement, les premières études de Balzac ne
valaient guère mieux que celles d'Alexandre Dumas,
et il n'avait pas même autant que lui pris la peine
de feuilleter en courant les mémoires du temps. Il
bâtit et fait l'histoire dans sa tête comme un roman,
sans souci de la chronologie ni de la réalité. De là
des erreurs qui ne sont pas de simples entorses
données à l'exactitude historique, telles que l'âge
attribué à la princesse des Ursins dans *les Demoiselles
de Saint-Cyr*, mais des invraisemblances, des anachronismes et des bévues qui sautent aux yeux. Il
parle de Calvin qui vient de mettre l'Europe en feu
alors qu'il est mort depuis longtemps ; il fait de
son héros Fontanarès, l'inventeur de la vapeur,
un élève de Galilée, dans un temps où Galilée est
encore à naître. Il prête à Philippe II des idées de
tolérance qu'il n'a jamais eues. Malgré l'autorité
d'Arago, qu'il invoque dans sa préface, l'apparition
d'un navire à vapeur dans le port de Barcelone au
XVIᵉ siècle nous semble des plus problématiques.
Même après Salomon de Caux et Papin, bien des

années s'écouleront encore avant que Watt donne au monde le spectacle d'un pyroscaphe descendant la Tamise. C'était offrir au public français trop de bourdes accumulées, bourdes historiques, bourdes dramatiques, bourdes philosophiques et sociales, sans entrain, sans gaieté, d'un ton solennel et pédantesque. La patience des spectateurs se lassa et ne put tenir contre l'ennui.

Évidemment, dans la pensée de l'auteur, Quinola devait être un second Figaro. Mais combien il en est loin! Quelle différence entre ce truand déguenillé, sorti du bagne, du cabaret, du tripot, et l'aimable, le pimpant, le sémillant barbier andalou, tel que l'ont fait vivre à nos yeux la prose étincelante de Beaumarchais et la musique ailée de Rossini! Quinola peut bien être le compagnon, le cousin dégénéré de Lazarille de Tormes, de Gusman d'Alfarache, voire de Don César de Bazan, tout en leur étant très inférieur. Mais Figaro, jamais!

Quant au grand homme, l'Almaviva de ce nouveau Figaro manqué, son exemple est fait pour nous dégoûter du génie, surtout au théâtre. Le génie peut être admirable, sublime et en même temps fort ennuyeux: témoin le *Christophe Colomb* de Lemercier et le *Galilée* de Ponsard. Joignez-y le Fontanarès de Balzac, qui les surpasse tous par son pathos amphigourique et prétentieux.

> O mon Dieu! le talent et le crime sont-ils donc une même chose à tes yeux? Que t'ai-je fait pour souffrir tant d'avanies, tant d'insultes et tant d'outrages? Faut-il donc d'avance expier le triomphe [1]?

____

1. Acte III, sc. VIII.

On dirait que Balzac a jeté dans le cœur ulcéré de Fontanarès une partie des rancunes que lui avaient inspirées ses premiers déboires, et dont néanmoins ses succès de romancier l'avaient dédommagé depuis longtemps.

II

Malgré ce nouvel échec, Balzac, habitué de longue date à la lutte, n'abandonnait point l'espoir de s'emparer enfin du théâtre. Renonçant pour le moment à ses hautes conceptions ambitieuses, il se renfermait dans le cadre du drame bourgeois, et donnait successivement, en 1843, au théâtre de la Gaîté, *Paméla Giraud*, une comédie larmoyante, puis, en 1848, au Théâtre-Historique, *la Marâtre*, un sombre mélodrame, qui ne pouvaient suffire à réparer le triste effet des chutes antérieures. L'auteur tenait en réserve une autre revanche pour laquelle il attendait l'heure propice : la mort arriva avant qu'il pût mettre en scène cette dernière production, la seule qui ait vraiment réussi et qui soit restée au théâtre : *Mercadet*, représenté le 24 août 1851.

Ce type de Mercadet avait longtemps voyagé dans la tête de l'auteur, et demeurait une de ses créations favorites. Dix ans auparavant, Théophile Gautier avait entendu la lecture de la pièce aux Jardies, et il nous raconte l'effet prodigieux qu'elle produisit, interprétée par Balzac en personne. « A la voix de l'auteur, des silhouettes bizarres naissaient en foule : costume, gestes, attitude, grimaces, on devinait tout. Les créanciers pullulaient de toutes parts : un chœur d'huissiers faisait ses évolutions autour du drame, et le papier timbré tombait en flocons comme une neige perpétuelle du pôle[1]. »

C'est en voyant ainsi ses propres œuvres, en se donnant à soi-même la comédie avec son imagination et celle de ses amis, que Balzac arrivait à se faire illusion sur la valeur et la portée de ses conceptions dramatiques. C'est ainsi que Diderot avait vu jouer son *Père de famille* au milieu des larmes de toute sa maison : ce qui n'empêcha pas le parterre de rester indifférent. Scribe, en vrai praticien qu'il était, procédait autrement et songeait au public avant tout, se mettant à sa place pour se juger.

Plus tard, il est vrai, Théophile Gautier, relisant la pièce à tête reposée, la trouvait un peu trop exubérante pour la scène, qui exige le raccourci et la perspective. Quelques coupures, quelques détails d'arrangement lui semblaient indispensables. Les objections, les exigences ou les refus des directeurs de théâtre devenus défiants, les résistances de l'auteur peu disposé à mutiler son œuvre, étaient autant d'obstacles. Après sa mort, il fut plus facile de s'entendre. Remaniée par un grand arrangeur comme Dennery, la comédie de Balzac parut sur ce même théâtre du Gymnase où avaient si longtemps régné Scribe et Bayard : elle y obtint un éclatant succès.

Jules Janin, si justement sévère pour *Vautrin* et pour *les Ressources de Quinola*, se montre en partie désarmé cette fois :

« Je commence, dit-il, en toute sincérité par reconnaître le vif esprit, l'insolence, la crânerie impérieuse de cette comédie ornée d'un si grand nom : elle a été

---

1. *Histoire de l'art dramatique*, t. VI.

fort applaudie et trop applaudie. Elle a fait rire, elle a fait peur, elle est jouée à merveille : elle sera une fortune, et une fortune sérieuse pour le Gymnase.... Il y a là dedans du Balzac, du vrai Balzac ; il y en a beaucoup. »

Transportée depuis sur la scène du Théâtre-Français, la pièce y a produit un médiocre effet[1] : elle reste cependant une œuvre digne d'attirer notre attention.

Mercadet est le Turcaret du XIXe siècle, plus fin, plus habile, plus réservé, moins bouffi, moins naïvement vaniteux et aussi moins comique et moins amusant que le premier. C'est le reflet d'un âge nouveau, âge des banques et des crédits fictifs, des sociétés anonymes, des assurances imaginaires, des placements à fonds perdus, des chimères mises en actions, et trouvant preneurs au ferme et avec prime. La Société des Bitumes du Maroc dans *Jérôme Paturot* est un spécimen de ces créations fantastiques fondées sur la sottise et la crédulité humaines.

Cependant Mercadet est-il à proprement parler un voleur, un coquin? Non, sans doute. — Est-ce un honnête homme? Pas davantage. — Qu'est-il donc? Ce qu'on appelle *un faiseur*, un tripoteur d'affaires dans le monde de l'agio, où le grand secret est de jeter de la poudre aux yeux. Il a ce qu'a eu Balzac à certains moments, dans sa vie si accidentée, le démon de la spéculation, comme d'autres ont eu celui du baccarat et du lansquenet. Après avoir séduit, grisé, dupé les autres, il lui arrive de se duper lui-même ou de se laisser jouer par ses compères ou ses

---

1. Nous lisons dans *le Gaulois* du 11 mai 1888 : « On a repris assez timidement *Mercadet* à la Comédie-Française, et la reprise a passé à peu près inaperçue. »

victimes. C'est ainsi que son associé Godeau est parti un beau matin emportant la caisse, et l'a laissé en pleine détresse.

Turcaret, ce fils de laquais, devenu par ses opérations véreuses un des gros bonnets de la finance, en arrivant à la fortune a pris tous les vices d'un grand seigneur. Oublieux de son origine, il méconnaît sa sœur, marchande à la toilette ; il abandonne sa femme, qui court la prétantaine de son côté ; aspirant pour soi à de plus nobles conquêtes, il courtise et entretient à gros frais une certaine baronne qui se moque de lui. En somme, il y a chez Turcaret une ampleur, un débordement de sottise et de dépravation naïve qui font de lui un type ayant sa date à la veille de la Régence et de la grande entreprise de Law.

Mercadet est d'un autre temps, plus moral en apparence, de 1830 à 1848 : il a gardé les vertus de famille, vertus bourgeoises qui sont montées sur le trône avec la dynastie nouvelle. Bon mari, on ne voit pas qu'il entretienne une baronne, pas même une écuyère du cirque ou une danseuse de l'Opéra. Bon père, il songe à marier sa fille, à lui assurer une situation brillante, avantageuse pour elle et pour son propre compte. Dans cette intention, il médite un nouveau *puff* : car c'est toujours au *puff* de Scribe que nous revenons comme à l'un des grands ressorts de la société contemporaine. Il s'agit d'appeler les créanciers à la rescousse et de les faire contribuer aux frais de ce mariage providentiel qui doit tout sauver.

Au moment de signer le contrat, la maison Mercadet est en pleine déconfiture, ainsi que l'était jadis la maison Durville donnant une magnifique soirée, dans le *Duhautcours* de Picard. Balzac excelle à peindre ces situations désespérées, ces effondrements lamentables entourés des vains simulacres de l'opulence. Il ne se contente pas de nous représenter ici un caractère, mais un état social, un tableau de mœurs avec les comparses qui le complètent. Autour du héros principal viennent se grouper les personnages secondaires, qui représentent moins des individus que des espèces : les domestiques et les créanciers, deux plaies terribles pour une maison qui s'en va. Toute la domesticité en émoi va nous apprendre dès le début la gêne où se trouve M. Mercadet, malgré son talent prodigieux à sortir d'embarras. « Il y en a qui domptent les lions et les chacals, lui dompte les créanciers : c'est sa partie », s'écrie le valet Justin, émerveillé du génie de son maître. Néanmoins, ce personnel, retenu par l'intérêt seul, sans dévouement ni affection, songe à déserter une famille où les salaires et les profits deviennent plus que jamais problématiques. Au temps passé, les Sganarelle, les Cliton, les Crispin, les Scapin, tout en voyant parfois leurs maîtres, leur restent attachés. Sganarelle réclame ses gages jusqu'au moment où Don Juan disparaît entraîné par le Commandeur : mais il n'a point songé à le quitter. La domesticité moderne est moins patiente, et prend des airs d'arrogance et de dédain qu'elle ne se permettait pas autrefois.

Justin, prévoyant le naufrage prochain de M. Mercadet, en conclut qu'il est temps de se faire mettre à la porte. Thérèse, la femme de chambre, a fait tout ce qu'elle a pu pour cela, sans y réussir : « J'ai déjà dit deux ou trois insolences à madame, et elle n'a pas eu l'air d'entendre. » Toute cette scène des domestiques est d'une vérité triste et crue comme une page des *Parents pauvres*. Jules Janin trouve ce premier acte d'une gaieté folle : nous ne saurions partager son avis.

La bonne et honnête Mme Mercadet, en faisant appel au dévouement de ses gens et à leur discrétion, en leur avouant les embarras momentanés de son mari, se livre et s'expose à les voir lui manquer de respect le lendemain. Mercadet, intrépide en face de l'orage qui gronde, a l'aplomb d'un Napoléon prêt à livrer une mémorable bataille : c'est lui-même qui use de la comparaison en prenant la pose du grand homme. Il y joint au besoin l'allure cauteleuse et caressante de maître Renart, de Panurge et de Patelin, car il y a un peu de tout cela dans le tempérament et les procédés du savant faiseur.

Tout d'abord, en habile prestidigitateur, sous les passes magnétiques de sa parole, il va faire rentrer dans le devoir son personnel insurgé, qu'il renvoie d'un ton impérieux auprès des fournisseurs récalcitrants. Sa cuisinière Virginie reste interdite et stupéfaite quand il lui ordonne de préparer un dîner splendide, en vantant ses talents de cordon bleu. Il la prend si bien par l'amour-propre et la cupidité en lui parlant d'un bon placement possible à 6 pour 100 tous les six mois, qu'il arrive à lui soutirer les 3000 francs d'économie qu'elle lui a volés en faisant danser l'anse du panier. Première reprise et première victoire : mais ce n'est là qu'une escarmouche. Le grand combat avec les créanciers va être bien autre chose. Cette scène des créanciers n'est point, à vrai dire, une invention de Balzac. Elle a été plus d'une fois employée avant lui. Molière en avait déjà offert un premier modèle dans le dialogue de Don Juan et de M. Dimanche :

Regnard l'avait reprise dans *le Joueur*, Picard dans son *Duhautcours*; *Robert Macaire* avait aussi la sienne. Balzac, néanmoins, a trouvé moyen de la rajeunir et de la raviver sous des formes nouvelles.

A l'heure où l'innocente Mme Mercadet, épouvantée de voir arriver cette meute affamée, demande à son mari de quoi il va la payer: « *D'audace* », réplique celui-ci, la seule monnaie qu'il puisse lui présenter, et il en usera largement. Le mariage prochain de sa fille avec un riche gentilhomme du Midi est l'appât sur lequel il compte pour les amadouer. Il y joint la légende de Godeau qui doit revenir bientôt millionnaire des Grandes Indes. Mais ce n'est point assez d'obtenir des délais, pour ressaisir la fortune au passage: il lui faut encore arracher à ses créanciers l'argent dont il a besoin pour le repas de noces, pour la toilette de sa femme et de sa fille et pour le trousseau de la mariée, destiné à couvrir l'absence d'une dot qui est encore à venir.

Le succès auprès des créanciers est complet. Reste la question du mariage. Sur ce point, un accroc, ou plutôt un petit incident, vient entraver les espérances de Mercadet. Sa fille ne s'est-elle pas avisée de s'amouracher d'un simple employé de sa maison, Adolphe Minard, un pauvre garçon appointé à 1800 francs! Le père ne voit là qu'un grain de sable sur son chemin, un feu de paille qu'il aura bientôt éteint. Tout d'abord, pour calmer la passion du jeune homme, il lui révèle sa ruine complète, lui met sous les yeux les protêts, sommations, saisies, toutes les preuves authentiques de sa déconfiture, supposant que ce serait là, pour un prétendant, le meilleur des réfrigérants. Contre son attente, Minard persiste plus que jamais, heureux de voir que la différence des fortunes n'est plus un obstacle à son amour. Tout édifié et touché qu'il est par ce spectacle si peu ordinaire et si contraire à ses prévisions, Mercadet démontre à Minard l'impossibilité du mariage. Avec la précision et le prosaïsme impitoyable de l'expérience, il lui peint cette union amenant comme résultat inévitable la misère pour Julie et la ruine pour sa famille. Le mariage avec M. de la Brive est la seule chance de salut pour tous dans leur désastre.

Et il supplie l'honnête et malheureux jeune homme, au nom de son amour pour Julie, de se sacrifier lui-même, d'avoir l'air de l'abandonner. Le pathétique est une note qu'il fait encore vibrer ici avec d'autant plus de sincérité qu'il y est directement intéressé. Minard se résigne à jouer un rôle que son cœur désavoue.

A ce petit intermède de comédie larmoyante va succéder une autre scène de bonne et franche comédie qui est, avec celle des créanciers, la meilleure de la pièce : la rencontre du beau-père et du gendre. Peut-être est-elle un souvenir de *Robert Macaire?* mais Balzac a su donner à son dialogue et à ses personnages un cachet particulier. M. de la Brive, le fiancé de Julie, est dans son genre aussi un faiseur, un gentilhomme doré selon le procédé Ruolz, à la surface, ayant d'ailleurs un double nom, l'un roturier pour les huissiers, l'autre nobiliaire pour le monde élégant. Sa conversation avec Méricourt, qui s'est chargé de l'introduire chez Mercadet, nous édifie suffisamment sur sa personne, ses principes et ses ressources. Il a gagné la veille, au jeu, de quoi payer une partie de la corbeille de mariage ; c'est tout ce qu'il possède

comme argent comptant. Avec la riche dot de Julie et l'appui financier de son beau-père, il bâtit déjà son château en Espagne, et, ne se sentant pas bon à grand'chose, il songe à se faire journaliste et homme politique : deux états auxquels tout le monde peut aspirer. Petite pointe satirique où Balzac, à la façon de Beaumarchais, lance son lardon contre le temps présent. M. de la Brive annonce l'intention de se déclarer *socialiste*, un nom qui déjà devient à la mode, et qui doit faire bon effet avec sa particule :

A toutes les époques, mon cher, il y a eu des adjectifs qui sont le passe-partout des ambitions. Avant 1789, on se disait *économiste*; en 1815, on était *libéral*; le parti de demain s'appellera *social*, peut-être parce qu'il est insocial; car, en France, il faut toujours prendre l'envers du mot pour en tirer la vraie signification [1].

L'entrevue entre le beau-père et le gendre est un assaut de hâbleries, d'équivoques et d'ambiguïtés où l'un cherche à tromper l'autre. Mercadet débute par un mensonge en lui annonçant qu'il vient de jeter la désolation dans le cœur d'un pauvre garçon qui adore sa fille, mais qui n'a que dix mille livres de rente, juste de quoi mourir de faim. Arrivant aux affaires sérieuses, il invite de la Brive à lui faire connaître son apport matrimonial. Cet apport consiste en un château dans les Landes, près de Bordeaux, en bois de pins, en marais salants, toute une exploitation possible sur laquelle l'imagination féconde de Mercadet voit des millions à gagner. Le beau-père avoue que son gendre lui plaît et promet en retour une ferme dans la Brie, au nom de sa femme, et 200 000 francs, dont il payera

1. Acte II, sc. IV.

les intérêts avant qu'on ait trouvé un bon placement pour le capital. Le gendre, non moins satisfait, accepte l'arrangement, en confessant, par scrupule, quelques hypothèques sur ses biens et quelques dettes à payer. Mais le beau-père a la main large, en homme qui ne compte pas. L'affaire marche si couramment que de part et d'autre on se dit : « *Cela va trop bien !* » En effet, l'accroc redouté arrive bientôt.

Pierquin, l'un des créanciers dupés, en cherchant à satisfaire sa vengeance et ses intérêts, révèle à Mercadet l'existence d'un certain Michonnin, son débiteur, un aventurier, un écumeur de Bourse, à la veille de se marier avec la fille d'un nabab imbécile qui lui donne une dot énorme. Or, d'après ces indications, Mercadet aura trop vite deviné que le nabab imbécile c'est lui, et que le Michonnin en question n'est autre que M. de la Brive.

La scène d'explication entre le beau-père et le gendre n'est pas moins plaisante que celle de la présentation. L'exclamation de Mercadet : « Trompé comme à la Bourse ! » est bien un cri du temps. Les deux faiseurs, semblables à deux augures qui se regardent entre les yeux, après avoir joué l'indignation réciproque et repoussé l'accusation trop légitime de fourberie, finissent par s'entendre. Mercadet demande seulement le silence sur ce mariage rompu. Verdelin, un autre créancier, comme un oiseau de mauvais augure, vient annoncer à l'infortuné financier qu'on doit l'exécuter le lendemain à la Bourse. Tout semble perdu : c'est précisément l'heure où le héros de l'agio rebondit contre la fortune adverse et, par une conception de génie, va tenter le sort encore une fois : « Demain je trône sur des millions, ou je me *couche dans les draps humides de la Seine*[1]. »

Cette conception merveilleuse, qu'est-elle donc? Encore un de ces déguisements que nous avons trouvés déjà dans *Vautrin* et dans *les Ressources de Quinola*. Il s'agit pour un moment de ressusciter Godeau, l'associé Godeau, dont le retour toujours promis doit s'opérer enfin avec la complicité de la Brive, s'il consent à s'affubler d'une pelisse, d'un grand bonnet de fourrure, et à se faire traîner ainsi aux Champs-Élysées dans une vaste chaise de poste crottée, arrivant directement des Grandes Indes. L'invention n'est guère plus heureuse ni plus vraisemblable que celle de Vautrin déguisé en général mexicain, ou de Quinola en directeur de l'Arsenal de Venise. Balzac a des naïvetés enfantines dans quelques-uns de ses trucs dramatiques.

Au moment où s'organise cette dernière farce d'un succès douteux, le hasard travaille pour Mercadet cent fois mieux qu'il ne le fait lui-même. Le véritable Godeau tombe des nues comme un *Deus ex machina* avec des millions qu'il distribue à tous les créanciers. Mercadet, reconnaissant, entonne un hymne en prose à la Fortune :

Salut! reine des rois, archiduchesse des emprunts, princesse des actions et mère du crédit! Salut, Fortune tant cherchée ici, et qui, pour la millième fois, arrive des Indes [2]!

Le pays des rêves dorés et des *Mille et une Nuits*! C'est là que Balzac est allé chercher son dénouement en sacrifiant à ce dieu du jour qu'il maudit et qu'il adore : l'Argent.

1. Acte II, sc. ix.
2. Acte III, sc. xiv.

Cependant, soyons justes. A la différence de *Turcaret*, où tous les personnages sont malhonnêtes, cette pièce nous offre du moins quelques âmes candides et pures, dont les scrupules sauvent l'honneur de l'humanité. Mercadet, sans être un honnête homme, a cependant quelques accès de tendresse et de demi-probité quand il s'agit de sa fille, quand il refuse d'employer les 30000 francs du loyal et généreux Minard, quand il lui donne à la fin Julie en mariage. Mme Mercadet, très supérieure à Mme Turcaret pour la morale, rougit et proteste à la pensée des indélicatesses de son mari : elle voudrait, comme elle le dit, ne tromper personne. Julie, une bonne petite âme droite et fière, préfère au dandy qu'on lui propose un brave garçon qu'elle aime et dont elle partagera, s'il le faut, le travail et la pauvreté. Minard, le modeste employé héritant subitement de 30000 francs, est prêt à les jeter dans le gouffre sans fond de la faillite Mercadet. Il y a donc là un petit coin d'idéal, d'honnêteté, qui tempère l'effronterie et le prosaïsme écœurant des hommes d'affaires. Du reste, malgré ce qu'elle a de positif dans les observations et dans les idées, la pièce est, ainsi que toutes celles de Balzac, tant soit peu chimérique et fantastique, au moins par le dénouement.

CHAPITRE XXXI

LES PRÉCURSEURS DE MERCADET.

Robert Macaire. — Sa genèse. — Son caractère et son influence.
— *Bilboquet.* — *Les Saltimbanques*, par Dumersan et Varin.

I

Au nom de Mercadet se rattachent deux créations
qui l'ont devancé sur la scène, œuvres moins littéraires
sans doute, mais que leur éclat et leur popularité
imposent à l'historien du théâtre : nous voulons parler
de *Robert Macaire* et de *Bilboquet*, types immortels
dans les annales de la farce au XIXᵉ siècle.

Depuis les beaux jours d'Arlequin, de Tabarin et de
Gauthier Garguille, l'art scénique n'a peut-être rien
enfanté de plus audacieux ni de plus burlesque. C'est
des tréteaux mêmes, par une sorte de génération spontanée, à l'insu de l'auteur ou des auteurs primitifs,
par un simple caprice ou un coup de tête de l'acteur
principal, que Robert Macaire est né.

En composant *l'Auberge des Adrets*, drame en trois
actes représenté sur le théâtre de l'Ambigu-Comique
le 2 juillet 1823 et repris sur le théâtre de la Porte-
Saint-Martin le 28 janvier 1832, MM. Benjamin Antier,
Saint-Amand et Paulyanthe ne songeaient qu'à
donner un de ces mélodrames sombres et larmoyants,
si chers au public des boulevards, quand Frédérick

Lemaître s'avisa de le transformer en bouffonnerie colossale. Ennuyé de jouer un rôle insipide de scélérat vulgaire et de se voir exposé aux sifflets, le grand artiste prit les allures d'un criminel gouailleur et facétieux, tournant en ridicule le pathétique banal et pleurard dont se contentaient les auteurs. Ceux-ci protestèrent d'abord : mais Frédérick tint bon, et, le public lui donnant raison et applaudissant sous cette forme nouvelle la pièce qu'il avait sifflée la veille, il fallut bien se résigner à un genre de succès qu'on n'avait ni prévu ni cherché. L'acteur Firmin, chargé du rôle de Bertrand, s'était associé à cette métamorphose. Ce fait seul constituait une petite révolution sur la scène : il rappelait les traditions de la *Commedia dell' arte*, les pièces à l'*improvisade*, où l'acteur prenait sa part de création. C'est ainsi qu'on a pu dire avec raison que Frédérick Lemaître était le véritable auteur de *Robert Macaire.*

Il a trouvé pour la circonstance un comique shakespearien, grandiose et trivial à la fois, où les noires couleurs du mélodrame s'allient aux grosses facéties de la farce, les coups de poignard et de pistolet aux calembours, aux coups de bâton et aux coups de pied, le ton et les allures de Falstaff et de Mandrin à ceux de Pierrot et de Polichinelle. Il y a deux assassinats dans ce drame burlesque assaisonné de danses et de couplets ; mais le vice et le crime ont pris des allures si drolatiques qu'ils éveillent plus de rires que d'indignation.

Robert Macaire est le produit d'un âge et d'un art révolutionnaires que nous avons déjà vus à l'œuvre dans l'école des *Bousingots* : il s'est formé des miasmes impurs d'une société vicieuse qui a perdu la conscience et le sentiment du devoir, le décorum extérieur et par-dessus tout le respect de l'autorité bafouée sous toutes les formes. Il personnifie en lui le scepticisme universel sapant et minant toutes les prescriptions, les convenances et les obligations sociales, taxées de vieilleries ou de préjugés d'un autre temps. La fameuse maxime de *la propriété c'est le vol*, proclamée et mise en pratique avant la théorie de Proudhon : le législateur qui rédige la loi, le magistrat qui l'applique, le gendarme qui la fait respecter tournés en ridicule ; l'esprit mis au service de la rouerie, de l'impudence et de la scélératesse ; la hâblerie triomphante s'enivrant de son succès et montant de plus fort en plus fort comme chez Nicolet son voisin, tel est le spectacle peu édifiant que nous offre ce singulier personnage. Mercadet conserve encore certaine apparence de vertus bourgeoises : Robert Macaire s'en moque effrontément et fait parade de son cynisme.

Par la plus étrange des coïncidences, dans cette même maison où il vient de commettre un meurtre, il rencontre sa femme et son fils, et ne voit encore là qu'une occasion d'étaler son scepticisme indifférent. Le mariage et la paternité, vieilles rengaines dont il se moque.

En même temps qu'elle est un défi jeté à la morale, à la vertu, aux plus saintes affections de la famille, aux lois et à l'autorité, cette pièce est une parodie évidente des situations et des effets dramatiques les plus en vogue. Les scènes de reconnaissance, si fort usitées dans la tragédie et la comédie antiques, et reprises depuis chez les modernes comme sources d'émotion, ne sont ici qu'une occasion de narguer le pathétique, ce grand pourvoyeur des larmes et des mouchoirs sur les théâtres du boulevard. Frédérick, qui en a tant usé ailleurs, s'amuse cette fois à le ridiculiser.

L'intrépidité railleuse de Macaire n'épargne rien, pas même les choses les plus respectables et les plus attendrissantes. La vue de cette pauvre Marie qui fut sa femme et sa victime, qu'il retrouve dans la misère, ne le touche point. Il la voit arrêtée, soupçonnée du crime dont il est l'auteur, et il laisse les soupçons planer sur elle pour se tirer d'embarras. Mercadet paye d'audace avec ses créanciers. Macaire en est bien autrement pourvu devant les gendarmes lancés à sa poursuite. Il s'assied à table avec eux, cause, devise, chantonne, affecte des airs dégagés et joue le grand seigneur, en se donnant pour l'ambassadeur du roi de Maroc.

Le sens moral, le remords, la pudeur, sont de vieux préjugés qu'il a dépouillés depuis longtemps. Après avoir assassiné l'honnête Germeuil pour lui voler son portefeuille, il descend tranquillement, l'opération faite, comme s'il venait d'égorger un poulet : il a la parole libre, l'esprit présent, l'humeur enjouée, plaisantant le domestique Pierre auquel il a soustrait ses clefs, et se moquant des frayeurs de Bertrand son complice. À force d'associer le tragique et le bouffon, l'exagération même a pour effet de placer le héros au-dessus et en dehors de la réalité. Il serait odieux et impossible si le ton gouailleur et outré, ramené de temps à autre, ne nous rappelait qu'il s'agit tout simplement d'une charge. Mercadet, plus voisin de la vérité, appartient à l'âge humain : Robert Macaire à l'âge héroïque et idéal.

En créant ce personnage fantastique, Frédérick a dû songer à lui donner un costume approprié à son

rôle et à son caractère. Il a trouvé, dans la garde-robe
de la misère et de la gueuserie, un accoutrement
fabuleux qui deviendra traditionnel : un feutre
crasseux et défoncé, un ci-devant habit de gala
démantelé et ouvert à tous les vents, un pantalon
rapiécé avec des tons discordants, des bottes éculées,
une loque en guise de mouchoir, jusqu'à ce qu'il ait
volé un foulard éclatant à son fils Charles. Pour voya-
ger plus à l'aise sous le voile de l'incognito, il s'est couvert l'œil gauche d'un bandeau noir qui le dérobe aux
regards indiscrets de la police. Joignez-y le gourdin
dont il use comme Hercule de sa massue, pour faire
des moulinets et stimuler le zèle de l'ami Bertrand
en lui caressant l'échine et les mollets; enfin sa taba-
tière, sa complice aux miaulements criards, d'où il
jette si à propos de la poudre aux yeux des gendarmes éblouis.

Tel est le costume primitif et consacré de Robert
Macaire à ses débuts : il en revêtira bien d'autres successivement. Aussi bien que Vautrin et Quinola, dont
il est l'aîné et le maître de toutes façons, il use volontiers des travestissements. Le crayon et le pinceau de
Daumier se chargeront d'immortaliser cette légende
des 101 Robert Macaire. Les métamorphoses ne lui
coûtent guère, tant il est apte à prendre tous les tons
et à jouer tous les rôles, sachant être tour à tour
aimable, galant, grave, plaisant, majestueux, sublime
au besoin. Même sous la livrée de la misère, il garde
toujours le style de la bonne compagnie, les belles
manières, sachant tourner un compliment et fredonner
une romance sentimentale :

> Quand on fut toujours vertueux,
> On aime à voir lever l'aurore.

Il a la mémoire ornée de citations classiques et d'airs d'opéras. Avec sa fougue de tempérament et l'audace du génie sûr de lui-même, malgré le voisinage des gendarmes, il prend part au bal de noces et se lance étourdiment dans un quadrille, au grand effroi de Bertrand qui voudrait bien *valser*, mais d'une autre manière.

Bertrand, l'allié et le lieutenant de Robert, est le Jocrisse de la scélératesse, craintif et maladroit, tremblant comme la feuille à la moindre apparence et au seul nom des gendarmes qu'il croit toujours voir à ses trousses. Admirateur du grand homme dont il suit les traces et répète les paroles en écho fidèle, il s'inquiète et s'effraye cependant de ses hardiesses. À l'exemple de Sganarelle dans le terrible souper du *Festin de Pierre* en compagnie du Commandeur, invité à s'asseoir près des gendarmes avec lesquels Macaire s'entretient si gaiement, Bertrand, l'affamé Bertrand, a perdu subitement l'appétit : il sent les morceaux s'arrêter dans sa gorge et, pour échapper à l'œil inquisiteur du brigadier, se cache un moment sous la table en prétextant qu'il cherche son cure-dents. Ce personnage a partagé le sort de son illustre maître dans la légende. On l'a comparé quelquefois à Sancho Pança : c'est lui faire beaucoup d'honneur. Il n'a de Sancho ni la bonhomie honnête, ni la naïveté souvent profonde : tout au plus les instincts positifs et la crainte du danger.

Si Robert Macaire représente, ainsi qu'on l'a dit, l'aristocratie du vice et du crime, Bertrand en représente la démocratie dans ce qu'elle a de plus humble et de plus piteux. Son allure de grand échassier aux longues jambes et au ventre vide, son air efflanqué,

sa mine patibulaire, ses vêtements étriqués, son langage grossier, ses balourdises et sa gaucherie,
contrastent avec l'aisance, les belles manières, les élégances, l'ampleur et le visage épanoui de l'heureux
Macaire : dans toute sa personne, Bertrand n'a qu'une
chose enflée et garnie, ce sont ses poches, recéleuses
de ses larcins.

L'accord des deux amis se trouve un moment rompu
par la trahison de Macaire, qui songe à s'enfuir en laissant son ami Bertrand aux mains de la justice, avec la
double responsabilité du vol et de l'assassinat. Bertrand,
furieux, lui tire un coup de pistolet qui met fin, pour
un moment du moins, aux exploits du héros. Macaire,
mourant entre les bras de son fils, avoue son crime et
proclame l'innocence de sa femme. Ainsi se terminait
le drame tragico-burlesque de *l'Auberge des Adrets*.

II

Mais le public ne pouvait se résigner à voir sitôt
disparaître ce héros d'un genre nouveau qui l'avait
tant amusé. Frédérick Lemaître avait beau se multiplier sous les formes les plus diverses, dans *Richard
d'Arlington*, dans *la Tour de Nesle*, dans *Lucrèce Borgia*,
dans *Othello*, dans *Trente ans, ou la Vie d'un Joueur*,
on s'obstinait à ne chercher, à ne voir toujours en lui
que Robert Macaire. Il finit par se dire : « Il n'y a plus
de héros que Macaire, plus d'habits possibles que ceux
de Macaire[1]. » Et il résolut de ressusciter Macaire.
Avec un personnage fabuleux comme celui-là, un bon
tour joué à la mort n'avait rien d'impossible. *Maître*

—————

1. J. Janin, art. des *Débats*, juin 1834

Renart n'en fait-il pas autant dans le vieux roman du moyen âge?

A cette œuvre nouvelle dont il fournit la meilleure part en compagnie de Benjamin Antier et de Saint-Amand, deux des auteurs primitifs, Frédérick donna pour titre le nom du héros désormais célèbre, *Robert Macaire*. La pièce, en quatre actes et six tableaux, représentée aux Folies-Dramatiques le 14 juin 1834, fut non seulement une surprise agréable pour le public, mais une bonne fortune pour le théâtre, qu'elle sauvait de la ruine. Brazier nous a raconté le fait dans son *Histoire des Petits Théâtres*.

C'était au début de l'été : le directeur des Folies contemplait d'un œil consterné sa caisse aussi vide que la salle, quand Frédérick vint le trouver. « Vous souffrez », lui dit le grand comédien alors brouillé avec l'Ambigu et la Porte-Saint-Martin. « Si vous voulez, je puis ramener la fortune dans votre théâtre. » — « Il fait bien chaud », répondit le directeur en hochant la tête. — « Eh! qu'importe! s'écria Frédérick ; quand on le veut :

> L'été n'a point de feux, l'hiver n'a point de glaces » ;

et il déroula un manuscrit en tête duquel on lisait : *Robert Macaire*. « Votre idée est sublime, mon cher Frédérick, s'écria le directeur : signez cet engagement : vous me sauvez d'une ruine complète. »

Trois semaines après, Robert Macaire faisait sa réapparition triomphale sur la scène. En dépit des chaleurs, tout Paris s'étouffait dans la petite salle des Folies-Dramatiques, trop étroite pour le contenir. Au bout de quatre mois, il fallait chercher un théâtre plus vaste. Frédérick transporta son drame et son public à la Porte-Saint-Martin.

Ici nous trouvons moins encore un drame régulier, avec intrigue et péripéties, qu'une fantasmagorie bouffonne, une série de scènes drolatiques où Robert Macaire nous fait admirer son audace et son habileté. Le criminel a fait place au hâbleur et au faiseur de haut vol, en prenant ce mot dans sa plus large expression. La pièce, à laquelle les auteurs se sont abstenus de donner un nom qualificatif, ne l'appelant ni drame ni comédie, débute par une scène d'enterrement. On voit défiler le clergé, la gendarmerie, les villageois, une foule énorme accompagnant le cercueil de Robert Macaire, le fameux scélérat auquel M. le curé n'a pas refusé ses prières. A ce propos, le paysan Pierre fait la réflexion suivante :

Parbleu, il a bien fait M. le curé! le Ciel envoie assez de coquins sur terre : l'Église peut bien en mettre quelques-uns dessous.

Tandis qu'on rend à son ombre ces derniers honneurs mêlés de réflexions si flatteuses pour sa mémoire, Robert Macaire, toujours vivant, apparaît en état de somnambulisme, dans cette demi-ébriété trop naturelle à Frédérick Lemaître, et refait à sa façon, sous forme de parodie, le monologue d'Hamlet.

Mort! bien mort! très mort!... L'horloge est détraquée,... le grand ressort est brisé.... Bah! je m'en moque [1].

Et le convalescent, que le coup de pistolet de Bertrand n'a pas tué raide, bénéficiant de cette mort qui le met à l'abri des poursuites de la justice, songe à jouir encore de la vie, sablant le champagne pendant qu'on l'enterre et demandant un bifteck pour deux, ou plutôt deux biftecks pour un.

1. Acte I, sc. ii.

Cependant son fils Charles, qui l'a tenu jusque-là soigneusement caché, lui annonce l'intention de s'expatrier et de l'emmener avec lui en Amérique, ce vaste refuge de toutes les réputations flétries et de toutes les destinées manquées. Macaire ne s'y montre pas disposé, et quand Charles lui parle de ses crimes : « O mon fils, vous oubliez le respect dû à mes cheveux blancs.... Je n'en ai pas, c'est vrai,... mais je pourrais en avoir. » — Et faisant du patriotisme comme de la paternité un sujet de dérision, il entame une tirade sentimentale sur la France, cette aimable France, sa patrie, « séjour de l'industrie, des beaux-arts et des belles manières[1] ».

Bientôt las de cette tutelle filiale qui dégénère en tyrannie, il saute par la fenêtre, enfourche le cheval du brigadier de gendarmerie, se revêt de son manteau et file à toute bride dans la forêt voisine. Le même jour devait avoir lieu l'exécution de Bertrand, son assassin et son ami : mais les gendarmes ont si bien gardé le condamné qu'il a pu s'échapper. La Providence, qui n'oublie jamais ses élus, fait en sorte que les deux amis se rencontrent dans les mêmes dispositions, un pistolet à la main, Bertrand criant : « La bourse ou la vie ! » Et Macaire lui répondant : « Mon cher collègue, j'allais vous demander la même chose. » — Ici encore se place une scène de reconnaissance entre les deux camarades. Macaire, avec son noble cœur, pardonne à Bertrand, qui se jette à ses genoux et se reconnaît son féal pour la vie.

Un autre hasard non moins providentiel amène dans le même lieu le prétendu baron de Wormspire fait

---

1. Acte I, sc. x.

général par le Grand Homme (Napoléon), et sa prétendue fille, la blonde Eloa, dont les chevaux se sont emportés. Après les avoir arrêtés, Macaire s'incline respectueusement devant la beauté et se donne lui-même pour un savant occupé avec son groom à chercher des simples dans les bois, philanthrope d'ailleurs et membre de plusieurs académies....

LE BARON. — Seriez-vous des quarante?
— Des quarante voleurs?

s'écrie naïvement Bertrand. Sur quoi Macaire répond bien vite : « Oh! non, non. » ...Et, se retournant vers Bertrand : « Voulez-vous vous taire, ignorant crasse! »

Après un échange réciproque de bourdes, Macaire accepte une place dans la voiture du baron, et trouve moyen de se faire escorter par les gendarmes jusqu'à la lisière de la forêt, dans la crainte des voleurs. Les scènes et les tableaux se succèdent sans grande liaison, comme dans une lanterne magique.

Macaire, pendant l'entr'acte, est devenu, sans qu'on sache comment, directeur d'une compagnie d'assurance contre les voleurs. Sur ce point, il apporte du moins une compétence incontestable. Son discours aux actionnaires est un chef-d'œuvre de hâblerie :

Messieurs, à une époque où les passions mauvaises semblent se déchaîner sur notre ordre social avec la fougue du torrent; dans un siècle où chacun cherche à glisser sans être vu sa main dans la poche de son voisin, c'était une pensée, à la fois vaste et philanthropique, que celle d'une association contre les voleurs [1].

L'actionnaire naïf, M. Gogo, qui réclame un divi-

1. Acte III, sc. VI.

dende, se voit hué, conspué, par l'assemblée indignée qu'on puisse élever un doute sur les comptes plus ou moins fantastiques de l'intègre M. Macaire. M. Gogo est un type nouveau et contemporain dont le nom restera désormais celui d'une espèce curieuse, inépuisable par sa bourse et sa crédulité. L'arrivée des dames de la halle et des tambours de la garde nationale, accourus pour féliciter le directeur de son prochain mariage avec Mlle Eloa de Wormspire, vient clore subitement et fort à propos la réunion et les comptes rendus de la société.

Ce mariage de Robert Macaire est un nouvel épisode à demi burlesque et des plus divertissants. La sentimentale Eloa, un nom d'ange emprunté d'Alfred de Vigny, bien qu'elle joue l'innocente et l'ingénue, est une drôlesse et une farceuse à l'instar de son père le noble baron, un père de contrebande dont elle n'a jamais été la fille. Tous deux espèrent avoir trouvé dans Macaire un pigeon à plumer : ils tombent bien. La scène des apports et du contrat, que Balzac reprendra plus tard dans *Mercadet*, est ici d'une extravagance et d'un comique plus chargés. Le beau-père et le gendre se renvoient les châteaux, les prés, les vignes, les bois, les tonnes d'or, les rivières de diamants en gens à qui tout cela ne coûte rien. Le baron a des scrupules sur les générosités de Macaire qui fait la part trop belle à Eloa. — Les deux amants roucoulent comme deux tourtereaux, répétant, il est vrai, des airs connus. Macaire prête à son Eloa toutes les perfections d'une *Indiana*, d'une *Lélia*, et autres héroïnes d'une vertu plus ou moins contestable.

La partie de cartes révélatrice, qui met aux prises

le beau-père et le gendre, les a bientôt éclairés l'un
et l'autre sur leur valeur et leur probité mutuelle : ils
ne peuvent arriver à se gagner, chacun retournant à
son tour le roi et n'ayant en main que des atouts.
Entre deux parties, Eloa s'approche et se met à
genoux devant son père en réclamant sa bénédiction.
Autre parodie où le baron apporte la majesté d'un
pontife, après avoir encore une fois fait sauter la
retourne. — « Que ce gaillard-là bénit bien ! » s'écrie
Bertrand émerveillé. — Macaire s'en va emmenant Eloa dans l'appartement du fond et narguant le
baron : « Vous avez toujours le roi, beau-père, mais
moi j'ai la reine[1]. »

L'invasion subite des agents de police vient troubler
sa première nuit de noces. Après avoir échappé par
la fenêtre, Robert, dans une dernière escapade plus
étonnante et plus invraisemblable encore que toutes
les autres, s'introduit dans la chambre et même dans
le lit du commissaire de police. Là, renouvelant une
vieille farce de *Patelin*, il fait semblant d'être malade,
se déguise et reçoit les dépositions du baron et d'Eloa
venant se plaindre d'avoir été victimes d'un fripon.
Le baron l'accuse de lui avoir volé la dot de sa
fille qu'il n'a jamais reçue; Eloa de lui avoir pris ce
qu'elle ne pouvait lui donner, son honneur. Le vrai
Robert Macaire, ôtant ses lunettes et son bonnet, se
fait connaître en criant à son beau-père : « Vous êtes
un vieux blagueur ! »

La pièce se termine par de nouvelles reconnais-
sances : le baron retrouve dans Robert Macaire son
fils, un sujet vraiment digne de lui, et Bertrand sa

1. Acte III, sc. XIX.

fille dans la sensible Eloa. Mais les gendarmes sont encore là qui réclament leur proie. Un ballon se présente fort à propos pour recueillir Robert et son acolyte qui s'envolent, raillant une fois de plus la justice impuissante à les atteindre. La ruse et l'effronterie triomphent jusqu'au bout.

L'apparition de *Robert Macaire* a été et reste un événement dans l'histoire du théâtre. Le type a vécu et vivra aussi longtemps que le règne de la hâblerie, du charlatanisme et du mensonge : il n'a donc guère chance de disparaître. Il a pris rang à la suite de Mandrin et de Renart, de Patelin, de Panurge, de Cartouche, ces héros légendaires de la scélératesse, en les égalant ou les surpassant tous, sinon par le génie, au moins par le cynisme et l'immoralité. Au point de vue littéraire, l'œuvre n'est point facile à classer : elle se rattache au théâtre de la Foire par la licence des mœurs et de l'expression : elle n'est pas de celles qu'on peut appeler médiocres, mais plutôt dangereuses par l'atteinte portée au goût public, par ce débordement de burlesque et de gouaillerie injurieuse appliquée aux plus nobles sentiments et aux plus belles idées de l'humanité.

Au point de vue moral, l'effet est pire encore. Nous savons bien, comme on l'a dit, que l'énormité même de la plaisanterie en fait, aux yeux de bien des gens, l'innocuité ; que personne ne saurait prendre au sérieux ni choisir pour modèle ce héros imaginaire. Mais peut-on affirmer que cette pièce n'ait point exercé une influence funeste ? Sans prétendre, avec Jules Janin, qu'elle nous ait valu Lacenaire, n'a-t-elle pas eu le tort de peindre les coquins, les voleurs, les assassins, sous les dehors les plus séduisants, en leur donnant le bénéfice de l'esprit et du succès? Le public bourgeois a pu ne voir là qu'une pochade inoffensive, une satire amusante de la société : mais les *titis* du boulevard, mais toute cette population interlope exposée aux vices qu'engendrent la misère et l'ignorance, les mauvais instincts et les mauvais exemples, n'y a-t-elle pas trouvé un plaisir malsain, un encouragement à se moquer de l'autorité, des gendarmes et des *sergots*, qu'on jette si volontiers à l'eau dans les jours d'émeute et de révolution? La justice et la police, ces deux forces conservatrices de la société, ont été battues et bafouées dans la personne des représentants de la loi. Exemple périlleux chez un peuple où l'on croit trop aisément avoir raison quand on a les rieurs de son côté.

III

De Robert Macaire à Bilboquet, la transition est toute naturelle. L'un procède de l'autre, en se tenant dans les tons plus modérés, plus doux et plus contenus. Bilboquet n'est point un assassin ni un voleur, mais un simple saltimbanque, directeur de troupe, réduit à vivre d'expédients, joignant à ses talents acrobatiques l'art d'arracher les dents et de dégraisser les habits, connaissant, comme il le dit, toutes les banques excepté la Banque de France, où il regrette de n'avoir point un crédit ouvert. Hâbleur et philosophe, vivant en bons termes avec la gendarmerie qu'il respecte, aux prises avec les huissiers qu'il esquive sans les braver, Bilboquet, bien qu'à un rang inférieur, reste aussi un type, une personnification de la société contemporaine.

Sous cette forme magistrale et sentencieuse dont il revêt plaisamment ses instructions à sa troupe et ses boniments au public, que de traits naïfs et profonds, que d'applications piquantes à l'adresse de tous les états! On pourrait composer un recueil de pensées, de dictons et d'apophtegmes mis en circulation comme une monnaie courante et répétés à tout propos. Ainsi le fameux « *Sauvons la caisse* », devenu le cri des politiciens, des financiers, des gouvernements eux-mêmes aux jours de panique. — « *Cette malle est-elle à nous? — Elle doit être à nous.* » Encore un de ces mots qui s'appliquent aux individus, aux sociétés, aux États voisins, disposés trop souvent à confondre le *tien* et le *mien* dans les cas douteux.

Ce moraliste des tréteaux est un fin diplomate et un habile politique. La belle carpe qu'il a vue au marché, et qu'il achètera la semaine prochaine, ne rappelle-t-elle pas un peu certaines réformes toujours annoncées et toujours différées par nos législateurs, tous riches en promesses, et tous embarrassés quand il s'agit de les réaliser? La carpe de Bilboquet est le grand appât tendu aux électeurs affamés.

La pièce, intitulée comédie-parade en trois actes et représentée sur le théâtre des Variétés le 25 janvier 1838, parut d'abord une charge ébouriffante. Plus tard, on y vit autre chose, ainsi que dans les farces de Labiche. Bien que l'un des auteurs, Dumersan, associé à Varin, fût un lettré et même un érudit, nul au début ne s'avisa d'attribuer à cette œuvre une portée morale et littéraire qu'elle ne semblait point ambitionner. Qui d'ailleurs eût cru Odry capable d'offrir mieux qu'une caricature grotesque? Cependant on soupçonna bientôt que les traits portaient au delà du monde des saltimbanques et de ce milieu populaire et trivial où se passe l'action. L'entretien de Bilboquet avec le maire de Meaux sur le nouveau sous-préfet, dont les habitants sont d'autant plus enchantés qu'ils ne le connaissent point ; la réflexion plaisante : « Ah ! s'ils le connaissaient ! Mais ils ne le connaissent pas », ressemblait fort à un léger coup de griffe et de satire politique.

Le sentiment, qui trouve sa place au milieu de ces folies étourdissantes, ne s'y montre que sous une forme demi-comique. On croirait que les écrivains ont voulu parodier le style emphatique et déclamatoire du *Père de famille* chez Diderot et son école, lorsque Bilboquet s'apprête à faire paraître Zéphyrine devant l'auteur présumé de ses jours :

La nature te réclame, je ne veux pas te refuser à la nature. Va mettre un bonnet : je veux te présenter à l'homme bien mis dans une attitude convenable [1].

Le comique sentencieux, cette source féconde d'hilarité, renaît encore dans cette réflexion de Sosthène :

La piété filiale a des bornes.... J'en suis fâché pour elle, mais elle en a.

La paternité, dont Robert Macaire nous a offert une si triste parodie dans sa personne, apparaît ici sous les traits plaisants de M. Ducantal, un père enrhumé, à la poursuite de son coquin de fils qui s'est épris d'une danseuse. L'amusante scène où il vient réclamer sa malle, et la confusion établie un moment entre la malle et la fille dans le dialogue avec Bilboquet, sont

1. Acte II, sc. III.

une imitation de *l'Avare* de Molière empruntée par Molière à Larrivey, qui déjà l'avait prise aux Italiens. Certains traits ainsi répétés obtiennent à travers les siècles un succès héréditaire.

Les Saltimbanques se terminent comme *Robert Macaire*, comme la plupart des farces italiennes, comme le *Scapin* et *l'Avare*, par une scène de reconnaissance, où Bilboquet retrouve dans Zéphyrine sa propre fille et dans M. Ducantal son beau-frère, Cliquot du Cantal, ainsi nommé de son département.

Théophile Gautier, en rendant compte de cette pièce, nous paraît en avoir négligé le côté sérieux qui perce à travers la bouffonnerie. Il n'a vu que les cascades d'Odry, incomparable dans le rôle de Bilboquet, où Frédérick Lemaître lui-même essaya vainement plus tard de le surpasser. Quoi qu'en pense le critique, amateur avant tout de fou rire dans le vaudeville, la cachucha dansée par Odry et Mlle Esther ne nous paraît que le moindre succès de cette farce triomphante : son plus grand mérite est de nous avoir donné le type de Bilboquet, qui complète à nos yeux la trinité dont font partie déjà Robert Macaire et Mercadet. Des types et des noms qui vivent et qui durent, c'est le plus beau titre pour une œuvre dramatique, et c'est ce que nous avons voulu faire ressortir ici.

Avant d'en finir avec Bilboquet, nous rappellerons un témoignage curieux tiré de la correspondance de Balzac, qui se compare à Bilboquet, et dit « qu'il va travailler sur la place publique de la littérature ». Dans une autre lettre, il s'intitule duc de Bilboquet, pair de France et autres lieux. Ailleurs, il se contente, comme signature, de dessiner grossièrement un petit bilboquet. Tout en ayant entrevu ce côté carnavalesque et drolatique dans le talent de Balzac, nous n'aurions osé appliquer à l'auteur de *la Comédie humaine* ce nom de Bilboquet, dont il prend plaisir à se parer. N'est-ce pas le plus grand honneur qu'il ait pu faire à la joviale création de Dumersan et Varin ?

CHAPITRE XXXII

GEORGE SAND (1804-1876).

Son génie de poète et d'écrivain. — Ses débuts tardifs au théâtre.
— Le romancier et l'auteur dramatique. — *Cosima*. — *Le Roi
attend*. — *Molière*. — *François le Champi*. — *Le Mariage de
Victorine*. — *Le Marquis de Villemer*.

De la comédie drolatique et satirique, nous revenons à la comédie sérieuse et sentimentale avec
George Sand. Comme Balzac, George Sand a été
tout d'abord un grand romancier qui remplit le
monde du bruit de son nom et de l'éclat de ses
œuvres avant d'aborder le théâtre. Comme lui, il lui
faut, sur ce terrain nouveau, conquérir péniblement
sa place, lutter contre les préventions et les exigences
du public, braver les sifflets et la critique pour arriver à s'y établir un jour victorieusement. Encore n'y
régnera-t-elle jamais à l'égal de ce Scribe, dont l'esprit bourgeois et la bonne fortune opiniâtre l'impa-
tientent et l'agacent, ni de cet Alexandre Dumas, dont
les frasques et les audaces dramatiques la ravissent et
la transportent.

Le roman reste son vrai domaine : elle en est la
fée souveraine et enchanteresse par la magie du style
et l'imagination. Ses nombreux admirateurs se sont
montrés bien souvent moins charmés encore de ses
succès qu'étonnés de ses échecs sur la scène. A quoi

tiennent-ils ? — C'est que le roman et le drame sont choses bien différentes. Théophile Gautier, à propos de Balzac et de ses mésaventures dramatiques, nous a parlé de cette perspective théâtrale qui change les horizons et les points de vue. Il y a d'autres motifs encore : c'est que le roman laisse pleine latitude à la fantaisie, à l'imagination, aux longues descriptions de nature, aux analyses délicates de sentiment, aux monologues intimes, aux épanchements du cœur et de la réflexion. Le drame, surtout le drame moderne, réclame avant tout l'action. Ces facultés débordantes et charmantes du romancier-poète, qui s'abandonne à sa rêverie ou à sa veine, ont besoin au théâtre d'être resserrées, endiguées, dans un cadre limité. Première difficulté pour un génie abondant, impétueux, coulant à flots comme celui de George Sand. Ce qui fait que Byron, l'auteur de *Manfred*, de *Marino Faliero*, de *Don Juan*, malgré des élans très dramatiques, n'a jamais pu composer un véritable drame.

Joignez-y d'autres obstacles : le souci de ce que Corneille appelle, d'après Aristote, le *vraisemblable* et le *nécessaire*; des convenances sociales, des conventions dramatiques, de la réalité dont on ne se sépare jamais complètement au théâtre, quoiqu'en présence de faits et de personnages imaginaires. Or l'idéal est le monde dans lequel vit George Sand, même avec ses paysans. Le prosaïsme du terre à terre lui répugne, étant chose basse et vile. Petite fille, dit-on, du maréchal de Saxe et par lui du roi de Pologne Auguste, malgré ses avances courtoises et libérales au socialisme et à la démocratie, elle a l'âme et le talent aristocratiques bien plus encore que Balzac. Le ton moyen, le *sermo pedestris* qui convient surtout à la comédie, lui est moins naturel que le lyrisme. Il lui faudra donc comprimer son essor, replier ses ailes, tempérer ses éclats de voix, pour rester dans les bornes du théâtre. Mais l'imagination demeure toujours la maîtresse impérieuse qui la domine. Le vrai langage de l'action lui manque : c'est toujours un style écrit ou chanté, fût-ce en prose, plutôt que parlé [1].

Son inspiration dramatique dérive d'un double courant : de Sedaine pour le sentiment instinctif et naturel, de Diderot pour le côté emphatique et déclamatoire. Si elle admire sincèrement *le Philosophe sans le savoir*, elle ne dédaigne pas non plus *le Fils naturel* et *le Père de famille*, dont nous retrouvons plus d'une trace dans *Cosima* et même dans *Claudie*. Élevée par sa grand'mère, une fervente admiratrice de J.-J. Rousseau, George Sand a recueilli en partie, et fait passer dans son théâtre et dans ses romans, la rhétorique enflammée du philosophe de Genève. Comme Diderot, elle transforme volontiers les préfaces de ses pièces en véritables manifestes, en professions de foi littéraires ou philosophiques, traitant de l'art ou de la société. Elle se pose fièrement en face du public et de la critique avec le sentiment de ses devoirs et de ses droits d'écrivain.

« Chercher à plaire au public, dit-elle, par des habiletés puériles et de lâches sacrifices à son prétendu manque d'idéal, ne serait pas le respecter ; ce serait, au contraire, le mépriser profondément. Ce que nous respectons en lui, ce n'est ni le bruit de ses mains, ni le contenu de sa bourse : il est souvent mal à propos

1. Voir l'hymne en prose de la *Gerbaude*, entonné par le vieux moissonneur Remy dans *Claudie*.

avare ou prodigue de ces choses-là.... Quant à ses accès de mauvais prosaïsme et d'engourdissement du cœur, nous ne les guetterons pas pour les encenser, et, quand nous serons aux prises avec ses préjugés et ses erreurs, nous le défions bien de nous faire transiger, dût-il nous placer entre les sifflets et les grosses recettes [1]. »

Le trait s'adresse évidemment à Scribe et à son école.

Mais si l'auteur est peu disposé à transiger sur certains points, le public, de son côté, ne cédera pas davantage, et, si fort qu'on soit, il est difficile de tenir tête à un parterre insurgé. George Sand en fit l'épreuve avec *Cosima*, son premier essai, un drame conçu d'après les idées d'*Indiana* et de *Lélia*. L'adultère, présenté sous un nom plus trivial et plus gai au temps de Molière, pouvait faire rire aux dépens de Sganarelle et de George Dandin, sans tirer à conséquence. Traduit en élégie, accompagné de trémolos sur un ton sentimental et langoureux, il finit par agacer les nerfs des spectateurs voulant savoir une bonne fois à quoi s'en tenir, et trouvant la pilule un peu amère.

I

Qu'est-ce que *Cosima*? Une demi-Phèdre bourgeoise, vaporeuse et désœuvrée, flottant entre des tentations et des remords perpétuels, entre le vice qui l'attire et la vertu qui la retient, courant après le péril et s'étonnant de le rencontrer. Ce drame, comme ceux de Diderot, a le défaut d'être un système mis en action.

1. Préface de son *Théâtre*.

La préface est peut-être plus étrange encore que la pièce elle-même, associant d'une façon bizarre les idées religieuses aux écarts de la passion. On est tout étonné d'entendre invoquer le nom du Christ à propos d'un drame dont l'adultère est le fondement principal. A moins pourtant que l'auteur n'ait songé à la femme coupable prosternée devant Jésus. George Sand a trop l'air de soutenir une thèse, où elle est intéressée par les malheurs de sa vie et de sa condition. On est tenté de sourire à cette singulière exclamation de Cosima, qui rappelle un peu celle de Constance et de Rosalie dans *le Fils naturel* de Diderot :

Honneur conjugal, farouche préjugé ! tu engendres la férocité de l'époux, la honte de la femme, la ruine de la famille [1] !

Qui se douterait que l'honneur conjugal produit tant de ravages ? C'est à en dégoûter. Au fond, ces malédictions sont une attaque contre l'institution du mariage, déjà battu en brèche dans *Indiana* et *Lélia*. On comprend qu'elles aient été mal reçues par le public bourgeois de 1840, entêté dans ses préjugés de famille, de lien conjugal, et ne voyant encore rien de mieux qu'on pût mettre à la place : les attraits du phalanstère saint-simonien, l'*Icarie* de Cabet et la grande association polygame des Mormons n'ont guère changé ses idées à cet égard, même après la promulgation du divorce.

L'accueil peu favorable du parterre et ses protestations pudibondes dégoûtèrent l'auteur du théâtre. Il n'y revint que huit ans plus tard avec un prologue de circonstance dont Molière était le héros. *Le Roi attend,*

1. Acte I, sc. VI.

tel est le titre de la nouvelle pièce représentée le
9 avril 1848 sur le théâtre de la République : rêverie
dramatique et allégorique, où Molière paraît entouré
de sa troupe, de la Muse et des ombres de Sophocle,
d'Eschyle, d'Euripide, de Shakespeare, de Voltaire,
de Beaumarchais, convoquées pour lui faire cortège.
Tout ici est fantastique, surtout le langage prêté à
l'auteur du *Misanthrope*, se parlant ainsi à lui-même :

> Oui, mon cœur, je crois que tu es honnête et que tu es plus
> sensible à des marques d'estime qu'à des faveurs de fortune....
> Non, Molière, tu n'as point failli, et, si le Roi s'est servi de toi
> pour châtier la cour, tu t'es servi du Roi pour sauver l'hon-
> neur de tous ceux que les gens de cour voudraient rabaisser [1].

Le Roi attend... quoi ? Une pièce nouvelle qu'il
faut bâtir à la hâte comme *l'Impromptu de Versailles*.
Molière, harassé de fatigue, s'est endormi. La Muse
lui apparaît et lui adresse ces conseils démocratiques :

> Fils de l'artisan, lumière du peuple, prends toujours conseil de
> l'enfant du peuple [2].

La lumière d'en haut qui s'inspire d'en bas nous
rappelle un peu la fable de *la Tête et la Queue du
Serpent* : mais nous sommes en avril 1848, et George
Sand collabore avec Barbès et Sobrier au *Journal de
la Commune*. Aussi Molière, envahi par l'esprit du
temps, a-t-il des visions étranges :

> Je vois bien un roi; mais il ne s'appelle plus Louis XIV : il
> s'appelle le Peuple ! le peuple souverain ! c'est un mot que je ne
> connaissais point, un mot grand comme l'éternité [3] !

Ce fantôme de Molière obsède en quelque sorte la

1. Sc. IX.
2. Sc. X.
3. Sc. XI.

pensée de George Sand. Elle y reviendra plus tard dans un grand drame en cinq actes dédié à Alexandre Dumas [1]. Cette fois, c'est moins encore le poète divinisé que le Molière victime de l'amour conjugal, qu'elle essaye de nous peindre ; le Molière ennobli, grandi, sanctifié par le martyre de sa vie intérieure.

George Sand, comme femme, comme poète, comme sœur de cœur et de génie du grand comédien, a pu trouver une sorte de volupté, âpre et douce en même temps, à disséquer cette âme si cruellement déchirée. Elle a frémi d'indignation en voyant renaître, sous la plume de Louis Veuillot, les calomnies répandues autrefois par Montfleury, accusant Molière d'avoir épousé sa propre fille ; elle les a réfutées solennellement par la bouche de Madeleine Béjart, de Brécourt, de Duparc et du grand Condé. Mais, enfin, cette anatomie d'un cœur, cette plaidoirie éloquente et passionnée, ne suffisent pas pour constituer un drame qui se tient à peine debout sur la scène.

II

Cette veine dramatique longtemps entrevue et cherchée inutilement, George Sand allait la trouver enfin, dans la pastorale renouvelée et rajeunie, avec *François le Champi* [2]. Le succès du roman avait précédé celui de la pièce. Le retour à la nature, à la vie calme et innocente des champs, devait porter bonheur au poète. La pastorale n'était point, à vrai dire, une nouveauté, ou plutôt elle redevenait neuve à force

1. Représenté sur le théâtre de la Gaîté le 10 mai 1851.
2. Représentée sur le théâtre de l'Odéon le 25 novembre 1849.

d'être ancienne, et surtout grâce à la forme que lui donnait l'auteur.

C'est une longue histoire que celle du genre, dont on signale déjà un premier modèle dans la *Bible*, au livre des rois pasteurs. En laissant de côté les anciens, Grecs et Romains, en ne s'occupant que de la pastorale au théâtre, elle nous apparaît revêtue des couleurs les plus éclatantes chez les Italiens, les Espagnols, les Anglais et dans notre France. Nous la voyons à la naissance même de notre littérature au XIIIe siècle, dans *le Jeu de Robin et Marion* par Adam de la Halle. Plus tard, avec la Renaissance. elle nous montre les rois et les reines mis en scène sous les noms de bergers et de bergères : Charles IX devenant Charlot, Catherine de Médicis Catin et Marguerite de Valois Margot. Après la vogue immense qu'obtiennent *l'Aminte* du Tasse et *le Pastor Fido* de Guarini, vient le succès de *l'Astrée* : la pastorale envahit la scène française au début du XVIIe siècle, avec Hardy, Mairet, Rotrou. etc. — Molière lui fait encore sa part en donnant *Mélicerte*. Dans l'âge suivant, au milieu de ce XVIIIe siècle si incrédule et si railleur, elle s'associe aux pointes spirituelles de Fontenelle et aux fadeurs galantes de Florian : elle reste le suprême divertissement, nous dirions volontiers le tardif enfantillage d'une société qui s'en va. Marie-Antoinette est la dernière bergère de Trianon, s'adonnant aux joies innocentes de l'idylle en attendant la grande tragédie qui doit la conduire à la place de la Révolution.

La pastorale, telle que l'a faite l'art moderne, telle que nous l'offre ici George Sand, ne ressemble plus à celle du temps passé, tout artificielle et de convention, avec ses bergers en veste couleur tourterelle et leurs culottes de satin vert; avec ses bergères en robes à paniers, comme on les voit sur les toiles de Watteau et de Boucher. L'auteur rappelle dans sa préface la révolution qui s'est opérée à cet égard, et aussi dans quel sens et dans quelles limites il croit devoir chercher la vérité.

« Notre siècle a donné un autre caractère à la pastorale. On n'a plus fait des bergers, mais des paysans. Il en devait être ainsi : l'art cherchait la réalité, et ce n'est pas un mal : il l'avait trop longtemps évitée et sacrifiée. »

Mais, avec le pressentiment du danger que peut entraîner le système contraire, il ajoute cette restriction :

« On a peut-être été trop loin. L'art doit vouloir une *vérité relative* plutôt qu'une *réalité absolue.* »

On devine quel eût été son jugement à l'égard de certains romans et de certaines pièces naturalistes où, sous prétexte d'exactitude, nos paysans pris sur le vif, dit-on, sont mis au niveau de leurs ânes, de leurs bœufs et de leurs pourceaux; où le bétail humain se voit confondu avec l'autre dans une touchante fraternité.

George Sand aborde la campagne avec son âme de poète et d'artiste, et y apporte cette part d'idéal qu'elle ajoute toujours, dans ses portraits et ses descriptions, aux éléments de la réalité.

« Je n'ai pas prétendu faire une tentative nouvelle : j'ai subi, comme nos bons aïeux et pour parler comme eux, la douce ivresse de la vie rustique. »

Associant dans une commune admiration le souvenir de Sedaine à celui de Shakespeare, elle s'écrie avec une sorte d'enthousiasme sacré et dans une prose demi-lyrique :

« J'ai cherché à jouer aussi de ce vieux luth et de ces vieux pipeaux, chauds encore des mains de tant de grands maîtres, et je n'y ai touché qu'en tremblant ; car je savais bien qu'il y avait là des notes sublimes que je ne trouverais pas. »

C'est de ce côté qu'elle va chercher une nouvelle source d'inspiration dramatique. La simplicité des moyens, les formes enfantines, les mœurs naïves d'une société villageoise, voilà tout ce qu'elle veut opposer aux habiles combinaisons et aux fortes émotions du drame moderne. Ses paysans auront du moins le mérite de la vérité dans le costume, dans le caractère et dans le langage. Ce ne sont plus là sans doute les paysans d'opéra-comique, les Janot et les Colin d'autrefois. Est-ce à dire pourtant que l'auteur les prenne crûment au village et les transporte tels quels sur le théâtre? Non. Ils ont passé par l'atelier du peintre. Ressembleront-ils à ceux de Balzac, qui, à force d'avoir été façonnés, deviennent, selon Théophile Gautier, des Talleyrand en blouse ou des Metternich en sabots? Non. George Sand leur laisse plus de candeur et de simplicité. — Rappelleront-ils ceux de Molière et de Dancourt? Pas davantage. — Ils ont quelque chose de plus senti-mental, de plus rêveur, de plus moderne. Bien qu'ils n'aient lu ni Gœthe ni Byron, ils appartiennent à un âge qui a vu naître *Werther* et *Manfred*. Le père Remy, le vieux moissonneur dans *Claudie*, est un penseur ainsi que le vieux paysan Patience, prophète de la Révolution dans *Mauprat*.

La rêvasserie est un trait commun à presque tous ses personnages. Madeleine rêve à ses chagrins ;

Mariette à sa toilette et à ses amoureux ; Mme Sévère à ses intérêts et à ses vengeances ; Jean Bonnin au beau et riche mariage qu'on lui promet. François le Champi lui-même, si homme d'action et de résolution qu'il soit, arrive pensif, distrait, mélancolique dès le début, et tombe dans une profonde tristesse sous le coup d'un amour qui l'étreint et le dévore, sans qu'il ose l'avouer.

Le langage, comme le sentiment, présente un singulier mélange de naïveté et de préciosité, de candeur et de recherche : les archaïsmes gaulois, les locutions provinciales s'y enchâssent au milieu du plus pur français. Sous ce rapport, le style rustique de George Sand offre aux philologues un sujet d'étude intéressante. L'auteur met une sorte de coquetterie à multiplier ces formes du patois berrichon dont François le Champi nous donne un échantillon dès son entrée.

Excusez-moi, jeunesse; mais c'est toujours bien ici le moulin du Cormier et la *demeurance* de Mme Blanchet [1] ?

Et plus loin, racontant son voyage :

La neige, dit-il, *m'écolérait* parce qu'elle m'empêchait de marcher mon pas [2].

Cette senteur des champs qui s'exhale du langage rustique mêlé à la naïveté des sentiments, avec une petite pointe d'artifice, eut un moment tout le charme d'un parfum printanier pour des spectateurs saturés de mélodrames, d'hyperboles et de déclamations violentes. Oubliant cette fois les mauvaises heures de *Cosima*, l'auteur remercie le public du bon accueil fait à son œuvre.

1. Acte I, sc. VI.
2. *Ibid..* sc. X.

« Le public attendri ne s'est pas demandé s'il y avait là un auteur et une pièce. Il a vu de bons paysans et un intérieur rustique ; il s'est laissé gagner à un sentiment de bonhomie et de candeur qui est bien au fond du cœur humain, et qui se retrouve même dans les temps agités et malheureux. »

Le poète semble avoir voulu reposer les âmes attristées par les souvenirs récents de la guerre civile, après les sanglantes journées de Juin, après les batailles de la rue, les jugements, les transportations, en leur offrant cette image de la vie champêtre, du bonheur tranquille, des émotions douces et tempérées, des amours pures, innocentes, sans orages et sans fracas.

Et cependant cette idylle si simple, si pacifique, avait aussi son côté scabreux, délicat, hardi, comme il arrive souvent chez George Sand. Le sujet, plus facile à traiter dans un roman, présentait sur la scène de bien autres obstacles. Il s'agissait d'associer l'amour maternel et l'amour filial à une autre affection que les deux premières semblent exclure, l'amour conjugal. Ce n'était pas trop de toute l'habileté, de toute la discrétion, des précautions infinies dont l'auteur a fait preuve, pour rendre la chose possible, en évitant les heurts, les violences, les éclats de voix qui auraient tout compromis. La passion latente et contenue ne se révèle qu'à demi, et à la dernière extrémité.

Le héros principal est un champi, c'est-à-dire, en langage berrichon, un enfant trouvé. Balzac nous a montré le forçat réhabilité dans Vautrin et dans Quinola : George Sand entreprend de relever contre le préjugé un autre déshérité et flétri de ce monde.

l'enfant trouvé : mais un déshérité honnête et vertueux, qui devient la providence de la maison, après en avoir été l'obligé. Recueilli par charité, comblé de prévenances et de tendresses par la bonne meunière Madeleine Blanchet, il s'est vu congédié, chassé un matin par un maître brutal, jaloux et libertin. Depuis six ans, il a grandi, il s'est développé et perfectionné dans son métier de garçon meunier : il a même fait des économies, se disant qu'il en aurait peut-être un jour besoin pour acquitter sa dette envers ses bienfaiteurs. Ce jour est venu. En apprenant la mort de son ancien patron Blanchet, tombé en mauvaises affaires, le désarroi de la maison, l'embarras de la veuve, il est venu offrir le concours de son intelligence et de ses bras.

Autour du Champi et de Madeleine se groupent un certain nombre de personnages qui représentent, sous des formes diverses, les mœurs et les types villageois. C'est d'abord Catherine, la bonne servante dévouée, un de ces chiens fidèles qui savent distinguer au flair les vrais et les faux amis de la maison, tout heureuse de revoir son Champi si beau, si fort et si vaillant. Puis Mariette, la sœur de feu Blanchet, une héritière bien pourvue, tant soit peu fiérotte et coquette, aimant à faire poser les galants devant elle, et trouvant que le deuil est une vilaine couleur ; plus étourdie et plus légère que méchante, capable d'un bon mouvement et d'une bonne action, toisant d'abord avec dédain ce pauvre François, un *champi*, et finissant par s'apercevoir qu'il n'est pas tant à dédaigner. Près d'elle, la voisine Mme Sévère, une riche paysanne vaniteuse, jalouse, intéressée, ayant déjà contribué à perdre le malheureux Blanchet et s'apprêtant à ruiner sa veuve en réclamant de l'argent qui ne lui est pas dû. C'est elle qui monte la tête de Mariette contre sa belle-sœur et répand certains mauvais bruits sur les rapports de Madeleine avec le Champi. Vraie peste de village, dont les mauvais desseins vont être déjoués par François d'abord, plus tard par Mariette sa dupe et par Jean Bonnin son neveu.

Ce brave Jean Bonnin est à sa façon la providence de la comédie, qu'il empêche de tomber dans le drame larmoyant. Sorte de gracioso rustique, jovial et bon enfant, naïf et jouant au malin, crédule et finaud tout à la fois, exploité par sa tante Mme Sévère, qui lui a fait verser 50 pistoles pour aider à son mariage avec Mariette en disant du mal de ses concurrents, il finit par entrevoir la vérité, et découvre avec grand plaisir que le Champi est amoureux, non pas de Mariette, mais de Madeleine. Aussi va-t-il devenir plus que jamais son ami.

Bien que le comique ne soit pas dans les notes ordinaires de George Sand, ce rôle de Jean Bonnin est d'une franche gaieté. La scène de la déclaration solennelle à Mariette est presque aussi plaisante que celle de Thomas Diafoirus à Angélique, avec la différence naturelle qui existe entre un Céladon de village et un amoureux de la Faculté de médecine. N'oublions pas non plus ce petit bout de rôle enfantin de Jeannie, le frère de cœur de François, Jeannie dont l'auteur a tiré si bon parti pour vaincre les derniers scrupules de Madeleine.

Comment donc l'amour va-t-il se développer, se révéler chez le Champi? Tout le problème, tout le drame est là! Les autres personnages ne sont en quelque sorte que des comparses, destinés à tourner autour et à préparer le dénouement. Cette passion qui sommeillait en lui, et dont il ne se rendait pas compte en la confondant avec l'amour filial, se trouve excitée, provoquée en quelque sorte et dévoilée à ses propres yeux par les médisances et les calomnies de la Sévère, par les avances mêmes de Mariette qui s'est éprise de François. Celui-ci, sentant que toutes les agaceries de la jeune et riche villageoise ne font rien sur son cœur, a reconnu que la place était prise par un autre amour, celui de Madeleine, la seule femme au monde qu'il ait aimée et qu'il aimera jamais. Révélation innocente, sorte d'amour platonique entre deux âmes qui se sentent attirées l'une vers l'autre par un aimant invisible. On s'est demandé parfois d'où avait pu venir à George Sand l'idée d'une pareille création, si embarrassante, si difficile à justifier, et surtout à mettre sur la scène. Peut-être, dans cet amour un peu étrange de François et de Madeleine, y a-t-il aussi une part de souvenirs intimes chers à l'auteur. L'amour maternel s'allie parfois chez George Sand à un autre sentiment, pour Alfred de Musset et quelques amis dont elle fut un moment l'Égérie bienfaisante ou funeste. Quand on lit certaines pages d'*Elle et Lui*, on comprend mieux François le Champi et Madeleine. Ce qui a pu choquer, embarrasser tout au moins plus d'un lecteur et spectateur, lui paraît sans doute très naturel. Cependant elle a senti qu'au théâtre surtout il importait de ménager les scrupules du public. Aussi a-t-elle évité toute explication, tout aveu formel de cette passion chez Madeleine, qui semble rester dans son rôle de mère et ne songer qu'à unir François à Mariette. L'explosion, la déclaration du Champi ne vient qu'à la fin.

La grande difficulté était d'arriver au consentement de Madeleine. Pour l'amener, l'auteur a recours à une petite conspiration de famille à laquelle s'associent Mariette, très généreuse et très loyale, Jean Bonnin très zélé, d'autant plus qu'il y gagne la main de Mariette; enfin Jeannie, le fils du premier mari, celui d'où pouvait venir la résistance et qui insiste auprès de sa mère en faveur de François. Madeleine finit par se rendre à demi :

> Mon Dieu, c'est comme un rêve, et vous ne me donnez pas le temps de me reconnaitre! Allons, puisque tout le monde le veut ici, il faudra bien que je finisse par le vouloir moi-même [1].

Procédé analogue à celui dont use Corneille pour sauver les convenances et l'honneur de Chimène, en renvoyant à une époque ultérieure son mariage avec Rodrigue, impossible à résoudre dans les vingt-quatre heures, en face du cercueil de Don Gomès :

> Pour vaincre un point d'honneur qui combat contre toi
> Laisse faire le temps, ta vaillance et ton roi.

Il y a moins d'un an que Madeleine est en deuil du peu regrettable et peu regretté Blanchet; nous attendons et nous sommes sûrs du dénouement. Grâce à ces réserves, l'obstacle est surmonté et le Rubicon passé.

Nous laisserons de côté *Claudie*, une autre paysannerie empreinte d'un caractère plus sombre et appartenant moins à la comédie qu'au drame. C'est maintenant au monde bourgeois que nous arrivons avec *le Mariage de Victorine*.

1. Acte III, sc. x.

III

Après Molière, qu'elle admire sincèrement et qu'elle met plus d'une fois en scène, sans trop de bonheur, il est vrai, Sedaine est un des grands éducateurs dramatiques de George Sand, un de ses auteurs préférés. Ce qu'elle aime en lui, c'est « la sensibilité profonde et vraie de l'expression, la noblesse vaillante et simple des caractères », tout en reconnaissant ce qui lui manque pour le style, une partie où elle se sent elle-même si justement supérieure. Parmi ses pièces, il en est une surtout qui l'a ravie, transportée, par l'héroïsme bourgeois, paisible et contenu qu'elle met en relief : *le Philosophe sans le savoir*. Elle y a trouvé non seulement du charme, mais de la grandeur. Peut-être son imagination de poète a-t-elle un peu amplifié les proportions des personnages et la valeur des sentiments et des pensées. Mais qui pourrait se plaindre d'un enthousiasme aussi sincère? La reprise de cette œuvre au Théâtre-Français a été pour elle une révélation. A ceux qui se contentent d'y voir « une bonne petite vieillerie charmante, un tableau d'intérieur flamand, bien suave, bien frais et d'une harmonie bien agréable à regarder pour reposer la vue après les tons criards de la moderne littérature dramatique », elle répond qu'il y a autre chose dans cette adorable comédie de Sedaine :

« Ces types ne sont pas flamands, dit-elle, j'en demande pardon aux critiques, ce sont les derniers bons Français du xviiiᵉ siècle, s'élançant avec tant de calme qu'on ne s'en aperçoit pas, vers le siècle nouveau. Le calme, c'est la force ; mais ce ne sont pas là des

fumeurs paisibles absorbés dans la douceur du repos,
ni dans le bien-être de la vie intérieure. Ce sont des
hommes bien trempés, qui luttent contre les fausses
idées de leur siècle, tout en conservant avec la même
fermeté les idées éternellement bonnes et vraies. On
respire l'honneur, le courage et la générosité dans
l'atmosphère de M. Vanderke. On sent que rien de
grand et de fort ne sera impossible dans cette famille ;
et en présence de ce chaste amour de la petite Victorine pour l'héritier d'un nom et d'une fortune, en
présence de cette fierté puritaine du vieux Antoine
qui s'efforce d'étouffer l'amour de sa fille, on ne peut
pas douter un instant du résultat que Sedaine a laissé
prévoir, et que j'ai osé montrer. »

Là est le point de départ de la nouvelle pièce.
L'amour latent, discret, de Victorine pour le fils de la
maison, le stoïcisme rigide du vieux serviteur Antoine
combattant, refoulant cette passion qu'il s'effraye de
voir naître dans le cœur de sa fille, tel est le double
élément du second drame greffé par George Sand
sur l'œuvre primitive de Sedaine.

Ces deux personnages secondaires d'Antoine et de
Victorine vont devenir les deux rôles principaux, bien
que le père de famille, M. Vanderke, conserve toujours son rang par la dignité du caractère, la sagesse
et la pondération des idées, le sang-froid en face des
accidents de la fortune, et cette admirable égalité
d'âme qui fait de lui le modérateur suprême de l'action et du dénouement. La grande difficulté, et le
grand mérite de George Sand, est d'avoir su rester
dans les tons moyens, sans se laisser aller à ces
explosions si naturelles à l'auteur de *Lélia* : c'est
d'avoir, sur cette trame légère et délicate, sans péri-

péties et pour ainsi dire sans action, construit une pièce en trois actes où tout l'intérêt repose sur des analyses de sentiment et sur une situation qui ne varie guère. Deux belles âmes s'immolant au devoir, Victorine en étouffant un amour qui la consume, Antoine en sacrifiant le bonheur de sa fille qu'il aime plus que lui-même, tel est le spectacle qui va se dérouler devant nous.

Peut-être ce cadre de trois actes est-il trop vaste pour un sujet si restreint : mais l'auteur a voulu donner un pendant au *Philosophe sans le savoir*, et lui prêter les mêmes proportions. Bien que les *suites* n'aient guère réussi, ni à Corneille dans *la Suite du Menteur*, ni à Beaumarchais dans *la Mère coupable* après *Figaro*, on ne saurait nier l'intérêt que présente ce décalque ou cette transposition ingénieuse d'un petit chef-d'œuvre : la finesse et la grâce de l'exécution faites pour la lecture plus encore que pour la scène. George Sand, réagissant contre l'abus de la dramaturgie, contre ce qu'elle appelle elle-même le *matérialisme du théâtre*, tombe à son tour dans l'excès du *spiritualisme*. Un critique contemporain dit avec quelque raison :

« Ce que nous blâmerons dans la nouvelle pièce de Mme Sand, c'est qu'à force d'éviter les complications et les effets, de chercher dans l'analyse seule du sentiment, dans l'étude attentive d'un repli du cœur, cet élément de curiosité et de succès que le drame demandait jadis au fracas des péripéties, l'auteur finit par nous promener dans le vide, et le spectateur somnolent a besoin d'un effort pour saisir ce tissu léger, amoindri, où rien n'arrête plus les yeux ni la main [1]. »

1. *Revue des Deux Mondes*, 15 décembre 1852, article d'Armand de Pontmartin.

La pièce de Sedaine, si simple qu'elle soit, a bien autrement de corps et de muscles, de ressorts et de situations dramatiques.

Le fameux épisode des trois coups frappés à la porte est resté, avec le coup de canon d'*Adélaïde Duguesclin*, un des grands effets scéniques du xviiie siècle. Nous ne trouvons rien de pareil dans *le Mariage de Victorine*.

On se rappelle, dans Sedaine, le moment où le jeune Alexis Vanderke, avant d'aller se battre en duel, confie sa montre à Victorine en lui recommandant de ne la remettre qu'à lui. « Qu'à moi ! qu'à moi ! que veut-il dire ? » s'écrie la jeune fille. De là va naître l'action nouvelle : la montre reparaîtra bientôt comme un cher souvenir du passé.

Ce rôle de Victorine, que Sedaine s'est contenté d'esquisser au second plan, est devenu pour George Sand un curieux objet d'étude. Avec son œil pénétrant et sa délicate main de femme, elle s'est mise à fouiller, à disséquer cette âme candide et pure de jeune fille où l'amour est entré sans crier gare, et qu'il possède et ravage maintenant. Pourtant Victorine n'est point une rêveuse, ni une précieuse, ni un esprit chimérique ou romanesque. La nature l'a plutôt faite aimable, enjouée, expansive : elle lui a donné une certaine dose de bon sens populaire ou bourgeois qu'elle tient de son père. Sa droiture, sa délicatesse, sa raison lui disent qu'elle ne peut songer à épouser le fils de ses maîtres. Les bontés mêmes dont la comblent chaque jour M. et Mme Vanderke, l'affection fraternelle dont l'honorent et leur fille Sophie mariée à un magistrat, et leur fils, le généreux et cordial Alexis, lui font une loi d'autant plus sévère de la réserve et de la discrétion. Le sacrifice s'impose au nom même de la reconnaissance.

Aussi est-elle résignée à épouser un brave et honnête garçon, Fulgence, qu'elle n'aime pas, mais qu'elle s'efforcera d'aimer pour faire plaisir à son père. Cependant, depuis que le mariage est arrêté et le jour fixé, la tristesse s'est emparée d'elle : les larmes lui viennent aux yeux sans qu'elle sache trop pourquoi. Elle, d'ordinaire si franche, si ouverte, volontiers rieuse et folâtre, elle a des vapeurs, des rêveries, des caprices inexplicables : elle s'efforce d'être gaie, et le chagrin la ressaisit. Comblée de caresses et de cadeaux par la famille Vanderke, elle s'irrite et se fâche des preuves d'affection qu'elle reçoit ; elle se plaint qu'on se moque d'elle. Au moment où, se raidissant par un suprême effort de sa volonté contre sa passion, elle proteste et déclare qu'elle n'aime au monde que Fulgence et veut l'épouser, personne n'y croit plus, et Fulgence moins que personne. « Tu mens, Victorine ! » s'écrie Alexis triomphant, et Victorine, succombant à l'émotion, à la joie intérieure devant la déclaration de celui qu'elle aime et qui l'aime, tombe défaillante entre les bras de son père interdit et stupéfait.

Le vieil Antoine, qui s'était déjà révélé à nous dans Sedaine par un accès de dévouement héroïque, prêt à risquer sa vie pour sauver celle de son jeune maître, nous apparaît ici dans toute la rigidité de ses principes et de son stoïcisme plébéien.

Lorsque enfin, malgré toutes ses précautions, le secret vainement caché par Victorine éclate, qu'Alexis avoue de son côté sa passion, que toute la famille ouvre ses bras à la jeune fille éperdue, rougissante,

évanouie, Antoine refuse un honneur qui l'accable de
confusion, qui peut compromettre la famille Vanderke
aux yeux du monde :

Mais,... monsieur,... ce mariage... votre fils... c'est impossible.

Cependant il est forcé de s'incliner devant la grande
voix impérieuse et loyale de M. Vanderke :

Antoine, c'est ma volonté, c'est le devoir de mon fils, c'est
mon devoir, c'est le tien.

La religion du devoir comme chez Corneille, transportée de la tragédie dans les régions modestes de la
comédie bourgeoise, c'est là ce que George Sand a
voulu nous montrer en opposant le mariage d'inclination au mariage d'argent ou de raison. C'est ce qu'elle
appelle résister aux accès du mauvais prosaïsme
et à l'engourdissement du cœur. Toute la morale de
la pièce est contenue dans les dernières paroles du
sage Vanderke. Quand Antoine lui demande comment ce mariage est devenu un devoir, Mme Vanderke
répond tout d'abord : « Parce qu'ils s'aiment. » —
M. Vanderke ajoute : « Et parce qu'il fallait le prévoir si nous voulions l'empêcher. » C'est le langage
de la raison acceptant les arrêts du cœur, seul maître
souverain en ces matières. L'obligation de la pré-
voyance pour ceux qui veulent éviter les accidents
est un précepte d'application usuelle et une bonne
leçon appuyée d'un bon exemple.

IV

Après nous avoir promenés au village avec *François
le Champi*, dans la société bourgeoise avec *le Mariage
de Victorine*, l'auteur nous introduit en plein faubourg

Saint-Germain avec *le Marquis de Villemer*[1]. Nous ne sommes plus ici dans le monde des simples, des petits, des humbles, grands seulement par le cœur, mais dans celui des raffinés, des heureux ou soi-disant tels, des gens bien nés, qui ne se sont donné souvent que la peine de naître : société aristocratique par les goûts, par l'esprit et aussi par le cœur, ayant ses légèretés, ses étourderies, son égoïsme comme les autres, ses préventions et ses préjugés, mais n'offrant rien d'odieux ni de ridicule, exhalant un certain parfum d'honneur et de bonté.

George Sand, qui se rattache en partie à cette société par ses origines, s'est bien gardée de refaire pour la centième fois la caricature du marquis. Elle le peint au contraire sous l'aspect le plus sympathique et le plus flatteur : une belle âme fière et généreuse, qui s'immole à son frère, à sa mère, sans leur laisser savoir toute la portée de son sacrifice. Supérieur aux petites vanités et aux préjugés de sa caste, Urbain de Villemer s'est élevé bien au-dessus du monde qui l'entoure par l'indépendance des pensées et la hauteur des sentiments. La réflexion, l'étude, la sagesse qui vient des livres et celle aussi que donne une amère expérience de la vie, ont fait de lui un homme au vrai sens du mot, connaissant, excusant et partageant les faiblesses de l'humanité. Nous disions, à propos de *François le Champi*, que les paysans de George Sand, portés volontiers à la rêverie, sans avoir lu Gœthe ni Byron, étaient bien les fils d'un âge qui a vu naître *Werther* et *Manfred*. Nous en dirons autant et davantage encore du marquis de Villemer. C'est un frère

1. Représenté au théâtre de l'Odéon le 29 février 1864.

de *René*, atteint comme lui de ce mal de la mélancolie
auquel n'échappe pas non plus l'*Adolphe* de Benjamin
Constant. Une passion malheureuse, un amour irré-
gulier s'est mêlé à cette vie : de cet amour il reste
un fils élevé en secret.

Toujours un point noir, un côté scabreux, difficile
ou délicat chez les héros ou les héroïnes de George
Sand. Nous l'avons vu avec François le Champi, l'enfant trouvé devenu amoureux de sa mère adoptive;
nous le revoyons dans Claudie, victime d'un Don
Juan de village, fille mère trahie et délaissée. Victorine
échappe aux périls d'une affection contrariée, grâce
aux généreux procédés de la famille Vanderke. A ceux
qui lui reprocheraient de chercher des situations épi-
neuses et compliquées, l'auteur répondrait sans doute
que l'intérêt même du roman est là.

Le remède suprême à toutes ces misères, c'est
l'amour, le grand consolateur et le grand réparateur.
C'est lui qui frappe, et c'est lui qui guérit. L'amour
en effet joue un rôle capital dans le roman et dans
le théâtre de George Sand. Elle en a été la prêtresse,
la pythonisse inspirée, prenant part à cet admirable
duo dont Alfred de Musset nous a conservé le souvenir
dans ses *Nuits de Mai et d'Octobre*. C'est l'amour qui
a tué le marquis de Villemer une première fois; c'est
l'amour qui va le faire renaître tout à coup pour une
vie nouvelle. Mais le malheur veut que cette passion
s'éveille également dans l'âme d'Urbain et dans celle
de son frère Gaëtan pour le même objet, l'adorable
Mlle de Saint-Geniex.

Ces deux frères d'humeur si opposée, fils d'une
commune mère et de pères différents, mais unis par
une tendre affection, offrent un de ces contrastes **dont**

Térence avait jadis donné l'exemple dans les *Adelphes*. L'un, le plus jeune, Urbain, grave, studieux, mélancolique, un peu sauvage, d'une maturité précoce ; l'autre, l'aîné, Gaëtan, duc d'Aléria, léger, étourdi, dépensier, prolongeant jusqu'à la quarantaine les folies d'une interminable jeunesse. Celui-ci est un grand enfant gâté, n'ayant pris dans la vie que la fleur du plaisir, ignorant la valeur de l'argent qu'il n'a jamais su gagner et qu'il verse à pleines mains. Après avoir ruiné sa mère, il achève de ruiner son frère par ses dépenses extravagantes, le plus innocemment et le plus gaiement du monde. Et pourtant il est si aimable, si caressant, si séduisant, qu'on lui pardonne tout : un baiser de sa mère l'absout de ses sottises ; son frère paye ses lettres de change à son insu et le soustrait aux menaces de la contrainte par corps : un cauchemar dont la loi nouvelle a débarrassé les débiteurs, mais que les romanciers et les dramaturges peuvent regretter comme source d'émotion.

Les créanciers et les huissiers sont en effet les seuls ennemis qui troublent la sécurité de l'heureux Gaëtan. L'histoire de sa fuite, de son *hégire* dans la forêt de Fontainebleau, de son séjour à l'ombre du onzième arbre, où son valet de chambre vient lui faire la barbe et lui servir son chocolat, nous paraît appartenir à la légende fabuleuse. Mais il faut bien un peu embellir et broder le récit de ses mésaventures pour les rendre plus divertissantes. Malgré la désinvolture aisée et l'insouciance avec lesquelles il avoue ses fautes, on ne saurait lui reprocher l'effronterie, le cynisme que nous avons trouvés jadis chez le *Chevalier à la mode* de Dancourt. Gaëtan, par son allure, ses sentiments, est et reste un grand seigneur : c'est un mauvais sujet de

bonne compagnie, gardant toujours un fonds honnête
et un certain souci de sa dignité.

Il a des quarts d'heure de remords, de contrition
sincère, où il s'accuse lui-même, renouvelle à sa mère,
à son frère, tous les serments qu'il est bien décidé à
tenir, et qu'il oubliera encore une fois.

Un moment pourtant la rivalité des deux frères,
épris d'une commune passion, amène entre eux une
vive dispute, où les lèvres laissent échapper des mots
que le cœur désavoue. Mais ces deux bonnes âmes
sont plus affligées des blessures qu'elles ont faites que
de celles qu'elles ont reçues. L'heure de la réparation
arrive bientôt. Gaëtan donne le premier l'exemple du
sacrifice et du désintéressement avec ce frère dont il
est le débiteur insolvable depuis longtemps.

Ce fou va devenir l'avocat de la raison, presqu'un
sage, un conciliateur arrangeant le mariage d'Urbain
et de Mlle de Saint-Geniex, triomphant des hésitations,
des obstacles, des scrupules, à force de franchise et de
décision.

Tous ces personnages d'ailleurs, comme dans la
famille Vanderke, inspirent et commandent la sympathie. C'est là un des charmes de la pièce : on se
sent au milieu d'honnêtes gens au cœur droit, aux
pensées généreuses et libérales, en dépit de quelques
préjugés de race ou d'éducation qui survivent encore,
mais semblent destinés à s'effacer bientôt.

La marquise de Villemer, la mère d'Urbain et de
Gaëtan, est un type charmant de grande dame, la plus
aimable douairière qu'ait jamais vue le faubourg
Saint-Germain : alliant la cordialité, l'enjouement, la
belle humeur, à la noblesse des sentiments ; ruinée par
son fils aîné auquel elle a déjà pardonné, ne subsistant

que par les libéralités secrètes de son autre fils
Urbain, tranquille au bord de l'abîme, avec cette
joyeuse insouciance qui reste un des traits de notre
aristocratie française jusqu'à la veille de 89.

La scène où elle accueille Mlle Caroline de Saint-
Geniex à titre de lectrice lui fournit l'occasion de
tracer d'elle-même un portrait où elle énumère plaisamment ses qualités et ses défauts. En même temps
elle comble d'attentions délicates cette jeune fille
issue d'une noble maison, obligée d'entrer en service,
et s'efforce d'enlever à ses fonctions les apparences de
la domesticité. Au premier récit de ses infortunes et des
charges de famille qu'elle s'est imposées, la marquise
songe tout d'abord à doubler ses appointements.
Cependant, quelles que soient ses sympathies, sa tendresse même pour cette nature fine, exquise et supérieure, qu'elle a comprise du premier coup et qu'elle
appelle sa *chère amie*, sentant qu'elle est de race par
l'intelligence et par le cœur comme par le sang, elle
ne s'est pas dit que le charme exercé sur elle pourrait
s'étendre à ses fils. Elle a rêvé pour eux, ou du moins
pour le plus jeune, un riche et brillant mariage, et
ne prévoit pas qu'une passion rivale viendra subitement
l'entraver. Au moment où le péril se révèle, un mot
imprudent ou malveillant de la baronne d'Anglade
est venu effleurer cette réputation, cette vertu imma-
culée de Caroline. La marquise, chatouilleuse en
matière d'honneur, exige des explications sur la nuit
passée par Mlle de Saint-Geniex hors de sa chambre
en compagnie de Gaëtan. Cette nuit, elle l'a consacrée à soigner Urbain évanoui et presque mourant
à l'insu de sa mère. Quand le voile est déchiré, quand
tout est expliqué à l'honneur de Caroline qui a disparu,

c'est la marquise elle-même qui, avouant noblement ses torts, joue le rôle de suppliante, et implore pour son fils Urbain la main de Mlle de Saint-Geniex.

Celle-ci est la véritable héroïne de la pièce, qu'elle illumine d'un reflet de candeur et d'honnêteté. C'est une autre Victorine, aussi chaste, aussi pure, aussi discrète, mais élevée dans un monde supérieur, ayant encore plus besoin de courage et de résignation pour triompher de sa destinée. Sa naissance l'a placée dans la classe de ceux qui jouissent, ses malheurs dans les rangs de ceux qui souffrent, luttent et travaillent. Elle a vu son père mourir de chagrin, ruiné par des spéculations malheureuses où il a cherché pour sa famille la fortune qui lui manquait : elle a vu sa sœur, restée veuve avec quatre enfants, sans ressources, et elle a pris sur ses épaules de jeune fille ce lourd fardeau. Elle a fermé son cœur à toute affection étrangère, en s'imposant de ne songer qu'à son devoir et au bonheur des siens. Malgré cette vie de sacrifice et de résignation, elle n'a rien de morose : elle accepte bravement, gaiement sa destinée : deux membres de sa famille sont morts à Fontenoy, elle ne l'a point oublié et considère la vie comme un champ d'honneur. C'est une de ces natures d'élite qui rayonnent et attirent à elles par une sorte d'aimant irrésistible.

Honorée des confidences les plus intimes d'Urbain, elle le pousse de toutes ses forces vers ce mariage avec Diane de Saintrailles, que désire sa mère et que la jeune fille souhaite également. La confidente ne s'aperçoit pas de tout le terrain qu'elle gagne elle-même, sans le vouloir, dans ce cœur ravagé et ulcéré du marquis, qu'un autre amour a jadis rempli. Bientôt effrayée de l'empire qu'elle exerce sur les âmes, elle

se fait une loi de la réserve, de la froideur au moins apparente, surtout à l'égard d'Urbain. Mais vienne la scène de l'évanouissement où le marquis tombe sans connaissance, la main déchirée et ensanglantée par un verre de vitre, l'émotion, l'empressement qu'elle apporte à secourir le blessé, laissent deviner en elle autre chose qu'une sœur de charité. Pourtant elle sait se contenir, se dominer avec d'autant plus d'empire qu'elle a entrevu la passion dont elle est l'objet. Par dignité, par fierté d'âme, elle ne veut pas trahir la confiance de la marquise, en laissant espérer quoi que ce soit. Quand elle se voit, sur un mot léger de la baronne, atteinte d'un doute ou d'un soupçon injurieux, blessée dans son honneur, elle se retire silencieusement de cette maison où elle est devenue un sujet de scandale ou de division. Si elle y rentre, c'est qu'on viendra la supplier de ramener avec elle l'espérance et la paix. La pièce finit un peu à la façon du *Champi*. Toutes les influences se réunissent autour de Mlle de Saint-Geniex pour obtenir son consentement.

Diane de Saintrailles offre elle-même l'exemple du désintéressement en renonçant à Urbain, comme Mariette renonce au Champi. Cette jeune fille, sortie la veille du couvent, est une charmante figure de pensionnaire rieuse, étourdie, loyale, généreuse, donnant son cœur et ses millions à ce dissipateur qui a déjà dévoré deux ou trois fortunes. Un autre rôle, le seul peut-être qui n'ait pas toutes nos sympathies, est cette baronne légère, bavarde, vaniteuse, ayant des vues sur Gaëtan qui prend plaisir à la piquer de ses traits, et auquel elle rend du reste la pareille en reparties assez vives et assez mordantes.

Ce genre d'escrime s'ajoute aux confessions de l'enfant prodigue pour ramener à certains moments une douce hilarité.

Maintenant, quelle appréciation mérite cette pièce du *Marquis de Villemer*, une des plus heureuses de George Sand, une de celles qui reviennent le plus souvent sur l'affiche? Est-ce un chef-d'œuvre dramatique, comme semble le dire M. Émile Montégut? Est-ce une de ces études ou de ces créations profondes qui marquent dans les annales d'une littérature? Non. Si aimables que soient les personnages, et ils le sont presque tous, en est-il un qui dure et vive à l'état de type et de souvenir? Y a-t-il là une peinture de caractères, un tableau de mœurs, une expression de la société contemporaine ainsi que nous pourrions en trouver dans telle ou telle pièce très inférieure littérairement, mais d'une autre portée philosophique et sociale? Qu'avons-nous donc ici? Un roman mis en action avec beaucoup de grâce, de finesse, de subtilité; une délicate analyse du cœur humain, un style brillant et naturel, une forme d'éloquence et de poésie sans pathos et sans emphase; une belle humeur discrète et modérée par les convenances et le bon ton; une œuvre littéraire en un mot, ayant tout l'attrait que peuvent offrir les idées généreuses et les nobles sentiments exprimés dans un beau langage. L'émotion qu'éveille en nous *le Marquis de Villemer* appartient au genre tempéré. On se laisse aller au courant de cette action plus vive, plus accidentée que celle du *Mariage de Victorine*, mais pourtant n'ayant ni complications, ni heurts, ni violences, à part la courte scène d'explication engagée entre les deux frères et s'éteignant dans un doux apaisement. Aimable représentation, dirons-nous de la pièce : aimable lecture, dirons-nous du roman, où nous savourons le plaisir calme et serein d'une de ces belles soirées d'automne, qu'aimait à goûter, vers la fin de sa vie, l'auteur jadis tempétueux et passionné de *Lélia*.

CHAPITRE XXXIII

JULES SANDEAU (1811-1883).

Mademoiselle de la Seiglière.

A la suite de George Sand, et sans l'englober dans
l'orbite de sa gloire littéraire, il nous faut signaler un
écrivain qui lui prête la moitié de son nom et que le
roman conduit aussi vers le théâtre : nous avons
nommé Jules Sandeau. Talent aimable et délicat,
pénétrant et recueilli, rompu aux fines analyses du
sentiment et aux observations morales sur la société
contemporaine, mêlant les nuances de l'émotion contenue aux traits de l'ironie discrète, les élégances et les
grâces du style aux charmes d'un esprit vif et prime-
sautier. Malgré les liens multiples qui l'attachent à
l'auteur de *Lélia*, Sandeau échappe aux périls d'une
communauté où le talent court risque de se trouver
écrasé par le génie. Entre tant de renommées plus
bruyantes ou plus éclatantes que la sienne, il a son
coin, je dirais volontiers sa maisonnette, son jar-
dinet, dans ce vaste domaine dramatique et littéraire
du XIXe siècle. Ses productions théâtrales sont peu
nombreuses; mais avoir à soi une œuvre qui vous
appartient, qui a chance de vivre et de durer, c'est
un privilège refusé bien souvent aux gens les plus
applaudis de leur vivant et parfois oubliés avant leur

mort. *Mademoiselle de la Seiglière*, consacrée sous la double forme du roman et de la comédie, *le Gendre de M. Poirier*, fait en commun avec Émile Augier, assurent à Sandeau un rang honorable, bien que modeste, dans l'histoire du théâtre contemporain.

Pour *Mademoiselle de la Seiglière*, l'idée mère du roman, d'où est sortie la pièce, est empruntée à l'état social créé par la Révolution et les institutions nouvelles, qui règlent les rapports des classes entre elles, les droits et les devoirs des citoyens envers l'État. Le vieil émigré rentré en France après une longue absence, *n'ayant rien oublié ni rien appris*, est un de ces attardés naïfs et entêtés qui ont obstinément dormi, bouché leurs oreilles et fermé leurs yeux à tout ce qui s'est fait depuis vingt-cinq ans, et se réveillent un beau matin tout étonnés que le monde et l'histoire aient marché sans eux; qu'un ordre nouveau se soit établi sur les ruines d'un passé disparu; que de grandes choses, de grandes constructions et de grandes renommées soient venues remplacer celles d'autrefois; que le Code civil ait détrôné les anciennes coutumes, et que le principe d'égalité ait soumis à la même loi, aux mêmes impôts, aux mêmes obligations, le gentilhomme et le manant.

Sans doute, ce personnage n'était pas neuf au théâtre. De Flins le mettait en scène dès les premiers jours de la Révolution dans *le Réveil d'Épiménide*, Béranger le chansonnait sous les traits plaisants et fanfarons du *Marquis de Carabas*, brandissant son sabre innocent et déclarant que

> A l'État, pour son bien,
> Un gentilhomme ne doit rien.

Scribe le ramenait dans *Avant, Pendant et Après*, avec ce vicomte de la Morlière, ancien compagnon de Lapeyrouse, rentré subitement à Paris qu'il n'a pas vu depuis quarante ans ; tout stupéfait de ne plus retrouver l'enclos des Capucines où s'est ouverte la rue de la Paix, d'apercevoir une longue file d'arcades et de maisons longeant le jardin des Tuileries sous le nom de rue de Rivoli, et cette colonne d'airain dont il ne comprend pas le sens, ignorant que les armées françaises sont allées se promener en son absence à Milan, à Rome, à Vienne, à Berlin et à Moscou.

S'il n'a pas inventé le type, Sandeau l'a du moins renouvelé et rajeuni en faisant de lui un bonhomme naïf, un grand enfant sexagénaire et ingénu dont l'ignorance, l'étourderie et l'infatuation sont une source de comique tempéré, ne tombant jamais dans le grotesque. Ce marquis de l'ancien régime convaincu de ses droits et de ses prérogatives héréditaires, avec cet égoïsme particulier aux classes privilégiées, habitué à compter sur les redevances, aubaines et hommages de toute sorte, malgré son cœur excellent, malgré sa familiarité protectrice à l'égard de son valet dont il pince l'oreille, ne comprend pas qu'il est l'obligé de son ancien fermier, de l'humble paysan Thomas Stamply, devenu propriétaire de son domaine. Il ne conçoit pas que, dans ce bouleversement général de toutes les fortunes, le soc de la charrue ait pu faire passer en d'autres mains ce sol conquis jadis par l'épée de ses ancêtres. La conviction devait être en effet difficile à établir. Aussi lui pardonne-t-on sa mauvaise humeur contre le Code civil ou incivil que le marquis de Buonaparte a eu la malencontreuse idée de promulguer à son insu.

Tout le comique naît ici du contraste entre les deux sociétés dont les mœurs, les idées et les lois ont changé comme les modes et les costumes en l'espace d'un quart de siècle. L'amour est encore une fois le lien suprême, l'aimant qui attire et rapproche ceux que la naissance et les préjugés semblaient devoir séparer. Les jeunes gens comprennent ce qui échappe à la vieillesse : le cœur les instruit mieux encore que la raison. Nous retrouverons plus tard cette antithèse des classes qui divisait l'ancienne France, et l'égalité rétablie par la noblesse des sentiments plus puissante que la loi, dans *le Gendre de M. Poirier*. Mais avant d'y arriver, nous rencontrons un autre écrivain qui, par ses relations intimes et la parenté du génie, se rattache plus étroitement à George Sand : Alfred de Musset.

CHAPITRE XXXIV

ALFRED DE MUSSET (1810-1857).

Le poëte dramatique. — Caractère particulier de son théâtre.
— *Les Proverbes.* — Scribe et Musset. — *La Nuit vénitienne.*
— *André del Sarto.* — *Les Caprices de Marianne.* — *Fantasio.*

I

Par son talent aussi bien que par la nature de ses productions, Alfred de Musset occupe une place à part dans la galerie des auteurs dramatiques du XIXe siècle. Longtemps négligés et réputés incompatibles avec les exigences de la scène, bons seulement pour la lecture, ses *Comédies et Proverbes* sont devenus subitement l'objet de la faveur publique, par un de ces retours dont l'opinion offre plus d'un exemple.

Nous avons déjà parlé jadis du poëte[1] en général. Le théâtre n'a été pour lui qu'une fantaisie et un caprice ; il n'est point une vocation impérieuse comme chez Scribe, avec qui tout devient comédie, vaudeville ou opéra. Pour Alfred de Musset, le drame est une des formes de cette poésie subjective et personnelle qui s'épanche en strophes, en stances, en couplets, en contes plaisants ou sérieux, tels que *Rolla, Mardoche* ou *Namouna* ; en confidences intimes ou

1. Voir *Revue politique et littéraire,* février 1882.

en effusions passionnées, telles que *les Nuits de Mai* ou *d'Octobre*. Le lyrisme, qui est l'élément principal de la poésie au XIXe siècle, se retrouve encore même dans ses *Comédies et Proverbes*. L'action dramatique n'aura pour lui qu'une importance secondaire.

De bonne heure, cependant, il a tenté la fortune du théâtre en donnant à l'Odéon, dès 1830, un simple lever de rideau en un acte : *la Nuit vénitienne, ou les Noces de Laurette*. L'épreuve ne lui a pas réussi. Scribe a échoué vingt fois avant d'arriver au succès, et il n'en persiste pas moins, possédé de ce terrible démon qui l'obsède, jusqu'à ce qu'il devienne enfin maître souverain du public et de la scène : il reste fidèle à cette passion, toute sa vie, et meurt dans l'enfantement d'une pièce nouvelle. Alfred de Musset est loin d'avoir cette persévérance et cet entêtement : un échec a suffi pour le dégoûter. Il s'est retiré sous sa tente, et se donne à lui-même la comédie en composant *le Spectacle dans un fauteuil*, pour son plaisir et pour celui de ses lecteurs, sans avoir à braver les rigueurs de la critique théâtrale et les caprices du parterre. Il s'est affranchi de cette double tyrannie, contre laquelle proteste son humeur indocile et indépendante. N'est-ce pas d'ailleurs le théâtre à bon marché ?

> Mon livre, ami lecteur, t'offre une chance égale :
> Il te coûte à peu près ce que coûte une stalle.
> Ouvre-le sans colère, et lis-le d'un bon œil.
> Qu'il te déplaise ou non, ferme-le sans rancune :
> Un spectacle ennuyeux est chose assez commune,
> Et tu verras le mien sans quitter ton fauteuil.

Ce recueil contient : *les Marrons du feu, la Coupe*

et les Lèvres, A quoi rêvent les jeunes filles [1]. œuvres faites pour être lues plutôt que jouées.

C'est dans le même système et le même esprit qu'il compose ses *Comédies et Proverbes* en prose, se contentant de les publier dans une revue [2] sans vouloir tenter de nouveau les périls de la représentation. Quelques-unes de ces œuvres resteront quinze et vingt ans sans paraître sur la scène. Il leur faudra le voyage de Saint-Pétersbourg, les applaudissements de la Cour et du public russes, l'audace d'une actrice entreprenante, Mme Allan-Despréaux, pour qu'elles osent affronter, non sans préventions et sans pronostics funestes, les feux de la rampe au Théâtre-Français. On fut tout étonné de voir que ces pièces se tenaient debout, qu'elles avaient un charme, une saveur particulière.

Est-ce à dire qu'Alfred de Musset soit l'inventeur du genre, qu'il ait le premier trouvé ce cadre libre et flottant du proverbe ou de la comédie familière ? Non. Les théâtres de société existaient déjà au XVIIIe siècle. Collé composait pour le duc d'Orléans certaines farces intimes qu'on jouait à huis clos, sans oser les risquer sur la scène publique. A la fin du siècle, Carmontel avait offert plus d'un échantillon de ces bluettes dramatiques, dont la trame frêle et légère rappelait les éventails auxquels il donnait son nom. Plus tard, sous la Restauration, un ancien magistrat homme du monde, Théodore Leclercq, fournissait, sous le titre de *Proverbes*, tout un répertoire aux salons de bonne société. En face du théâtre public, il créait la comédie de

1. Voir l'analyse de ces trois pièces dans la *Revue politique et littéraire* du 4 mars 1882.
2. La *Revue des Deux Mondes*.

famille et se dérobait ainsi aux risques aléatoires de la représentation, aux instances près des directeurs et des acteurs, et aux rigueurs de la censure.

Alfred de Musset a pu emprunter à ses prédécesseurs le nom et le cadre dont ils avaient usé avant lui : mais, pour le reste, il va chercher ailleurs ses inspirations et ses modèles. Si l'on veut les retrouver. il faut remonter à Shakespeare, à Marivaux, à Byron, aux pastorales italiennes ou espagnoles de Guarini, de Marini, de Gongora. Sainte-Beuve, avec son flair de critique pénétrant, a senti qu'il y avait là de vagues affinités dont il ne se rendait pas bien compte cependant. « On dirait, écrit-il, de la plupart de ces jolies pièces ou saynettes de Musset, que c'est traduit on ne sait d'où ; mais cela fait l'effet d'être traduit. » *Traduit* n'est point ici le mot propre : *imité* même serait encore trop fort. Peut-être serait-il plus juste de dire que ce sont des souvenirs de ses lectures associés à ses inspirations personnelles. Déjà. après la publication de ses *Contes d'Espagne et d'Italie* et de la première partie du *Spectacle dans un fauteuil*, la critique l'avait accusé d'avoir reproduit, dans ces deux ouvrages. divers poètes français et étrangers. Il répond dans la préface de ses *Proverbes* à cette accusation :

« On m'a reproché d'imiter et de m'inspirer de certains hommes et de certaines œuvres. Je réponds franchement qu'au lieu de me le reprocher on aurait dû m'en louer. Il n'en a pas été de tous les temps comme il en est du nôtre, où le plus obscur écolier jette une main de papier à la tête du lecteur. en ayant soin de l'avertir que c'est tout simplement un chef-d'œuvre. Autrefois, il y avait des maîtres dans les arts, et on ne pensait pas se faire tort, quand on avait vingt-deux ans, en imitant et en étudiant les maîtres. »

Et lui, l'esprit indépendant s'il en fût, le railleur, le moqueur de toutes les superstitions et de tous les fétichismes béats, adresse aux jeunes littérateurs, ses confrères, cette leçon de modestie :

« N'y a-t-il pas un orgueil mal placé à vouloir, dans les premiers essais, voler de ses propres ailes? N'y a-t-il pas une sévérité injuste à blâmer l'écolier qui respecte le maître? Non, non : en dépit de l'orgueil humain, des flatteries et des craintes, les artistes ne cesseront jamais d'être des frères ; jamais la voix des élus ne passera sur leurs harpes célestes sans éveiller les soupirs lointains de harpes inconnues ; jamais ce ne sera une faute de répondre par un cri de sympathie aux cris du génie ; malheur aux jeunes gens qui n'ont jamais allumé leur flambeau au soleil ! Bossuet le faisait, qui en valait bien d'autres [1]. »

Avec le sentiment de sa force, de ce qu'il emprunte et de ce qu'il rend, Musset pouvait dire déjà comme La Fontaine :

> Mon imitation n'est point un esclavage.

Ce coin de théâtre où il s'est placé est bien à lui. Il y apporte sa personnalité qui éclate et déborde à chaque instant. Scribe, tout en gardant ses instincts bourgeois et son esprit utilitaire qu'il communique à ses personnages, disparaît et s'efface derrière eux. Alfred de Musset reparaît sans cesse dans ces êtres inégaux et fantastiques qu'il met en scène. *Razetta*,

---

1. Il ne faut pas oublier qu'Alfred de Musset s'est trouvé de bonne heure initié par sa mère à la littérature anglaise. Il a lu non seulement Shakespeare, mais les contemporains de ce poète, Marlowe, Ben Johnson, Wibster, etc.

Cœlio, *Fantasio*, c'est lui et toujours lui. Ce sont ses impressions, ses souvenirs, ses voyages, ses doutes, ses peines, ses joies, et parfois ses lectures qu'il nous raconte par la bouche d'autrui. Il y a de tout chez lui : du fashionable à l'allure hautaine et cavalière, du rêveur sentimental, du sceptique gouailleur, du pénitent contrit, du pécheur incorrigible. Tout cela se retrouve dans son théâtre, jusque dans ce *Lorenzaccio*, le dernier des Médicis, avili et dégradé, s'immolant sans profit au service de la liberté. Ce qui domine, en somme. c'est le charme, la souveraineté du talent, d'une nature supérieure au milieu de ses défaillances et de ses bassesses, l'essor de l'ange déchu aspirant à remonter sans cesse des fanges terrestres vers le ciel étoilé.

Scribe s'est fait le peintre du monde réel avec une part d'invention : il a saisi au passage les silhouettes qui défilent devant lui, depuis *Une nuit de la garde nationale* jusqu'à la comédie du *Puff*. Alfred de Musset peint l'idéal, et, s'élevant au-dessus de la réalité, qui lui semble basse et vile, vous transporte dans un monde de fantaisie né d'un caprice de son imagination. Scribe, avec son expérience et son bon sens pratique, avec son scepticisme résigné, voit l'humanité par le petit bout de sa lorgnette. Musset la contemple, à travers ses rêves et ses désenchantements, avec un télescope au verre grossissant et polychrome. De là une optique toute différente : les personnages et la langue ne diffèrent pas moins.

Le *sermo pedestris* de Scribe, sa petite prose terre à terre, facile, courante et vulgaire ainsi qu'une monnaie de billon, brève, tronquée, coupée d'incises et de points suspensifs à courte haleine, semée çà et là de

traits malins et spirituels, adaptés avant tout à l'action,
ne ressemble guère à ce style brillanté, imagé, coloré,
opulent, où Musset, en véritable enfant prodigue,
laisse tomber les louis d'or et les plus belles perles de
son écrin poétique. Ce langage n'est pas celui de la
comédie telle qu'on l'a comprise jusqu'alors. Tous les
tons et toutes les notes s'y trouvent mêlés comme dans
les comédies féeriques de Shakespeare : les hautes
spéculations, les tristesses profondes d'un Pascal à
côté des espiègleries d'un étudiant en goguettes. Il a
beau écrire en prose, le poète se révèle à chaque
instant.

On peut lui appliquer ce vers d'un autre poète contemporain :

Même quand l'oiseau marche, on sent qu'il a des ailes.

Le coup d'aile, voilà ce qui donne à son style un
élan, une allure particulière, je ne sais quoi d'altier,
de fier, de souverain, qui rappelle le sourire d'un demi-
dieu, la démarche d'Apollon Ephèbe faisant résonner
son carquois aux flèches d'or, même dans les fêtes
des Bacchanales. La préciosité, la recherche, le bel
esprit, ce qu'on désigne par le mot de *marivaudage*,
avec un certain brio supérieur, demeure bien, il est
vrai, l'écueil auquel il n'échappe pas toujours, malgré
son talent. C'est là d'ailleurs un vieux péché de notre
littérature française, même dans ses plus beaux jours.
La société polie formée à l'Hôtel de Rambouillet en est
un peu cause. N'est-ce pas elle qui a si bien accueilli
et fêté Marini ? Or il est resté chez nous un petit fonds
de marinisme, dont le filon se continue avec Voiture,
Benserade, Fontenelle, Marivaux, Dorat, Florian, etc.
Alfred de Musset est au bout, et les éclipse tous.

excepté Marivaux, par l'éclat de son talent et même de ses défauts.

Le chanteur Minuccio dans *Carmosine* est par excellence le type et le virtuose du genre précieux. L'auteur, toujours un peu sceptique, même en usant des ressources de l'art, n'est pas la dupe de ce beau langage qu'il emploie. L'un des convives (ser Vespasiano s'adressant à dame Pàque) fait cette réflexion sur les belles vocalises poétiques de Minuccio : « Il a du jargon, il a du jargon ; on voit qu'il s'est frotté à nous. » — C'est-à-dire à nous, gens du beau monde. Marivaux n'eût jamais fait sur son style un pareil aveu. Minuccio n'en continue pas moins à déployer toutes les grâces et les mièvreries charmantes de cette prose harmonieuse.

Si la comédie est chose d'actualité, on se demandera comment les pièces d'Alfred de Musset ont pu être jouées avec succès quinze ou vingt ans après leur publication. A quoi doivent-elles ce privilège ? Nés de la fantaisie, ses personnages n'ont pour ainsi dire ni âge, ni date, et ne sont pas, comme ceux de Scribe, calqués sur les silhouettes éphémères qui passent et changent continuellement. Ils expriment bien sans doute un état des âmes et des imaginations à cette époque, mais sous une forme vague et idéale, plus durable que la réalité. Faut-il en conclure que le théâtre de Musset soit dépourvu d'intérêt pour l'histoire contemporaine ? Non, certes. La vie d'une société se compose d'un double élément ; non seulement de ce qu'elle fait, mais aussi de ce qu'elle sent, de ce qu'elle pense et même de ce qu'elle rêve. Le *Roman d'Arthur* n'a-t-il pas résumé durant plusieurs siècles les souvenirs et les espérances de la Bretagne ? Le *Don Qui-*

chotte de Cervantès n'est pas seulement un admirable
livre de philosophie, mais une page de l'histoire intel-
lectuelle et morale de l'Espagne au temps où il fut
composé. Ainsi ces délicats et gracieux pastels de
Musset ont leur place, et, disons-le, une place d'honneur dans l'histoire de la comédie au XIXe siècle. Bien
qu'ils aient été représentés pour la plupart sous la
seconde République et le second Empire, ils appartiennent, par la date de l'inspiration et de la composition, au grand mouvement romantique de 1830
à 1848.

II

Alfred de Musset, dans le monde imaginaire où il
nous conduit, a choisi de préférence l'Italie et l'Espagne : c'est là qu'il est allé chercher et qu'il a transporté
ses premiers contes. Le pays du soleil, des guitares,
des sérénades, l'attire par l'éclat des couleurs, des
mélodies, et par le charme des souvenirs. Ici, il a
découvert son « Andalouse au teint bruni » ; là, il voit
passer les ombres de Roméo et de Juliette, et à leur
suite sa Laurette, sa Lucrèce, sa Marianne, et bien
d'autres.

Les impressions de voyage se sont profondément
gravées dans sa mémoire : elles colorent son style, ses
comparaisons et ses images. Sa nature artistique a
gardé l'empreinte des paysages, des costumes, des
tableaux, des chants qu'il a rencontrés sur la route.
Nous en retrouvons la trace dans son théâtre : *le Coup
de l'étrier* par Miéris, *la Charité* d'André del Sarto,
revivent dans sa prose étincelante avec une émotion
qui fait songer aux *Salons* de Diderot. Son âme a
vibré au contact de ces œuvres qui l'ont ravi.

Venise, la reine déchue de l'Adriatique, ce doux nid où il a connu les premiers ravissements et les premières déceptions de l'amour, est aussi le théâtre de sa première pièce intitulée *la Nuit vénitienne, ou les Noces de Laurette*. L'épigraphe, empruntée à Shakespeare : *Perfide comme l'onde*, est son premier cri de douleur et de rancune contre la femme qui l'a trompé.

Razetta, l'amant désolé de Laurette, est déjà le Sosie de l'auteur, dont il partage la passion et la mélancolie : c'est là sans doute un quart d'heure de tristesse, que la voix des amis, le conviant au plaisir, aura bientôt dissipée. Mais enfin la goutte d'amertume est déjà tombée dans son cœur :

> Quoique bien jeune, Laurette, j'ai trop connu ce qu'on est convenu d'appeler la vie, pour n'avoir pas trouvé au fond de cette mer le mépris de ce qu'on aperçoit à la surface [1].

Ce poète a le malheur d'être une sensitive qui frissonne à la moindre impression, un sybarite qu'un pli de rose fait crier. C'est là son infirmité et aussi la source de sa poésie, faite de hautes inspirations et de faiblesses, de génie et de névrose, de scepticisme et de passion sincère.

Nous avons là trois scènes et rien de plus, unies par un faible lien, comme des tableaux qui se succèdent sans logique ni conclusion. On dirait un chapitre détaché de la *Confession d'un enfant du siècle*, laissant aller sa plume et sa vie à la débandade. Aussi comprend-on que la pièce ait échoué à l'Odéon, que le public ait reçu froidement cette ébauche incomplète de comédie, qui a cependant sa date et sa valeur

---

1. Sc. III.

dans le théâtre de Musset. Elle est un premier défi jeté aux vieux us et aux vieux cadres de l'action dramatique.

André del Sarto, drame en trois actes, a plus de consistance et de suite, et nous offre encore une image de cette puissance fatale de l'amour, auquel Alfred de Musset revient sans cesse. C'est à lui, en effet, qu'il a dû les plus grandes joies, les seules vraies douleurs de sa vie, et aussi quelques-uns de ses plus beaux vers. Qui ne se rappelle l'admirable morceau ou romance du *Saule* :

Amour, torrent divin de la source infinie !

S'il en a connu toutes les ivresses et les amertumes, il en a partagé aussi les caprices et les inconstances. Mme Joubert, qu'il appelle sa marraine, l'avait baptisé : *le Prince Phosphore de Cœur volant*. Ce prince se retrouve un peu partout dans ses œuvres, courant la pretantaine du sentiment.

Sur cette question de l'amour, Alfred de Musset a subi l'influence d'une femme qui tient une large place dans sa vie et dans ses inspirations poétiques : George Sand. Cette grande prêtresse de la passion, qui purifie et sanctifie les joies de la chair par les raffinements et les ardeurs du mysticisme, fait de l'amour un don de la grâce que la Providence accorde à ses élus. La grâce, comme l'esprit, souffle où il plait à Dieu, c'est-à-dire au hasard de l'inspiration : elle vient, se retire ou se déplace, sans qu'on sache trop ni comment, ni pourquoi. De là ce fatalisme qui déjoue tous les efforts de la volonté humaine. Nul n'est sûr d'y échapper : les plus fiers et les plus forts y succombent.

Le grand artiste de la Renaissance, le peintre de

Sainte-Marie-des-Fleurs, André del Sarto, oublie son génie et sa gloire, vaincu par cette redoutable passion, trahi par les deux êtres qu'il aime le plus au monde, son élève Cordiani, et sa femme l'infidèle Lucrèce. Pourtant Cordiani n'est point un scélérat, Lucrèce n'est point une femme dépravée ni vicieuse au fond : mais la fatalité de l'amour les entraîne l'un et l'autre. Après avoir blessé en duel son indigne rival, cet ingrat qu'il aime encore et qui du reste ne cherche pas à parer ses coups, succombant à la douleur quand il apprend la fuite des deux amants, l'infortuné mari s'incline devant cette attraction fatale dont il reconnaît l'empire. Il renonce à la lutte, et, s'apprêtant à mourir, il charge Mathurin de courir à la poursuite des fugitifs et de leur dire :

Pourquoi fuyez-vous si vite ? La veuve d'André del Sarto peut épouser Cordiani.

Abandon magnanime si l'on veut, mais étrange, qui rappelle celui de Jacques dans le roman de George Sand, un mari assez bon pour se tuer, afin de laisser sa femme au bras d'un rival préféré. C'est l'abdication de la volonté, du droit et de la morale, devant la souveraineté de la passion. Le théâtre et le roman d'alors sont tout imprégnés de cette idée que nous retrouvons dans *Antony* et dans *Lélia*. Sganarelle et le baron Dudevant avaient le droit de penser autrement.

III

Les *Caprices de Marianne*, comédie en deux actes, suivirent de près *André del Sarto* : publiée en 1833, la pièce ne fut représentée qu'en 1851. Le principal obstacle était la difficulté de la mise en scène. Avec une

liberté toute shakespearienne, le poète déplace l'action
et la fait passer tour à tour de la rue dans le jardin,
de la chambre de Marianne sur la place publique,
de la maison de Claudio au cimetière, sans grand
souci des transitions, ni des fameuses unités de temps
et de lieu. Il fallut en prendre son parti : directeur,
machinistes et décorateurs se mirent en frais d'invention pour créer un biais qui permît de tout concilier :
une de ces fictions de lieu dont Corneille déjà s'accom-
modait si aisément. Il est vrai que le public est devenu
moins exigeant de nos jours. Mais qu'importe le
décor, quand le poète vous a saisi et entraîné sur les
ailes de l'imagination ! C'est le miracle opéré par Alfred
de Musset, le secret d'un succès qui semblait impossible à bien des gens.

Encore une fois, nous constatons la toute-puissance
de l'amour avec ses bizarreries et ses fatalités. Le sujet
et les personnages n'ont rien de très neuf et nous rap-
pellent ceux de la comédie italienne. L'originalité
consiste surtout dans la forme exquise, poétique et
spirituelle que l'auteur donne à sa pensée. Nous
voyons reparaître le barbon traditionnel dans le
rôle du juge Claudio, possesseur d'une jeune et
jolie femme qu'il garde d'un œil jaloux comme un
avare son trésor, flairant partout des voleurs à la façon
d'Harpagon :

> Il y a autour de ma maison une odeur d'amants; personne
> ne passe naturellement devant ma porte; il y pleut des gui-
> tares et des entremetteuses [1].

Claudio est de la famille des Bartholo, des Sganarelle et des Arnolphe : mais il n'est pas de ceux qui se

1. Acte I, sc. I.

résignent au sort de George Dandin : il se prépare une vengeance bien nationale en appelant à son aide le fer des spadassins pour frapper l'imprudent qui osera franchir le seuil de sa demeure. Une fois l'homme expédié par les soins de son valet Tibia, il reparait calme, froid, son épée sous le bras, répondant aux menaces d'Octave qui l'accuse d'avoir tué son ami Cœlio :

Êtes-vous fou ou somnambule? Cherchez dans ce jardin si bon vous semble ; je n'y ai vu entrer personne, et si quelqu'un l'a voulu faire, il me semble que j'avais le droit de ne pas lui ouvrir [1].

Au début, Marianne, la belle et sévère dévote, se rend aux vêpres, tenant à la main son livre de messe. À la porte de l'église, comme il arrive souvent en Italie, le diable la guette sous les traits de l'entremetteuse Cinta, personnage qu'on a le tort de supprimer à la représentation, dit avec raison Théophile Gautier, car il donne tout d'abord à la pièce sa véritable couleur. Cinta lui parle de Cœlio, un beau jeune homme de noble famille qui meurt d'amour pour elle depuis un mois [2]. Marianne la repousse avec dédain et menace de tout rapporter à son mari. Cependant, toute vertueuse qu'elle est, l'amour entre dans son cœur. Par un de ces caprices féminins souvent inexplicables, elle rejette les vœux de l'honnête et respectueux Cœlio, l'amant timide qui n'a osé lui avouer lui-même sa passion, et s'éprend d'un mauvais sujet, son cousin Octave, qui ne l'aime point et n'est que le messager et l'avocat de Cœlio.

---

1. Acte II, sc. vi.
2. C'est la vieille histoire de la *Male femme qui conchia la prude dame*, dans le fabliau du xiiiᵉ siècle. Voir *la Satire au moyen âge*, chap. v.

Au sortir des vêpres, elle ose aborder Octave sous la tonnelle d'un cabaret et provoque ainsi la colère de Claudio, qui la menace d'un châtiment exemplaire. A cette tyrannie conjugale, Marianne oppose la fierté de la femme honnête blessée dans sa dignité. La chaste colombe est devenue à son tour une furie, bravant les menaces de son mari, brisant les chaises et faisant appeler Octave : audacieux défi jeté à Claudio.

Pendant ce temps, l'infortuné Cœlio, l'amant rêveur et incompris, attend avec impatience le résultat des démarches faites par son ami auprès de l'inflexible beauté. Au milieu de ses angoisses, il engage avec sa mère, l'indulgente Hermia, un dialogue étrange en l'interrogeant sur les aventures de sa jeunesse. Or il se trouve qu'Hermia, comme Marianne, a jadis aimé et épousé celui qui sollicitait sa main pour un ami. Le messager est devenu le mari d'Hermia, le père de Cœlio, tandis que l'amant véritable, le malheureux Orsini, s'est tué de désespoir.

Les teintes sombres et mélancoliques dominent dans cette comédie et en feraient un véritable drame, si le personnage d'Octave ne ramenait avec lui la gaieté. Le mélange des genres, héritage de Shakespeare repris par l'école romantique, est un des procédés chers à Musset pour en tirer des contrastes. D'ailleurs, n'est-ce pas là l'image de sa vie, mêlée de folles gaietés et d'amères tristesses, d'espérances et de découragements? L'*homo duplex* qui est en lui se retrouve dans toutes ses créations.

Octave est l'opposé de Cœlio, un sceptique, un railleur, un viveur insouciant, ayant pris le parti de rire de tout pour ne pleurer de rien, ne croyant qu'à une

chose en ce monde, à l'amitié, plus sûre et plus fidèle
que l'amour, cherchant, ainsi que le fera plus d'une
fois le poète, dans l'ivresse d'un vin fumeux le
remède suprême à tous les maux. En vain Marianne
essaye de le ramener à des plaisirs plus relevés, piquée
de le voir s'en tenir aux amours inférieures des cour-
tisanes comme Rosalinde. Octave lui oppose sa chère
bouteille, la plus durable et la plus fidèle des maîtresses.

> Deux mots, de grâce, belle Marianne, et ma réponse sera
> courte. Combien de temps pensez-vous qu'il faille faire la cour
> à cette bouteille que vous voyez, pour obtenir ses faveurs ?...
> Elle n'a reçu, j'imagine, aucune éducation ; elle n'a aucun prin-
> cipe ; voyez comme elle est bonne fille. Un mot a suffi pour la
> faire sortir du couvent : toute poudreuse encore, elle s'en est
> échappée pour me donner un quart d'heure d'oubli, et mourir.
> Sa couronne virginale, empourprée de cire odorante, est aus-
> sitôt tombée en poussière, et, je ne puis vous le cacher, elle a
> failli passer tout entière sur mes lèvres dans la chaleur de son
> premier baiser [1].

Avouons qu'il faut la verve étincelante de Musset et
la magie de son style pour rendre possible une telle
scène et un tel langage dans la comédie. Nous avons
entendu déjà Panard, Collé, Désaugiers, Gouffé,
chanter les plaisirs de l'ivresse, les joies de la *dive
bouteille* dans le vaudeville, mais sur un ton bien
différent.

Octave, du reste, ne s'en tient point au lyrisme. Ailleurs, dans un dialogue invectif avec Claudio, il prend
le style de la parade, sans arriver comme Vadé aux
trivialités de bas étage. Cependant, il faut reconnaître qu'ici le poète déroge et se montre, dans ce

---

1. Acte I, sc. VI.

genre digne de la Courtille, au-dessous du théâtre de
la Foire. C'est une petite gloire dont il peut se passer.
Il se retrouve dans son véritable élément lorsque
l'aimable vaurien, venant pleurer sur le tombeau de
Cœlio, laisse échapper cette touchante élégie :

> Adieu la gaieté de ma jeunesse, l'insouciante folie, la vie
> libre et joyeuse au pied du Vésuve ! Adieu les bruyants repas,
> les causeries du soir, les sérénades sous les balcons dorés !
> Adieu Naples et ses femmes, les mascarades à la lueur des
> torches, les longs soupirs à l'ombre des forêts ! Adieu l'amour
> et l'amitié ! Ma place est vide sur la terre.

Et lorsque Marianne, éclatant enfin, réclame en lui
disant :

> Mais non pas dans mon cœur, Octave. Pourquoi dis-tu :
> Adieu l'amour ?

Octave lui répond :

> Je ne vous aime pas, Marianne : c'était Cœlio qui vous
> aimait.

Ce dernier mot contient la morale de la pièce et le
châtiment de Marianne.

IV

Cet Octave si étourdi, si évaporé, mais en même
temps si cordial et si franc, va revivre sous une autre
forme dans une comédie plus gaie, du moins en
apparence, et d'une exécution peut-être plus difficile
encore : *Fantasio*, publié en 1833, ne fut représenté
qu'en 1866. Il fallut attendre que le public se fût
aguerri aux hardiesses et aux excentricités d'un

théâtre encore nouveau pour lui. On peut dire de cette œuvre qu'elle est une fantaisie ou une boutade échappée à l'auteur dans un quart d'heure de folle et joyeuse ivresse mêlée de mélancolie, entre les délires de la veille et les désespoirs du lendemain. De toutes les créations de Musset, nulle ne reproduit mieux les dégoûts et les équipées fantasques d'un esprit à la dérive, qui ne sait où s'arrêter, où se fixer, et que le monde n'a pu remplir.

Fantasio appartient à la génération de Werther, de René, d'Obermann, de tous ces grands désenchantés du siècle, sans en avoir le décorum, la tenue et la gravité. L'ennui, ce mal du temps qui a succédé aux fortes émotions et à la vie active de la Révolution et de l'Empire, est chez lui une infirmité chronique dont il cherche vainement à se défaire. La gaieté même d'autrui l'agace :

> Que cela m'ennuie, s'écrie-t-il, que tout le monde s'amuse ! Je voudrais que ce grand ciel si lourd fût un immense bonnet de coton, pour envelopper jusqu'aux oreilles cette sotte ville et ses sots habitants. Allons, voyons, dites-moi de grâce un calembour usé, quelque chose de bien rebattu.
>
> HARTMANN. — Pourquoi ?
>
> FANTASIO. — Pour que je rie. Je ne ris plus de ce qu'on invente ; peut-être que je rirai de ce que je connais[1].

Tout lui semble plat, vulgaire, misérable. La nature elle-même ne trouve pas grâce à ses yeux.

> Comme ce soleil couchant est manqué ! La nature est pitoyable ce soir. Regarde-moi un peu cette vallée là-bas, ces quatre ou cinq méchants nuages qui grimpent sur cette montagne. Je faisais des paysages comme ceux-là quand j'avais douze ans, sur la couverture de mes livres de classe.

1. Acte I, sc. II.

Nos pessimistes, qui s'imaginent être des novateurs, sont tout simplement des traînards à la suite de Fantasio. Ils y ont joint Schopenhauer pour se rendre plus ennuyeux.

Dégoûté de sa propre personnalité, il voudrait être le monsieur qui passe avec sa belle culotte de soie, ses belles fleurs rouges à son gilet, ses breloques de montre battant sur sa panse. Il rêve l'impossible, l'extravagant, et soutient que « prendre la lune avec ses dents ne serait pas à dédaigner ». L'amour et la religion sont choses mortes pour lui :

> Oh ! s'il y avait un diable dans le ciel ! s'il y avait un enfer, comme je me brûlerais la cervelle pour aller voir tout cela !

Mais le suicide a perdu son charme depuis qu'il ne doit conduire à rien. Aussi, faute de mieux, va-t-il recourir à ce grand, à cet unique consolateur qu'invoquait déjà Octave, le vin.

Sur ces entrefaites, on voit passer un enterrement, celui du bouffon de la cour, Saint-Jean, dont la place est devenue vacante. Fantasio, à qui on l'offre ironiquement, saisit la balle au bond et, pour échapper à ses créanciers, songe à se rendre inviolable sous la défroque du défunt.

En même temps, la cour de Bavière (car nous sommes à Munich) s'apprête à fêter un grave événement, le mariage de la princesse Elsbeth avec le prince de Mantoue, union diplomatique où l'amour n'a rien à voir et dont le seul mobile est la raison d'État. Elsbeth, en fille docile, s'est résignée à subir le triste époux qu'on lui prépare. Nature rêveuse, indépendante et fantasque, nourrie de romans par sa gouvernante, elle porte dans son cœur le deuil du bouffon

Saint-Jean dont elle était éprise. Encore une de ces singularités de l'amour qui font du valet Ruy-Blas l'amant d'une reine et qui rentrent dans le programme de la nouvelle école sentimentale.

De son côté, le prince de Mantoue, un sot couronné, a cru faire un coup de politique habile en reprenant pour son propre compte le procédé de Marivaux dans *le Jeu de l'Amour et du Hasard*. Voulant être aimé pour lui-même, il s'avise de changer de costume avec son aide de camp le colonel Marinoni. L'effet produit n'est pas des plus heureux et lui attire un certain nombre de vérités désagréables. Le roi, s'adressant à Marinoni, le prétendu prince, lui dit :

Cet aide de camp est un imbécile, mon ami ; que pensez-vous faire de cet homme-là?

Elsbeth, de son côté, fatiguée des entreprises et des litanies galantes de cet amoureux transi, lui répond dédaigneusement :

Que me voulez-vous, cher monsieur? Êtes-vous fou, ou demandez-vous l'aumône [1] ?

Plus d'une fois vexé de se voir ainsi malmené, le prince est tenté de reprendre son habit à Marinoni pour recouvrer son prestige. Cette scène de travestissement rappelle un peu celle de Bacchus et de l'esclave Xanthias dans *les Grenouilles* d'Aristophane : mais elle reste bien inférieure au point de vue comique.

D'autre part, Fantasio, revêtu du costume, de la bosse et de la perruque de Saint-Jean, savoure les délices de sa nouvelle position, qui le met à l'abri des créan-

---

1. Acte II, sc. II.

ciers et le place au nombre des animaux domestiques du roi, entre un épagneul et une pintade. Il profite aussi de ce droit du franc parler, laissé aux fous, pour battre en brèche le mariage projeté.

Elsbeth, heureuse de retrouver l'expérience et l'esprit de Saint-Jean dans son successeur, est assez disposée à l'écouter. Cependant elle le plaint du triste sort auquel il se condamne :

> Pauvre homme, quel métier tu entreprends! faire de l'esprit à tant par heure! N'as-tu ni bras, ni jambes, et ne ferais-tu pas mieux de labourer la terre que ta propre cervelle?

Fantasio lui répond sur le même ton :

> Pauvre petite! quel métier vous entreprenez! épouser un sot que vous n'avez jamais vu!... N'avez-vous ni cœur ni tête, et ne feriez-vous pas mieux de vendre vos robes que votre corps [1]?

Un moment la princesse, avertie que le prince s'est couvert d'un déguisement, n'hésite point à le reconnaître sous les traits du nouveau Saint-Jean. Fantasio, traité d'Altesse par la princesse et la gouvernante, décline le titre dont on l'honore. D'ailleurs, il s'est permis à l'égard du prince ou de son représentant une grave offense en accrochant la perruque de l'auguste personnage au lustre du salon. Le prince voit là un *casus belli* : le mariage est rompu, à la grande joie d'Elsbeth, qui donne vingt mille écus à Fantasio, pour l'avoir délivrée d'un époux si ennuyeux en perspective.

A coup sûr, la pièce est des plus minces et ne va guère au delà d'une anecdote plaisante mise en

1. Acte II, sc. I.

action, avec nombre d'espiègleries, de traits amusants
et spirituels. Mais le personnage de Fantasio est
encore un des multiples Sosies dans lesquels l'auteur
s'est incarné lui-même. A ce titre surtout il peut nous
intéresser. Une chose nous frappe chez les héros
d'Alfred de Musset : l'absence presque complète de
volonté. Ils obéissent à la passion, à la fantaisie, au
caprice, au hasard. N'est-ce pas là toujours l'image
du poète, se laissant aller au vent qui le pousse, sans
savoir où il va ?

CHAPITRE XXXV

ALFRED DE MUSSET (*Suite*).

*On ne badine pas avec l'amour. — La Quenouille de Barberine.
— Le Chandelier. — Il ne faut jurer de rien. — Un caprice.
— Il faut qu'une porte soit ouverte ou fermée.*

I

Parmi ces brillantes fantaisies que Musset s'amuse à
parer des grâces de son style et de son esprit, il n'en
est guère qui, par leur structure, soient moins adaptées
aux traditions et aux exigences théâtrales que la pièce
intitulée : *On ne badine pas avec l'amour*. Publiée
en 1834, elle attendit jusqu'en 1861 les honneurs de la
représentation.

Il y a là d'abord un chœur en prose qui se trouve
mêlé à l'action comme dans la tragédie et la comédie
antiques ; premier obstacle à vaincre dans l'exécution.
Ce chœur, d'un lyrisme bouffon, semé de paillettes
étincelantes et de vives couleurs à la façon d'Aristophane, se charge de nous annoncer l'arrivée de
maître Blazius, le précepteur de Perdican, et celle
de dame Pluche, la gouvernante de Camille.

Doucement bercé sur sa mule fringante, messer Blazius
s'avance dans les bluets fleuris, vêtu de neuf, l'écritoire au
côté. Comme un poupon sur l'oreiller, il se ballotte sur son

ventre rebondi, et, les yeux à demi fermés, il marmotte un *Pater noster* dans son triple menton. Salut maître Blazius ; vous arrivez au temps de la vendange, pareil à une amphore antique [1].

Puis vient l'antistrophe faisant pendant à la strophe précédente :

Durement cahotée sur son âne essoufflé, dame Pluche gravit la colline ; son écuyer transi gourdine à tour de bras le pauvre animal qui hoche la tête, un chardon entre les dents. Ses longues jambes maigres trépignent de colère, tandis que de ses mains osseuses elle égratigne son chapelet. Bonjour donc, dame Pluche ; vous arrivez comme la fièvre avec le vent qui fait jaunir les bois.

Cette poésie descriptive en prose, que Sainte-Beuve pouvait être tenté de prendre pour une traduction, mais qui est bien du cru de l'auteur, a tout le rayonnement et le pittoresque d'une toile de Ribeira ou de Goya. Le tableau se complète à la scène suivante dans le salon du baron, avec maître Bridaine, le curé de la paroisse, l'émule et le rival de Blazius en influence, en gourmandise et en latinité. Les deux cuistres se jalousent et se dénoncent réciproquement. S'adressant au baron, maître Bridaine lui communique ses soupçons :

Vous dirai-je ma pensée, monseigneur ? Le gouverneur de votre fils sent le vin à pleine bouche [2].

Blazius, à son tour, lui rendra la pareille après le dîner :

Seigneur, j'ai un mot à vous dire : le curé de la paroisse est un ivrogne [3].

Au fond, tous deux ont raison. Mais le baron, qui

1. Acte I, sc. i.
2. Acte I, sc. ii.
3. Acte I, sc. v.

est un bon homme n'aimant à être ni contrarié ni contredit, envoie au diable les délateurs et ne s'occupe que d'une chose, du mariage qu'il a projeté entre son fils Perdican et sa nièce Camille. Il se frotte les mains d'avance en songeant au bonheur de ces deux jeunes tourtereaux, dont il a préparé le nid avec tant de soin, sans prévoir quels obstacles vont se présenter.

Malgré les effets de l'éducation, les deux jeunes gens sont restés tels que la nature, une maîtresse bien autrement puissante, les a créés. Toutes les leçons de maître Blazius n'ont pu faire de Perdican un savantasse ni un pédant : en dépit des quatre boules blanches de son doctorat, il est demeuré bon garçon, franc, ouvert, prêt à sauter au cou de sa cousine. La trouvant tant soit peu sauvage et revêche, il ne craint pas, tout gentilhomme qu'il est, d'embrasser publiquement la petite paysanne Rosette, la sœur de lait de l'orgueilleuse Camille. Il lui fera même un doigt de cour, et, pour mettre à l'épreuve son insensible cousine, il laisse croire à Rosette qu'il a l'intention de l'épouser.

Camille, de son côté, au lieu de la petite pensionnaire mijaurée, dévote et docile, que les pudeurs effarouchées et les édifiantes leçons de dame Pluche ont prétendu former, est une fière amazone rebelle à l'hymen qu'on semble vouloir lui imposer. Elle refuse d'embrasser son cousin, au grand désespoir du baron. Les confidences d'une amie trompée dans sa foi conjugale, le désenchantement et la défiance que lui inspirent toutes les affections terrestres, certaines paroles légères échappées à Perdican sur ses aventures galantes, la décident à ensevelir sa jeunesse dans un couvent. Mais un sentiment nouveau s'éveille en elle, la jalousie, quand elle a vu Perdican se consoler si aisément avec Rosette. Piquée dans son orgueil de noble demoiselle, elle s'indigne de se voir remplacée si vite par une gardeuse de dindons, et songe alors à reconquérir ce cœur qu'elle a dédaigné et qui semble la dédaigner à son tour.

Perdican redouble d'ardeur auprès de Rosette pour désespérer Camille et l'amener à s'avouer vaincue. Ce duel de passion et de vanité entre deux enfants gâtés de la nature et de la fortune va devenir un jeu cruel pour la pauvre paysanne victime de ce badinage amoureux.

Rosette a pu croire d'abord que Perdican plaisante et se moque d'elle; mais il est si facile de se laisser prendre aux apparences, à l'attrait des douces paroles et des beaux bijoux, qu'elle s'abandonne naïvement aux illusions de cet amour en partie double. Quand Perdican, lui posant une chaîne d'or sur le cou, lui demande :

O Rosette! Rosette! sais-tu ce que c'est que l'amour?

La jeune fille répond avec une gaucherie honnête et timide :

Hélas! monsieur le docteur, je vous aimerai comme je pourrai [1].

Elle prête une oreille ébahie, sans rien comprendre, à la déclamation passionnée du jeune homme et à toute cette rhétorique du sentiment :

[1] Acte III, sc. III.

Oui, comme tu pourras ; et tu m'aimeras mieux, tout docteur que je suis et toute paysanne que tu es, que ces pâles statues fabriquées par les nonnes, qui ont la tête à la place du cœur [1].

Trait amer et direct à l'adresse de Camille, qui est là, tout près, cachée derrière le feuillage, assistant à l'entretien dont chaque mot lui perce l'âme. Cette scène de la fontaine est une des plus neuves et des plus dramatiques qu'ait trouvées Musset. Dans ce simulacre de passion où il entre plus de dépit que d'amour, Perdican s'exprime à la façon des Céladons du jour, dans un langage moins intelligible encore pour la naïve Rosette, qui n'a jamais entendu débiter de si belles choses.

Tu ne sais pas lire, mais tu sais ce que disent ces bois et ces prairies, ces tièdes rivières, ces beaux champs couverts de moissons, toute cette nature splendide de jeunesse. Tu reconnais tous ces millions de frères, et moi pour l'un d'entre eux ; lève-toi, tu seras ma femme, et nous prendrons racine ensemble dans la sève du monde tout-puissant [1].

Admirable pathos dont il n'est pas dupe et dont il rit intérieurement à l'heure même où il l'emploie.

Enfin vient la scène de réconciliation où Perdican et Camille s'avouent leur passion mutuelle et s'accusent d'avoir risqué de perdre cette perle précieuse du bonheur que Dieu leur avait destinée. Au moment où Perdican, saisissant son amante reconquise et la pressant contre son cœur, lui dit : « Chère créature, tu es à moi ! » un cri douloureux se fait entendre ; c'est Rosette qui tombe inanimée, sans proférer une

1. Acte III, sc. III.

parole. Muette victime de l'amour, l'humble paysanne
n'est point une sœur de la vaniteuse Charlotte, mais
bien plutôt de l'aimable et touchante Griselidis. Son
silence est ici plus éloquent que toutes les déclamations, et les remords de Perdican suffisent pour
la venger.

Malgré les difficultés de la représenter, cette pièce
nous semble, entre toutes celles de Musset, une des
plus originales et des plus fortes par le mélange des
tons et des genres, du comique et du sérieux, par le
relief et l'éclat des peintures, par les grâces et le
coloris du style, comme par l'intérêt dramatique et
l'intensité d'un pathétique toujours croissant.

II

Barberine, autre essai de genre et de fantaisie,
publié en 1835, est moins une comédie qu'une nouvelle mise en action. Peut-être le cadre de trois actes
offre-t-il des dimensions outrées pour la simplicité et
l'exiguïté du sujet. Cette fois, la fidélité conjugale
inflige à un Don Juan manqué une maligne et plaisante expiation. Par une exception édifiante et profondément morale, les rieurs sont du côté du mari
contre l'amant.

La scène se passe en Hongrie, au temps de la guerre
contre les Turcs. Le jeune baron de Rosemberg, infa-
tué de sa naissance, de sa fortune, de sa bonne mine
et de son esprit, vient chercher à la cour une place
digne de son mérite. Il compte bien l'obtenir avec
l'appui de ses amis, et surtout des femmes qu'il ne
manquera pas de séduire par ses agréments. Pour
achever de s'éclairer, ou plutôt de s'aveugler sur les

moyens de parvenir, il fait la rencontre d'un certain gentilhomme polonais, un Gascon du Nord, chevalier de fortune ou d'industrie, comme on voudra, grand hâbleur et grand menteur, intarissable sur le chapitre de ses galanteries et de ses exploits, où les géants et les fées deviennent ses collaborateurs. C'est un *Marquis de Crac* des bords de la Vistule, vivant d'expédients et cédant à son jeune compagnon, au prix modeste de dix sequins, un manuel de conduite intitulé *la Sauvegarde du sentiment*. Toute la sagesse de ce monde se résume pour lui dans ces trois maximes : « *Voir, c'est savoir ; vouloir, c'est pouvoir ; oser, c'est avoir.* » De tels préceptes ne peuvent qu'ajouter à la présomption native de Rosemberg. Alfred de Musset, bien qu'il ne songe guère à reproduire des personnages réels, a-t-il voulu nous peindre ici quelqu'un de ces réfugiés polonais que la misère entraînait parfois à exploiter la crédulité publique, en mêlant au récit de leurs infortunes trop réelles des aventures imaginaires ?

En même temps que Rosemberg, arrive à la Cour le comte Ulrich, un gentilhomme de Bohême aussi brave que pauvre, comme on l'est souvent dans son pays, la terre classique des mendiants. Il est venu, lui aussi, chercher fortune, et se plaît à vanter les charmes de sa jeune et jolie femme Barberine, qu'il a laissée seule dans son vieux château, résignée aux ennuis de l'absence, en attendant mieux. La rencontre du sorcier Polacco et de son miroir magique où les maris peuvent s'édifier sur la vertu de leur femme, comme dans *la Coupe enchantée* de La Fontaine, provoque les réflexions gouailleuses de Rosemberg à propos de la belle Barberine. Avec la fatuité étourdie d'un lovelace en herbe, et se rappelant le précepte de son mentor polonais Vladislas : « *Oser, c'est avoir* », il se flatte de triompher bientôt de cette vertu farouche, pour peu que le mari veuille le permettre. Blessé dans son amour-propre conjugal, Ulrich accepte le défi et va jusqu'à remettre à Rosemberg une lettre qui le recommande à sa femme comme son meilleur ami.

Le galant conquérant se met en route, comptant sur la puissance de ses sequins pour entrer, nouveau Jupiter, en pluie d'or, chez cette autre Danaé. En arrivant au château, il rencontre d'abord la petite servante turque Kalekairi, une soubrette d'un nouveau genre, gardienne jalouse de l'honneur de sa maitresse, et que tout l'or du monde ne saurait ni corrompre, ni apprivoiser. Cette noble descendante d'une princesse de Trébizonde tombée dans la servitude, fière, sauvage, parlant d'elle-même à la troisième personne, est une création très originale et qui figure ici à l'instar des négrillons dans les tableaux vénitiens du Tintoret ou de Paul Véronèse.

Introduit auprès de Barberine, Rosemberg, après lui avoir présenté la lettre de son mari, commence à égrener son chapelet amoureux, et s'étonne lui-même des progrès qu'il fait dans le cœur de la jeune femme. Il ne s'aperçoit point qu'on se moque de lui et qu'il est devenu le prisonnier de celle qu'il croyait prendre. Tout à coup il voit les fenêtres se fermer, il entend le bruit des verroux qu'on tire au dehors et se trouve seul, enveloppé d'une nuit profonde. Un guichet s'ouvre dans la muraille, et Barberine lui annonce son arrêt :

Seigneur Rosemberg, comme vous n'êtes venu ici que pour commettre un vol, le plus odieux et le plus digne de châtiment,

le vol de l'honneur d'une femme, et comme il est juste que la
pénitence soit proportionnée au crime, vous êtes emprisonné
comme un voleur.

Elle l'avertit en même temps qu'on lui laisse pour
se distraire une quenouille et un fuseau, et que, s'il
veut manger, il lui faudra filer « comme ces vieilles
femmes qu'il n'aime guère ». C'est la prison avec les
travaux forcés. Filer! Quelle humiliation pour un
gentilhomme! Malgré l'exemple d'Hercule filant aux
pieds d'Omphale, Rosemberg ne saurait s'y résigner.
Il s'indigne, il crie, il tempête, appelant et Barberine,
et Jean, et Albert, et la petite Kalekairi qu'il supplie
humblement de lui venir en aide. L'heure du souper,
celle du déjeuner sont passées, et rien n'arrive, et
son estomac crie misère. A la fin, épuisé, vaincu par
le besoin, voyant reparaître au guichet Barberine,
qui vient prendre de ses nouvelles et lui demande
ironiquement : « Eh bien ? — Je file, comtesse, je
file, faites-moi donner à souper. » — A ce prix, Kalekairi lui apporte un plat de concombre et une salade
de laitue, maigre confort pour son estomac délabré,
mais propre à calmer ses ardeurs amoureuses. Elle y
joint la bourse qu'il lui a donnée à son entrée : on
n'achète pas la complicité de Kalekairi aussi aisément
qu'on achèterait celle d'un pacha turc.

Pour compléter la fête, on annonce subitement
l'arrivée de la Reine elle-même, venant avec Ulrich
visiter l'aimable Barberine. Rien ne manque à l'exécution du pauvre Rosemberg, qui paye son pari et s'en
va battu, mais pas content. Il faut savoir gré à l'auteur
de *Fantasio*, au chantre passionné de *Don Juan*,
d'avoir cette fois pris en main la cause des maris, ces
souffre-douleur de la comédie et du roman depuis

Molière jusqu'à George Sand. Il est vrai qu'ils vont être encore une fois sacrifiés dans *le Chandelier*. Ici, nous revenons aux gaillardises du fabliau gaulois, avec cette pointe de mélancolie rêveuse que Musset mêle toujours à ses plus vives espiègleries.

III

Ce nom de *Chandelier*, comme a soin de l'indiquer l'auteur, désigne non l'ustensile, mais celui qui le porte, le Sigisbée complaisant dont la présence et les soins officieux couvrent l'amant véritable. Par la hardiesse des propos et des situations, cette pièce se rapproche des comédies de société que Collé composait pour être jouées à huis clos, chez le duc d'Orléans, au Raincy ou à Bagnolet. Écrite en 1835, elle dut attendre l'absence de censure et la tolérance administrative de 1848 pour oser affronter la scène.

Au fond, c'est une seconde édition du George Dandin de Molière avec un élément nouveau, celui de l'amant candide et sentimental sous les traits de Fortunio. Jacqueline, l'héroïne de l'histoire, est une friponne aussi effrontée qu'Angélique, payant d'audace et d'aplomb en face du flagrant délit, jouant l'innocence et l'effarement d'un sommeil interrompu, quand son complice est là tout près d'elle, caché dans une armoire, et, avec l'emportement de la vertu indignée, elle somme son époux de la suivre en justice où il menace de la traîner.

Maître André, avec ses explosions de colère, ses précautions inutiles, ses pièges à loup où il ne réussit à prendre que son chat, est le plus maladroit et le plus imprudent des maris, en ouvrant sa maison aux officiers désœuvrés comme Clavaroche, en riant de son petit clerc Fortunio, le commissionnaire et le galant de sa femme, un blondin, un enfant, dont il croit n'avoir rien à redouter.

Par une juste compensation, le rôle de l'amant en titre va devenir aussi ridicule que celui du mari. Clavaroche est un de ces brillants officiers de cavalerie tels qu'il s'en voit en province dans les villes de garnison : Dons Juans à la moustache frisée, conquérants des cœurs, devenus bientôt la coqueluche des dames et des demoiselles, invités, recherchés dans les milieux bourgeois, où ils font, avec leur uniforme, l'ornement des soirées et l'appoint des quadrilles, acceptant volontiers le dîner du maître et les bonnes grâces de la maîtresse de maison. Mais tout n'est pas rose dans le métier. Il est des quarts d'heure où le héros est obligé de battre en retraite et de se cacher comme un poltron. Ainsi a dû faire Clavaroche blotti dans une armoire, pendant tout le temps qu'a duré l'explication orageuse d'André avec Jacqueline. Le malheureux sort de sa cachette le genou et la tête brisés : la poignée de son sabre lui est entrée dans les côtes, et notre conquérant est tant soit peu douillet.

> J'avais une position fausse quand vous avez poussé le battant, en sorte que je me suis trouvé, une heure durant, comme une curiosité d'histoire naturelle dans un bocal d'esprit-de-vin [1].

Aussi demande-t-il un verre d'eau pour se remettre et une brosse pour enlever la poussière de son habit.

> Le diable m'emporte ! avec cette poussière, il m'a fallu un courage d'enfer pour m'empêcher d'éternuer.

1. Acte I, sc. I.

En homme prudent plus encore que brave, soucieux de s'assurer des amours faciles et paisibles, Clavaroche propose à Jacqueline une combinaison ingénieuse, une ruse de guerre qui consiste à cacher l'amant réel sous le couvert d'un amant postiche, ce qu'on appelle un *Chandelier*.

Derrière ce mannequin commode se cache le mystère heureux; il sert de paravent à tout ce qui se passe sous le manteau de la cheminée.

Clavaroche ne se doute pas que ce prétendu mannequin va devenir pour lui un rival et un successeur auprès de Jacqueline. La haute opinion qu'il a de son mérite et de sa personne lui permet-elle de redouter la moindre concurrence, surtout celle d'un petit clerc? Pourtant il finit par trouver cet intermédiaire gênant et inutile en face de la confiance renaissante d'André, et propose à Jacqueline de supprimer le Chandelier. Mais il est trop tard: la place est prise. Et bientôt Jacqueline fait comprendre au bel officier qu'il est admis à faire valoir ses droits à la retraite. Ce rôle de Clavaroche est d'un excellent comique, et il a, de plus, le mérite de la nouveauté dans cette longue et vieille galerie des amants.

Un autre rôle plus neuf encore est celui de Fortunio. C'est le plus charmant séducteur innocent qu'on ait vu depuis le Chérubin de Beaumarchais. Encore est-il plus candide, plus ingénu que le jeune page d'Almaviva, qui est déjà un petit libertin amoureux de toutes les femmes. Fortunio est une âme de poète, précoce comme le sont généralement ceux que la Muse a touchés. Depuis deux ans, il contemple avec admiration, sans oser en rien dire, la belle Jacqueline qu'il adore à l'égal d'une Madone. Aussi, le jour où maître André l'invite à sa table et lui demande une chanson, le couplet s'échappe par un cri du cœur longtemps comprimé :

Si vous croyez que je vais dire
Qui j'ose aimer,
Je ne saurais pour un empire
Vous la nommer.

Et cet écolier, cet enfant, va trouver des accents passionnés qui font tressaillir Jacqueline, et qu'elle n'a jamais entendus dans la bouche du fringant Clavaroche. Ainsi que dans le vieux fabliau de *Florence et Églantine*, le clerc l'emporte encore une fois sur le chevalier dans ce duel galant, où l'un avait jadis pour champion le rossignol harmonieux, l'autre le perroquet bavard et fanfaron. Et voilà comment à plusieurs siècles de distance les mêmes sujets reviennent sous une forme nouvelle, l'homme vivant à toutes les époques sur un fonds commun d'idées et de passions qui ne changent guère.

Enhardi par le succès, Fortunio devient railleur à son tour et nargue le superbe officier en lui disant : « Chantez donc, monsieur Clavaroche. » Ici encore, on est tenté de ressaisir dans Fortunio certains traits personnels de l'auteur. Cette passion précoce ne s'est-elle pas éveillée en lui avec les premiers feux de la poésie ? N'a-t-il pas aussi, adorateur timide et tendre, déposé ses hommages aux pieds d'une autre Jacqueline, une Jacqueline de génie qui a été pour lui une révélatrice des saints mystères de l'amour ? C'est là ce qui donne au théâtre de Musset un intérêt si vivant et si poignant parfois, quand on songe qu'il a éprouvé lui-même, comme jadis Molière, une part des émotions qu'il décrit.

II.   22

IV

Le Chandelier nous a ramenés du monde fantastique et romanesque au monde bourgeois de la réalité, tel du moins que peut le comprendre Alfred de Musset, en faisant la part de la rêverie avec Fortunio. Nous entrons ici dans une série de pièces d'un nouveau genre qui se rapprochent davantage des proverbes de société à la façon de Carmontel et de Th. Leclercq, mais les surpassent de beaucoup par le style et par l'esprit. *Il ne faut jurer de rien*, tel est le titre d'une nouvelle comédie publiée en 1836 et représentée douze ans plus tard, en 1848, la veille de l'insurrection de Juin, c'est-à-dire dans les circonstances les moins favorables. On ne voit pas trop ce qui a pu faire hésiter si longtemps l'auteur ou les directeurs de théâtre à régaler le public de ce petit chef-d'œuvre.

L'intrigue est des plus simples et se déroule paisiblement, sans secousses ni soubresauts violents, malgré une chute de voiture et un bras cassé : la succession des scènes, bien qu'encore assez capricieuse et ambulante, n'a rien de trop gênant pour les machinistes et les décorateurs un peu attardés du Théâtre-Français. Le nombre des personnages est sagement limité : un oncle et son neveu, une mère et sa fille, avec un abbé, un maître de danse et un aubergiste, ces trois derniers jouant le rôle modeste de comparses, tels sont les visages que nous voyons défiler devant nous. La scène est à Paris, dans la première partie du premier acte, et ensuite au château de la baronne.

L'oncle de comédie, vieux type consacré déjà par Térence dans ses *Adelphes* et repris plus tard par Regnard dans son *Légataire universel*, se trouve renouvelé et rajeuni sous les traits de M. Van Buck, un riche négociant d'Anvers. Après des malheurs de fortune, Van Buck, comme le Vanderke de Sedaine, oubliant son titre de gentilhomme, s'est mis résolument à vendre du guingan pour relever l'honneur et le crédit de sa famille. Cependant il s'inquiète à l'idée de voir son nom s'éteindre faute d'héritier. Resté garçon, par nécessité d'abord, et plus tard trop vieux pour se mettre en ménage, il s'est avisé de vouloir marier son neveu Valentin avec la fille de la baronne sa voisine. Bien qu'il soit d'humeur facile et tolérante, oncle bon enfant, acceptant et entendant volontiers la plaisanterie, il a préparé pour la circonstance un beau sermon à l'usage de son neveu, *ad usum Delphini*, et lui adresse, du ton le plus grave et le plus imposant qu'il peut prendre, une verte mercuriale sur sa paresse, sa dissipation, son amour du jeu, sa vie insouciante et décousue. A tout cela il ne voit qu'un remède, le mariage. Il lui pose donc son ultimatum et, s'il ne se rend à ses raisons, menace de le déshériter ou, chose plus grave, de se marier lui-même et de lui donner six cousins germains.

Malheureusement Valentin, un écervelé, comptant sur l'indulgence et les économies de son oncle pour payer ses dettes et ses folies, se sent peu d'inclination pour la vie conjugale. Aux arguments sérieux de Van Buck, il répond par des exemples tirés de la vieille chronique amoureuse ou de sa propre expérience : il lui rappelle la tragique aventure de Ménélas, le meilleur des maris si indignement trahi par sa femme; il lui raconte, de la façon la plus plaisante, un souvenir de son adolescence à la sortie du collège, l'histoire d'une certaine paire de gants verts où s'engagèrent les mains d'un infortuné mari voué par sa femme au ridicule et à d'autres accidents. Il a depuis juré ses grands dieux qu'il ne se ganterait jamais de ces gants-là. L'éducation qu'on donne aux jeunes filles n'est pas faite non plus pour lui inspirer une grande confiance. Toute cette conversation de l'oncle et du neveu sur le mariage remplit en grande partie le premier acte, et elle est si vive, si spirituelle, si amusante qu'on ne s'en lasse point. C'est un duel de ripostes à jet continu, où l'oncle se fâche et rit tour à tour des gamineries de son neveu. Aux six cousins germains dont le menace Van Buck, Valentin oppose un bien autre épouvantail :

« Et moi, je m'en irai à Alger, je me ferai trompette de dragons; j'épouserai une Éthiopienne, et je vous ferai quatre petits neveux noirs comme de l'encre et bêtes comme des pots. »

A bout d'arguments, l'oncle va saisir sa canne, quand le neveu, riant de sa colère, lui offre un accommodement, le droit de mettre à l'épreuve la vertu de la jeune fille qu'on lui propose, en essayant de la séduire en huit jours. Vieux procédé de roman et de comédie que Van Buck repousse d'abord comme suranné, laissant échapper ce trait malin à l'adresse de Scribe : « Me prends-tu pour un oncle du Gymnase? »

Subitement, dans le même acte, la scène est transportée au château. Musset y montre un talent infini dans l'art de suivre, de dévider et de brouiller les fils d'une conversation multiple, où la baronne, l'abbé, le maître de danse, Cécile, Van Buck, semblent jouer aux

propos interrompus avec des incohérences divertissantes et des coq-à-l'âne de bonne compagnie. L'arrivée de Valentin, qui a donné vingt francs à son cocher
pour le verser à la porte du château, et qui a gagné
par surcroît un bras cassé, fournit à la baronne et à
Cécile l'occasion de faire éclater leur bonté d'âme
pour un hôte inconnu. Valentin, disposé à se montrer
difficile, accueille froidement toutes les prévenances
dont il est l'objet. Il trouve Cécile laide, gauche et
sotte, alors qu'elle est tout simplement bonne, ser-
viable et naturelle. Possédé de son idée, le nouveau
Lovelace prépare ses moyens de séduction, se promettant bien à lui-même que Cécile pourra être sa
maîtresse, mais sa femme jamais. Serment téméraire.
Il apprendra bientôt aussi qu'on ne badine pas avec
l'amour.

Un billet incendiaire avec déclaration brûlante,
proposition d'enlèvement et menace de suicide en cas
de refus, tombe comme une bombe au milieu d'une
paisible partie de piquet engagée entre la baronne et
l'abbé. L'oncle Van Buck, effrayé des folies de son
neveu, croit devoir révéler à la baronne les entreprises
dont sa fille est l'objet. La mère en est moins scandalisée que du mot de *girouette* à son adresse dans la
lettre en question, et se fâche cette fois sérieusement.
Elle met à la porte l'oncle et le neveu.

Tout semble rompu, et tout va se renouer mieux que
jamais [1]. Valentin, en jouant avec le feu, a fini par
s'embraser lui-même. Quand Cécile, échappée du
cabinet où l'avait enfermée sa mère, est venue le
rejoindre dans la clairière du bois voisin avec ses

1. En somme, Musset reprend ici, sans le dire ni le savoir
peut-être, une scène de *la Demoiselle à marier* chez Scribe.

souliers de satin blanc et sa coiffure à demi poudrée, le sceptique blasé et railleur de la veille va devenir un amant rêveur et passionné. Tandis que l'oncle Van Buck, mis en gaieté par une bouteille de chambertin consolatrice, songe à ses amours d'antan et fredonne la chanson de Colin et Colette en vieux style des galants d'autrefois, Valentin et Cécile, contemplant le ciel étoilé, entonnent un duo sentimental et poétique à la mode des amoureux du jour.

Le double sentiment de la nature et de la divinité se trouve associé aux tendresses de l'amour humain. C'est là, comme nous l'avons déjà dit, un trait commun à George Sand et à Musset. L'auteur de *Lélia* mêle à chaque instant le nom de Dieu à toutes les ivresses les plus passionnées des sens. Valentin dira de même à Cécile : « Viens sur mon cœur : que le tien le sente battre, et que ce beau ciel les emporte à Dieu [1] ! » Cet élan de l'âme volant vers Dieu sur l'aile de l'amour est une tradition romantique qui va s'effacer et disparaître du roman comme du théâtre naturaliste. Cherchez-en la trace dans les pièces de cette école, telles que *Renée* ou *la Parisienne*, vous ne l'y rencontrerez point. Cette échappée vers les régions supérieures n'existe plus pour les amants. La passion née de la terre ne cherche point à s'élever au-dessus : faite de chair et de sang, elle a le sort des molécules dont elle est composée. Rendons du moins à George Sand et à Musset ce juste hommage qu'ils se sont efforcés de grandir, d'élever, d'idéaliser par l'imagination les impuretés et les faiblesses de notre nature. Par là ils sont restés vraiment spiritualistes. Dans une sorte de

---

1. Acte III, sc. IV.

ravissement où l'âme se dilate avec la pensée, Cécile s'écrie :

Que le ciel est grand! Que ce monde est heureux! Que la nature est calme et bienfaisante!

Et Valentin, reprenant à l'unisson cet hymne d'enthousiasme :

Dis-moi, dans cette poussière des mondes, y en a-t-il un qui ne sache sa route, qui n'ait reçu sa mission avec la vie et qui ne doive mourir en l'accomplissant? Pourquoi ce ciel immense n'est-il pas immobile? Dis-moi s'il n'y a jamais eu un moment où tout fut créé ; en vertu de quelle force ont-ils commencé à se mouvoir, ces mondes qui ne s'arrêteront jamais?

CÉCILE. — Par l'éternelle pensée.

VALENTIN. — Par l'éternel amour. La main qui les suspend dans l'espace n'a écrit qu'un mot en lettres de feu. Ils vivent parce qu'ils se cherchent, et les soleils tomberaient en poussière si l'un d'entre eux cessait d'aimer [1].

On se croirait ici ramené aux visions sublimes de Cicéron dans le *Songe de Scipion*, à cette théorie platonicienne des mondes roulant dans l'espace, enchaînés par l'amour et l'harmonie. Alfred de Musset a dû connaître quelques-unes de ces divines extases en compagnie de George Sand, et peut-être est-ce là un souvenir de ses ravissements passés.

La confession de Valentin, tombant aux pieds de Cécile et s'accusant d'avoir voulu sottement imiter le Lovelace de Richardson, est un dernier triomphe de l'amour. L'apparition subite de la baronne, de l'oncle Van Buck et de l'abbé en quête des fugitifs, nous fait rentrer dans la réalité. Le neveu, converti cette fois au mariage, se charge de justifier le titre et la morale de la pièce en rappelant qu'*Il ne faut jurer de rien*.

1. Acte III, sc. IV.

V

Nous avons signalé déjà avec quelle finesse, quelle dextérité de main Alfred de Musset excelle à tisser la trame légère et délicate d'une action ou d'un dialogue soutenu par le seul pouvoir de la grâce et de l'esprit. Cet art ingénieux lui a inspiré deux bluettes charmantes qui ont pour titre : 1° *Un caprice*; 2° *Il faut qu'une porte soit ouverte ou fermée*.

Un caprice ! Qu'y a-t-il au monde de plus éphémère, de plus volatil, de plus exposé à s'échapper en vapeur ou en fumée? C'est précisément à cette chose insaisissable que Musset va donner un corps aérien, diaphane, tenant à la fois de la fantaisie et de la réalité. Composée en 1837 et représentée dix ans plus tard, cette jolie pièce ouvrit à ses sœurs la porte du Théâtre-Français. Elle arrivait de Saint-Pétersbourg, où elle avait été fêtée, applaudie, et, comme le champagne Cliquot, semblait avoir gagné à ce voyage de Russie. Le public français finit par s'apercevoir qu'il avait là une source de jouissance dont il s'était privé jusqu'alors.

Qu'est-ce donc qu'*Un caprice*? un rien, un nuage qui passe sur l'azur du ciel conjugal pour s'évanouir bientôt. Qu'exprime-t-il? L'état psychologique d'un jeune ménage où la lune de miel commence à pâlir et à décliner. On n'en est pas encore aux orages, mais la froideur et l'ennui viennent d'entrer dans la maison. La jeune femme, tendre et dévouée de tout cœur à son mari qu'elle adore, souffre intérieurement de se voir négligée depuis quelque temps, devient rêveuse, mélancolique, et sent percer en elle les premières pointes de la jalousie et du dépit. Le mari, de son côté, tout en aimant encore sa femme, las du tête-à-tête perpétuel, s'en va chercher ailleurs, par désœuvrement, des distractions et des conquêtes. M. de Chavigny est un de ces brillants officiers peints volontiers par Musset, bien différents de ceux de Scribe : demi-dandys, plus mondains que militaires, plus voisins du Jockey-Club que de la caserne, ayant de bonne heure quitté le régiment pour se faire des loisirs, dont ils sont souvent embarrassés et dont le diable prend sa part. C'est ainsi que le mari volage s'est épris d'une certaine Mme de Blainville, une coquette à la mode sans grande valeur, et oublie le trésor qu'il laisse à la maison.

Tout cela est bien simple, bien banal, nous dirions presque bien bourgeois par le fond, sans doute : mais le charme est dans la forme exquise et spirituelle dont l'auteur a su revêtir ce mince cavenas. Mathilde, pour occuper ses heures de solitude, a tissé une bourse de soie rouge destinée à l'ingrat : aimable surprise et doux reproche de ses longues absences. Cette petite bourse devient la confidente de ses secrets. Elle l'apostrophe comme Monime s'adressant à son bandeau, sur un ton bien différent, il est vrai :

> Et toi, fatal tissu, malheureux diadème
> Instrument et témoin de toutes mes douleurs,
> Bandeau que mille fois j'ai trempé de mes pleurs!

Avec une joie enfantine, elle songe à l'effet que produira son cadeau :

> Nous allons donc, ma chère petite bourse, vous faire une dernière toilette. Voyons si vous serez coquette avec ces glands-là? Pas mal. — Comment serez-vous reçue, maintenant? Direz-vous

tout le plaisir qu'on a eu à vous faire, tout le soin qu'on a pris de votre petite personne? On ne s'attend pas à vous, mademoiselle. On n'a voulu vous montrer que dans tous vos atours. Aurez-vous un bonsoir pour votre peine? Pauvre petite! tu ne vaux pas grand'chose : on ne te vendrait pas deux louis. Comment se fait-il qu'il me semble triste de me séparer de toi [1]?

Le pire écueil à craindre ici était de retomber dans les fadeurs de Florian et de Berquin, dans les attendrissements niais des *Contes moraux.* Musset, à force d'esprit et d'habileté, s'est préservé de ce défaut. Par une sorte de fatalité, au moment même où Mathilde, avec une innocente gaucherie, annonce à son mari qu'elle lui réserve une surprise et lui demande s'il aimerait une bourse de soie rouge à filets noirs, Chavigny vient de recevoir une bourse en soie bleue. De qui? Il refuse de le dire. Cette bourse mystérieuse va devenir la pierre d'achoppement entre les époux. Pour la première fois, Mathilde pleure, se fâche, supplie qu'on lui dise la vérité. Chavigny résiste et revendique ses droits à l'indépendance. Ces deux grands enfants vont ainsi gaspiller et compromettre leur bonheur pour une bagatelle, quand survient une bonne fée, leur voisine et leur amie, Mme de Léry.

Ce rôle de Mme de Léry est un des plus sympathiques et des plus charmants que nous connaissions au théâtre. Tête folle, évaporée en apparence, rieuse, moqueuse, au fond très ferme de sens et de cœur, elle emploie tout ce qu'elle a de malice et d'adresse à réparer les fautes ou les sottises de ses amis. Après avoir plaisanté Mathilde sur ses désespoirs, elle la console, la réconforte, et se promet de la ven-

1. Acte I, sc. I.

ger de cette grande coquette, Mme de Blainville,
qu'elle ne peut souffrir, et de ce vilain Chavigny qui
s'est permis d'affliger sa femme si aimante et si
dévouée. C'est elle qui se charge de la pénitence du
mari. Elle le nargue à propos de cette bourse bleue,
œuvre de Mme de Blainville, qu'elle a vue traîner pendant des siècles, cinq ou six ans, changeant bien des
fois de destinataire ; elle dit pis que pendre de cette
couleur bleue, une couleur bête selon elle, et finit
par la jeter au feu. Toutes les taquineries spirituelles
de la femme du monde pour mettre à l'épreuve la
patience de Chavigny, tous les mots incisifs et mordants dont elle s'amuse à le cribler sont autant de
moyens de ramener le coupable à résipiscence. Elle
l'agace, le provoque, s'exposant même aux périls
d'une déclaration dont elle se moque, et fait rougir l'ingrat de son infidélité pour la seule femme qu'il aime
réellement et dont il soit vraiment aimé.

Jamais la morale n'a été présentée sous une forme
plus vive, plus aimable et plus piquante. A la fin,
M. de Chavigny s'avoue vaincu et reconnaît qu'un
jeune curé fait souvent les meilleurs sermons.

VI

Le Caprice, si frêle qu'il soit dans sa structure, nous
offre cependant encore l'ombre d'une action dramatique esquissée comme un pastel. Nous allons voir
la pièce réduite à un simple bout de conversation
dans *Il faut qu'une porte soit ouverte ou fermée*. Nulle
part Musset n'a montré d'une façon plus éclatante
cette toute-puissance de l'esprit à faire de rien
quelque chose.

Un quart d'heure de désœuvrement entre deux personnages imaginaires, deux gens du monde qui s'ennuient, le comte et la marquise, dont il ne nous dit pas même les noms : un entretien à bâtons rompus sur toute espèce de matières frivoles ou sérieuses : les impatiences et les boutades d'un amant qui n'ose avouer sa passion par la crainte du ridicule ; la malice d'une femme qui feint d'ignorer ce qu'elle a entrevu et deviné depuis longtemps, mais qui se fait un jeu des hésitations et des timidités du soupirant trop lent à se déclarer : la conversation coupée à certains moments par un bruit du dehors qui laisse prévoir une visite, puis reprise bientôt sur un nouveau sujet : une porte entre-bâillée qui finit par n'être ni ouverte ni fermée, une déclaration tardive et un mariage, tels sont les éléments de cette bluette qui ne semblait pas avoir assez de consistance pour se tenir debout sur le théâtre, et qui n'en sortit pas moins victorieuse comme avait fait *le Caprice*.

Au fond, c'est un nouvel exemplaire du *Legs* de Marivaux, du dialogue entre le marquis et la comtesse, mais avec des coups d'ailes et des élans poétiques d'un autre ordre et d'une autre époque. Ce vieux chapitre de l'amour si rebattu va se trouver rajeuni par les ironies mêmes dont la marquise se plaît à cribler son adorateur.

Le comte, tout homme du monde qu'il est, en dépit des coquettes et des sceptiques, n'en garde pas moins, avec l'auteur, sa foi dans l'amour, la dernière, la seule religion que Musset ait conservée jusqu'au bout.

Si l'amour est une comédie, cette comédie vieille comme le monde, sifflée ou non, est au bout du compte ce qu'on a trouvé encore de moins mauvais. Les rôles sont rebattus, j'y consens; mais si la pièce ne valait rien, tout l'univers ne la saurait pas par cœur. — Et je me trompe en disant qu'elle est vieille : est-ce être vieux que d'être immortel?

— Monsieur, voilà de la poésie.... Monsieur, voilà de l'éloquence.

reprend ironiquement la marquise.

Elle a raison, et c'est là précisément qu'est l'originalité de Musset. Il sait être éloquent et poète, sans tomber dans la déclamation et dans le pathos amphigourique. Sa théorie de l'amour, jetée en passant sous forme de digression, a tout l'air d'un dithyrambe :

Je veux dire ceci : que l'amour est essentiellement jeune, et que les façons de l'exprimer sont et demeurent éternellement vieilles. Les formes usées, les redites, ces lambeaux de romans qui vous sortent du cœur on ne sait pas pourquoi, tout cet entourage, tout cet attirail, c'est un cortège de vieux chambellans, de vieux diplomates, de vieux ministres; c'est le caquet de l'antichambre d'un roi; tout cela passe, mais ce roi-là ne meurt pas. L'amour est mort, vive l'amour!

Le comte devient lyrique, platonicien, sans y songer, au milieu de tous ces badinages. Et puisqu'il faut en venir à une conclusion, et qu'on n'a pas inventé, depuis six mille ans, une nouvelle manière d'aimer, il arrive, lui aussi, fatalement à cette déclaration vieille comme les rues et bête comme une oie : « *Marquise, je vous aime.* » Le mot est lâché, sans qu'il soit besoin pourtant de l'arracher de vive force, ainsi que dans la scène du *Legs* chez Marivaux. En femme habile et spirituelle, la marquise se garde bien de conjuguer le même verbe, et se contente de faire comprendre qu'elle accepte la main du comte, en parlant du chaton de sa bague dont il faudra

changer les fleurons. En même temps, elle rappelle
le titre de la pièce par une dernière exclamation :

Mais fermez donc cette malheureuse porte ! cette chambre ne
sera plus habitable.

Nous avons ici le plus délicat échantillon de cet
art merveilleux de Musset à embellir et à ciseler des
riens. On peut dire de lui qu'il est le Benvenuto
Cellini du *Proverbe*, faisant de la moindre saynette un
bijou précieux. Sans exagérer la valeur de ces
gracieuses fantaisies, sans méconnaître ce qui leur
manque au point de vue de l'agencement et de la
structure dramatique, il faut avouer qu'elles se détachent avec un singulier éclat sur le fond commun et
souvent banal de notre théâtre contemporain. Aussi
avons-nous cru devoir terminer par ce brillant feu
d'artifice poétique et littéraire l'histoire de la comédie dans la première moitié du xixᵉ siècle. Malgré leur représentation tardive, nous les avons rat-
tachées au grand mouvement romantique de 1830
d'où elles sont sorties : elles en ont la libre allure,
le mépris des règles établies, de la vulgarité, du
convenu, l'aspiration vers l'idéal, et même parfois
vers le chimérique. Par un privilège spécial, ces
œuvres, qui osaient à peine affronter la scène au
début, ont survécu, et restent plus solides et plus
durables que la plupart des pièces de l'ancien
répertoire, les plus applaudies, oubliées aujourd'hui.
A quoi tient cette supériorité ? Au charme du style,
à ce cachet divin dont le génie sait revêtir ses
créations.

Une autre période va s'ouvrir avec la seconde
moitié du siècle : des noms et des talents nouveaux

s'emparent de la faveur publique : Émile Augier,
Labiche, Alexandre Dumas fils, Octave Feuillet,
Sardou, et bien d'autres encore. Qu'importe! Musset
n'aura rien à craindre de cette concurrence et continuera de marcher à la tête des jeunes, sûr de son
immortalité.

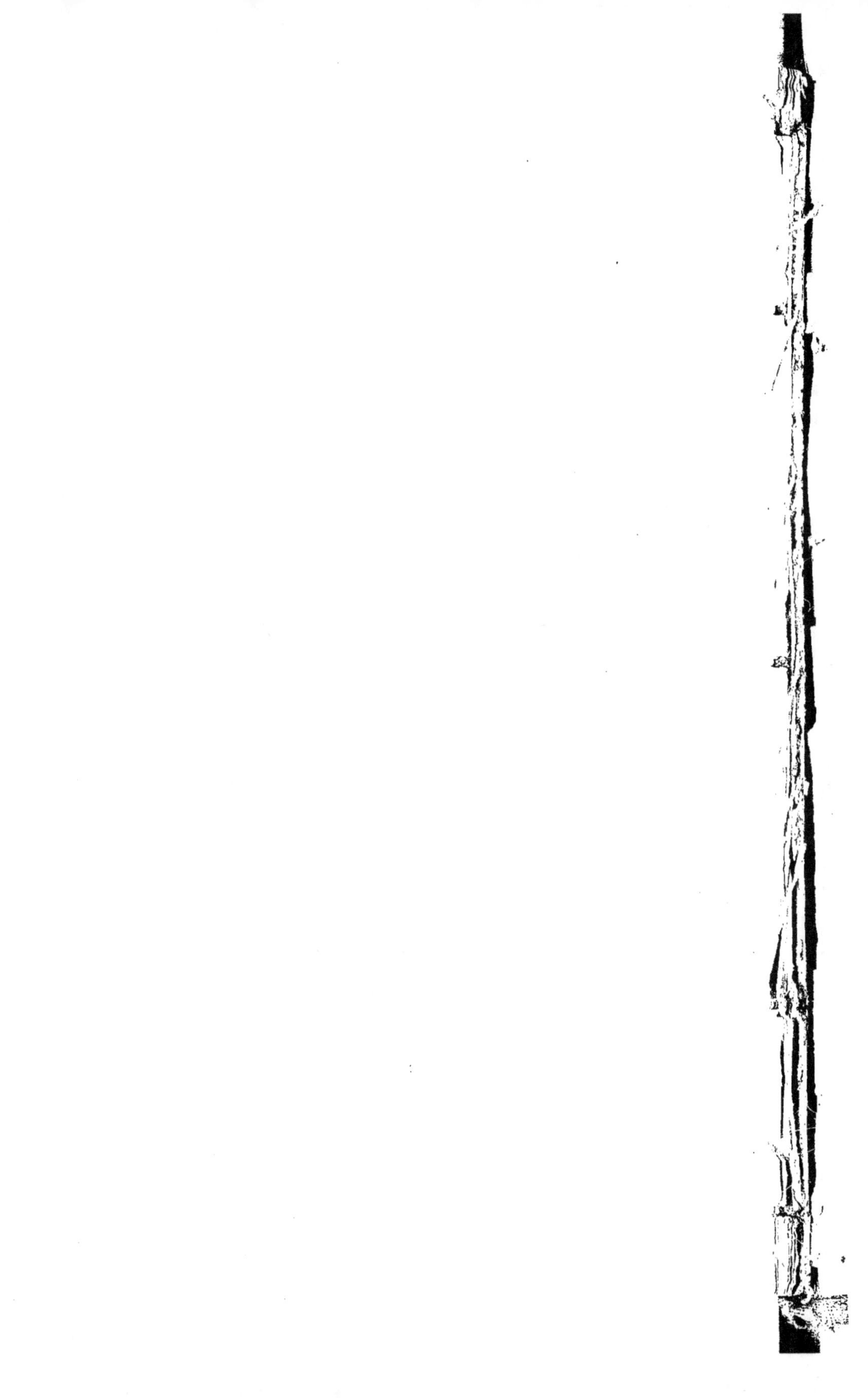

TABLE DES MATIÈRES

CHAPITRE XX

CASIMIR DELAVIGNE.

Son caractère et son talent : le poète du juste milieu. —
Ses débuts. — *Les Comédiens.* — *L'École des Vieillards.*
— *La Princesse Aurélie*..............................   1

CHAPITRE XXI

AUTEURS COMIQUES DE SECOND ORDRE SOUS LA RESTAURATION.

École de Picard. — Wafflard et Fulgence. — *Un moment
d'imprudence.* — *Le Voyage à Dieppe*.................   29

CHAPITRE XXII

AUTEURS COMIQUES DE SECOND ORDRE SOUS LA RESTAURATION
(*Suite*).

Mazères : *le Jeune Mari* (1826). — *Les Trois Quartiers* (1827).
— Empis : *l'Agiotage* (1826). — *La Mère et la Fille* (1830).
— Casimir Bonjour : *l'Éducation, ou les Deux Cousines*
(1823)..   46

CHAPITRE XXIII

LA MONARCHIE DE JUILLET.

Histoire et théâtre. — Division des partis. — Pièces de circonstance : la politique et le vaudeville. — L'agitation

sur le théâtre et l'émeute dans la rue. — *M. Cagnard.* — Scribe : *le Foyer du Gymnase*........................ 64

CHAPITRE XXIV

EUGÈNE SCRIBE.

Scribe et le gouvernement de Juillet. — Nouvelle évolution de son talent. — La comédie politique en France. — *Bertrand et Raton* (1833). — *L'Ambitieux* (1834). — *La Camaraderie* (1836). — *La Calomnie* (1840).............. 84

CHAPITRE XXV

EUGÈNE SCRIBE (*Suite et fin*).

Le Verre d'eau, ou les Effets et les Causes (1840). — *Une chaine* (1841). — *Le Puff* 1848,........................ 113

CHAPITRE XXVI

CASIMIR DELAVIGNE (*Suite*).

Le poëte national et bourgeois sous le gouvernement de Juillet. — Retour à la comédie. — *Don Juan d'Autriche* (1835). — *La Popularité* (1838)............. 132

CHAPITRE XXVII

LES COLLABORATEURS DE SCRIBE. — BAYARD (1796-1853).

Son caractère et son talent. — Variété de son répertoire. — Genre drolatique : *les Gants jaunes, Indiana et Charlemagne, la Marquise de Pretintaille.* —Comédie moyenne : *la Reine de seize ans.* — *Les Premières Armes de Richelieu.* — *Le Gamin de Paris.* — *Les Enfants de troupe.* — *Le Mari à la campagne*.................................... 157

CHAPITRE XXVIII

ALEXANDRE DUMAS.

Son caractère. — Richesse et variété de son théâtre. — Part de la comédie. — Ses débuts dans le vaudeville. — *Mademoiselle de Belle-Isle.* — *Un mariage sous Louis XV*... 184

CHAPITRE XXIX

ALEXANDRE DUMAS (*Suite*).

Les Demoiselles de Saint-Cyr. — *La Jeunesse de Louis XIV.*
— *Romulus.* — *L'Invitation à la valse.* —Jugement final.   203

CHAPITRE XXX

HONORÉ DE BALZAC (1799-1850).

Nature de son génie. — Le romancier et l'auteur dramatique. — *Vautrin.* — *Les Ressources de Quinola.* — *Mercadet*..   224

CHAPITRE XXXI

LES PRÉCURSEURS DE MERCADET.

Robert Macaire. — Sa genèse. — Son caractère et son influence.—*Bilboquet.* — *Les Saltimbanques*, par Dumersan
et Varin..   249

CHAPITRE XXXII

GEORGE SAND (1804-1876).

Son génie de poète et d'écrivain. — Ses débuts tardifs au
théâtre. — Le romancier et l'auteur dramatique. — *Cosima.* — *Le Roi attend.* — *Molière.* — *François le Champi.*
— *Le Mariage de Victorine.* — *Le Marquis de Villemer*...   268

CHAPITRE XXXIII

JULES SANDEAU (1811-1883).

Mademoiselle de la Seiglière...............................   299

CHAPITRE XXXIV

ALFRED DE MUSSET (1810-1857).

Le poète dramatique. — Caractère particulier de son
théâtre. — *Les Proverbes.* — Scribe et Musset. — *La Nuit*

vénitienne. — *André del Sarto*. — *Les Caprices de Marianne*. — *Fantasio*..................................... 303

CHAPITRE XXXV

ALFRED DE MUSSET (*Suite*).

On ne badine pas avec l'amour. — *La Quenouille de Barberine*. — *Le Chandelier*. — *Il ne faut jurer de rien*. — *Un caprice*. — *Il faut qu'une porte soit ouverte ou fermée*... 325

198-98. — CORBEIL. Imprimerie Ed. CRÉTÉ.